中学教科書ワーク 学習カード

ポケットスタディ 英単語カード 3年

アプリ対応

使い方

●切り離して、リングでとじてください。
●音声を聞いて、発音しましょう。
●覚えたら OK にチェックをつけましょう。

囲 比較級・最上級　復 複数形

●英語音声

1

above

An airplane is flying above our head.

2

across

across the river

3

afraid

I'm afraid of dogs.

4

agree

I agree with you.

5

almost

Almost all people agree with the idea.

6

already

I have already eaten lunch.

7

appear

The woman appeared suddenly.

8

agree

article

9

because

I can't go because I have a cold.

10

begin

begin the show

11

believe

I can't believe it.

12

(level)

13

beside

a desk beside the bed

14

break

have a break

15

bridge

a long bridge

16

bright

bright light

17

building

a tall building

18

care

take care of young children

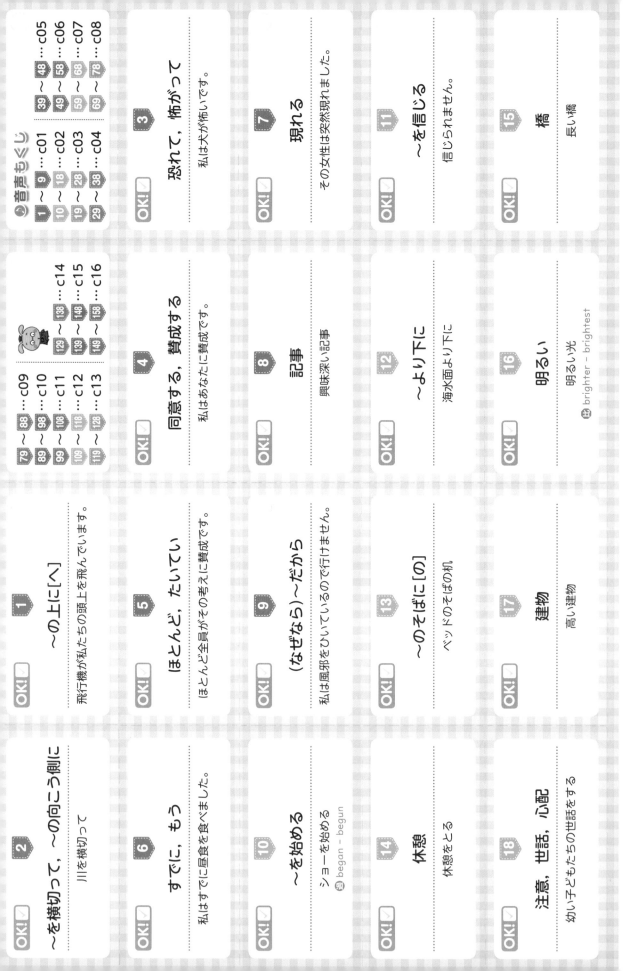

OK! 1
~の上に[へ]
飛行機が私たちの頭上を飛んでいます。

OK! 2
~を横切って、~の向こう側に
川を横切って

OK! 3
恐れて、怖がって
私は犬が怖いです。

OK! 4
同意する、賛成する
私はあなたに賛成です。

OK! 5
ほとんど、たいてい
ほとんど全員が昼食を食べました。

OK! 6
すでに、もう
私はすでに昼食を食べました。

OK! 7
現れる
その女性は突然現れました。

OK! 8
記事
興味深い記事

OK! 9
(なぜなら)~だから
私は風邪をひいているので行けません。

OK! 10
~を始める
ショーを始める
began - begun

OK! 11
~を信じる
信じられません。

OK! 12
~より下に
海水面より下に

OK! 13
~のそばに[の]
ベッドのそばの机

OK! 14
休憩
休憩をとる

OK! 15
橋
長い橋

OK! 16
明るい
明るい光
brighter - brightest

OK! 17
建物
高い建物

OK! 18
注意、世話、心配
幼い子どもたちの世話をする

19 carefully — Listen carefully.

20 carry — carry the bag

21 century — over the centuries

22 character — main characters of the movie

23 close — close the door

24 college — go to college

25 common — a common language in the country

26 company — a big company

27 cry — Don't cry.

28 culture — Japanese culture

29 cut — cut the paper

30 daughter — Mr. White has a daughter.

31 develop — develop my skill

32 drive — drive my car

33 each — They looked at each other.

34 earth — the earth

35 effort — make an effort

36 either — I don't like coffee, either.

37 elementary school — an elementary school student

38 else — Anything else?

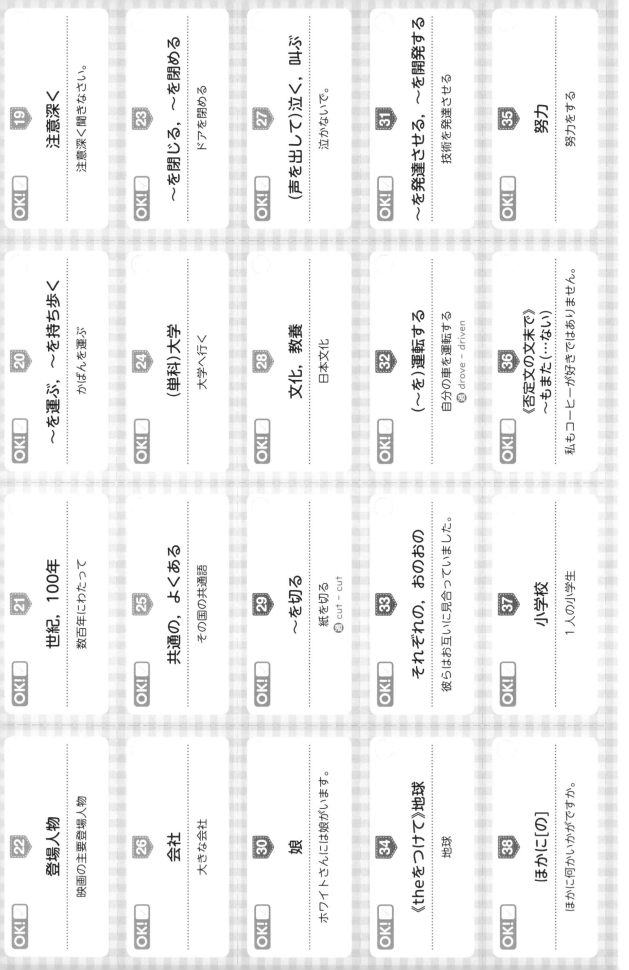

OK! 22 登場人物 — 映画の主要登場人物	**OK! 19** 注意深く — 注意深く聞きなさい。
OK! 21 世紀、100年 — 数百年にわたって	**OK! 20** ～を運ぶ、～を持ち歩く — かばんを運ぶ
OK! 26 会社 — 大きな会社	**OK! 23** ～を閉じる、～を閉める — ドアを閉める
OK! 25 共通の、よくある — その国の共通語	**OK! 24** (単科)大学 — 大学へ行く
OK! 30 娘 — ホワイトさんには娘がいます。	**OK! 27** (声を出して)泣く、叫ぶ — 泣かないで。
OK! 29 ～を切る — 紙を切る cut - cut	**OK! 28** 文化、教養 — 日本文化
OK! 34 《theをつけて》地球 — 地球	**OK! 31** ～を発達させる、～を開発する — 技術を発達させる
OK! 33 それぞれの、おのおの — 彼らはお互いに見合っていました。	**OK! 32** (～を)運転する — 自分の車を運転する drove - driven
OK! 38 [ほかに[の] — ほかに何かいかがですか。	**OK! 35** 努力 — 努力をする
OK! 37 小学校 — 1人の小学生	**OK! 36** 《否定文の文末で》～もまた(…ない) — 私もコーヒーが好きではありません。

39 e-mail
write an e-mail

40 encourage
encourage her to try

41 end
at the end of the year

42 enough
enough food to share

43 ever
Have you ever eaten natto?

44 everywhere
There are flowers everywhere on the hill.

45 expensive
an expensive bag

46 explain
explain the story

47 fact
a surprising fact

48 feeling
understand her feelings

49 fight
fight hard

50 finally
We finally arrived at the house.

51 find
find the key

52 finish
finish my homework

53 gift
a special gift

54 ground
draw a picture on the ground

55 grow
grow up

56 health
good for your health

57 heavy
a heavy stone

58 hold
hold large balls

中学教科書ワーク　英語3年　カード③

39 Eメール
メールを書く

40 ～を勇気づける、～するようにすすめる
彼女に挑戦するようにすすめる

41 終わる／終わり、端
年の終わりに

42 十分な、必要なだけの
分けるのに十分な食料

43 《疑問文で》これまでに、かつて
あなたはこれまでに納豆を食べたことがありますか。

44 どこでも、いたるところで
丘の上のいたるところに花が咲いています。

45 高価な
高価なかばん

46 (～を)説明する
物語を説明する

47 事実、真実
驚くべき事実

48 感情、気持ち
彼女の感情を理解する

49 (～と)戦う／戦い、けんか
懸命に戦う
fought - fought

50 ついに、とうとう
私たちはついにその家に到着しました。

51 ～を見つける、～がわかる
カギを見つける
found - found

52 ～を終える、終わる
宿題を終える

53 贈り物
特別な贈り物

54 地面、土地
地面に絵を描く

55 成長する、～を栽培する、～を育てる
成長する
grew - grown

56 健康
健康によい

57 重い
重い石
heavier - heaviest

58 ～を持つ、つかむ、～を開く、行う
大きなボールを抱える
held - held

59 hole
a hole in the sock

60 human
the human body

61 hurt
hurt my leg

62 husband
He is Meg's husband.

63 imagine
imagine the future

64 improve
improve English skills

65 increase
The number of travelers is increasing.

66 international
an international school

67 Internet
on the Internet

68 interview
interview an actor

69 into
go into the woods

70 introduce
introduce myself

71 invite
invite her to the party

72 judge
a judge in the tennis match

73 keep
keep a promise

74 land
private land

75 large
a large park

76 law
study the law

77 lead
lead the children

78 light
a light suitcase

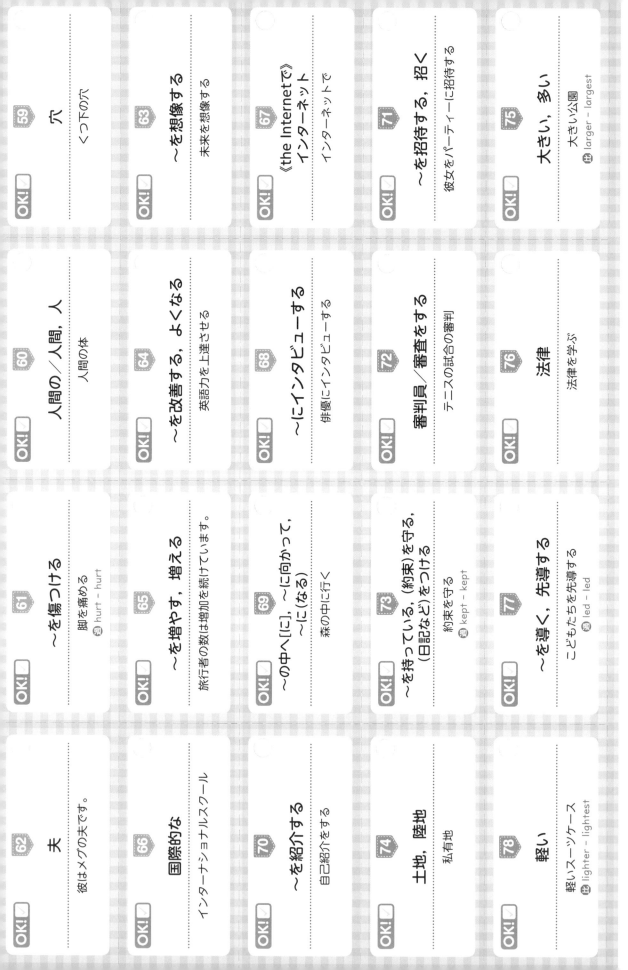

59 穴
くつ下の穴

60 人間の／人間、人
人間の体

61 ～を傷つける
脚を痛める
過 hurt - hurt

62 夫
彼はメグの夫です。

63 ～を想像する
未来を想像する

64 ～を改善する、よくなる
英語力を上達させる

65 ～を増やす、増える
旅行者の数は増加を続けています。

66 国際的な
インターナショナルスクール

67 《the Internet で》インターネット
インターネットで

68 ～にインタビューする
俳優にインタビューする

69 ～の中へ[に]、～に向かって、～に(なる)
森の中に行く

70 ～を紹介する
自己紹介をする

71 ～を招待する、招く
彼女をパーティーに招待する

72 審判員／審査をする
テニスの試合の審判

73 ～を持っている、(約束)を守る、(日記など)をつける
約束を守る
過 kept - kept

74 土地、陸地
私有地

75 大きい、多い
大きい公園
比 larger - largest

76 法律
法律を学ぶ

77 ～を導く、先導する
こどもたちを先導する
過 led - led

78 軽い
軽いスーツケース
比 lighter - lightest

79 line
Students are standing in a line.

80 lucky
He is lucky.

81 match
a badminton match

82 memory
a happy memory

83 moment
Just a moment.

84 money
I have no money.

85 move
move the chair

86 natural
natural resources

87 near
a clock near the door

88 necessary
necessary things

89 neighbor
my neighbor

90 never
I have never been to Italy.

91 news
good news

92 note
a note for shopping

93 once
I once lived in Okinawa.

94 opinion
in my opinion

95 own
my own bag

96 past
in the past

97 pay
pay 100 yen

98 peace
hope for peace

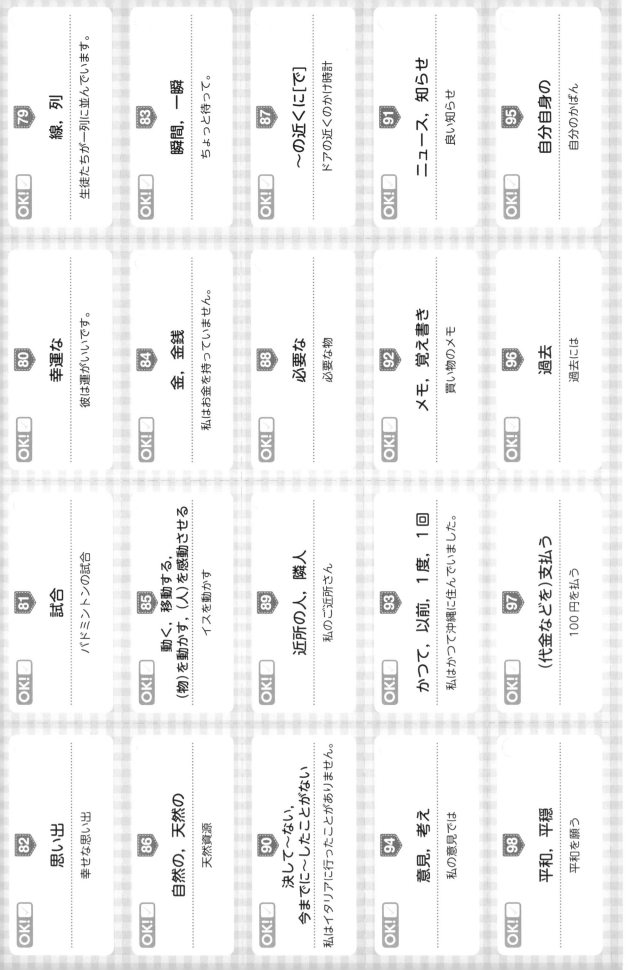

79 線、列
生徒たちが一列に並んでいます。

80 幸運な
彼は運がいいです。

81 試合
バドミントンの試合

82 思い出
幸せな思い出

83 瞬間、一瞬
ちょっと待って。

84 金、金銭
私はお金を持っていません。

85 動く、移動する、(物)を動かす、(人)を感動させる
イスを動かす

86 自然の、天然の
天然資源

87 ～の近くに[で]
ドアの近くのかけ時計

88 必要な
必要な物

89 近所の人、隣人
私のご近所さん

90 決して～ない、今までに～したことがない
私はイタリアに行ったことがありません。

91 ニュース、知らせ
良い知らせ

92 メモ、覚え書き
買い物のメモ

93 かつて、以前、1度、1回
私はかつて沖縄に住んでいました。

94 意見、考え
私の意見では

95 自分自身の
自分のかばん

96 過去
過去には

97 (代金など)を支払う
100円を支払う

98 平和、平穏
平和を願う

99 period
the Edo period

100 person
a kind person

101 plan
plan to visit Kyoto

102 pleasure
Thank you for inviting me. — My pleasure.

103 price
a low price

104 produce
produce a new product

105 quarter
one quarter of a cake

106 rain
heavy rain

107 reach
reach the top of the mountain

108 ready
I'm ready to go.

109 real
This is not a real jewel.

110 realize
realize the situation

111 reason
explain the reason

112 receive
receive a letter

113 report
read a report

114 research
a research on American history

115 result
have good results

116 return
return a book

117 road
cross the road

118 row
sit in the second row

OK!	99	時代、(授業の)時限
		江戸時代

OK!	103	価格、値段
		安値

OK!	107	～に着く、到着する
		山の頂上に到着する

OK!	111	理由
		理由を説明する

OK!	115	結果
		良い結果をおさめる

OK!	100	人
		優しい人

OK!	104	～を生産する、製造する
		新しい製品を生産する

OK!	108	用意ができて
		私は行く用意ができています。

OK!	112	～を受け取る
		手紙を受け取る

OK!	116	戻る、～を返す
		本を返す

OK!	101	計画を立てる／計画、予定
		京都をたずねる計画を立てる

OK!	105	4分の1
		4分の1のケーキ

OK!	109	本物の、本当の
		これは本物の宝石ではありません。

OK!	113	報告、レポート
		報告書を読む

OK!	117	道路、道
		道路を渡る

OK!	102	喜び、楽しみ
		ご招待ありがとうございます。 ーどういたしまして。

OK!	106	雨／雨が降る
		激しい雨

OK!	110	～だと気づく、～を理解する
		状況を理解する

OK!	114	研究、調査
		米国史についての研究

OK!	118	(座席の)列
		2列目に座る

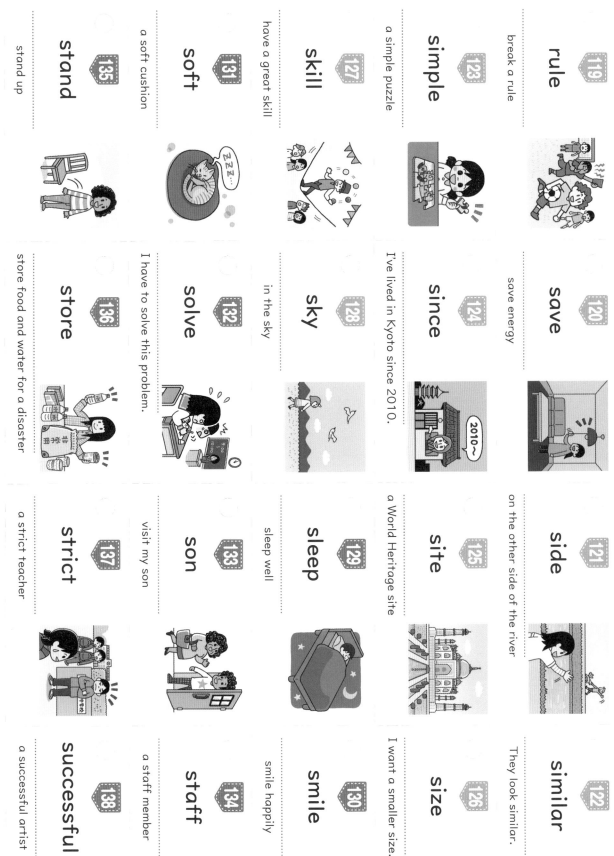

119	rule	break a rule
120	save	save energy
121	side	on the other side of the river
122	similar	They look similar.
123	simple	a simple puzzle
124	since	I've lived in Kyoto since 2010.
125	site	a World Heritage site
126	size	I want a smaller size.
127	skill	have a great skill
128	sky	in the sky
129	sleep	sleep well
130	smile	smile happily
131	soft	a soft cushion
132	solve	I have to solve this problem.
133	son	visit my son
134	staff	a staff member
135	stand	stand up
136	store	store food and water for a disaster
137	strict	a strict teacher
138	successful	a successful artist

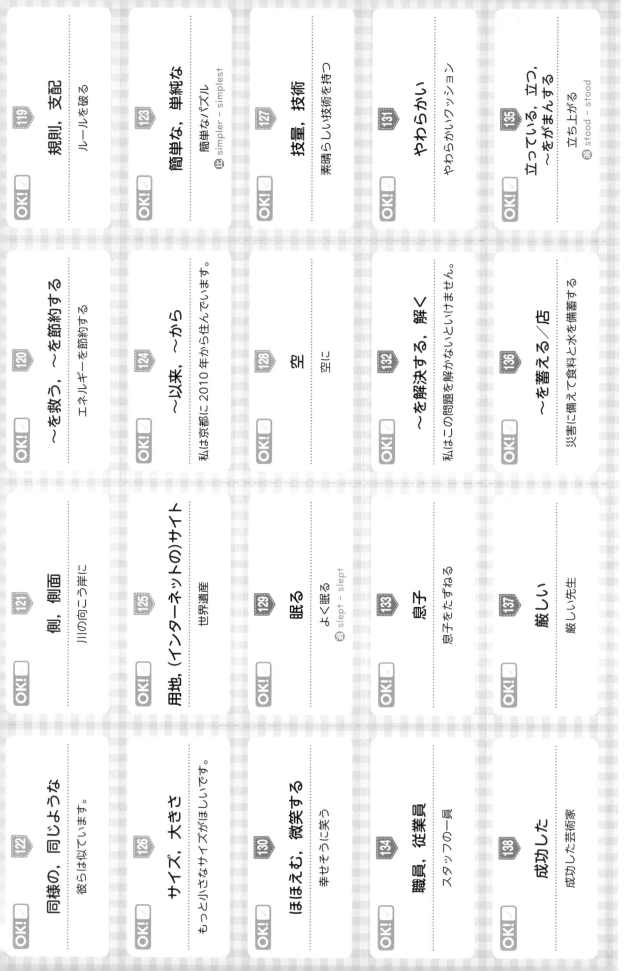

119 規則、支配
ルールを破る

120 ～を救う、～を節約する
エネルギーを節約する

121 側、側面
川の向こう岸に

122 同様の、同じような
彼らは似ています。

123 簡単な、単純な
簡単なパズル
simpler - simplest

124 ～以来、～から
私は京都に2010年から住んでいます。

125 用地、(インターネットの)サイト
世界遺産

126 サイズ、大きさ
もっと小さなサイズがほしいです。

127 技量、技術
素晴らしい技術を持つ

128 空
空に

129 眠る
よく眠る
slept - slept

130 ほほえむ、微笑する
幸せそうに笑う

131 やわらかい
やわらかいクッション

132 ～を解決する、解く
私はこの問題を解かないといけません。

133 息子
息子をたずねる

134 職員、従業員
スタッフの一員

135 立っている、立つ、～をがまんする
立ち上がる
stood - stood

136 ～を蓄える/店
災害に備えて食料と水を備蓄する

137 厳しい
厳しい先生

138 成功した
成功した芸術家

139 support
I support your idea.

140 survey
According to the survey, A is the most.

141 technology
new technology

142 terrible
It tastes terrible.

143 thick
a thick book

144 though
Though it was raining, I went out.

145 topic
hot topics

146 type
different blood type

147 understand
Do you understand?

148 university
study at the university

149 until
study until nine

150 wake
Wake up!

151 way
the way to open this box

152 wear
wear a uniform

153 while
Please wait for a while.

154 wide
a wide room

155 wife
She is Tom's wife.

156 wind
a strong wind

157 wonder
I wonder why you are here.

158 yet
I have not finished my work yet.

| 139 OK! | ～を支持する、支援する — あなたの考えを支持します。 |

| 140 OK! | 調査 — 調査によると、Aが最多です。 |

| 141 OK! | 科学技術、テクノロジー — 新しいテクノロジー |

| 142 OK! | ひどい、恐ろしい — それはひどい味がします。 |

| 143 OK! | 厚い、濃い — 厚い本 thicker – thickest |

| 144 OK! | (～だ)けれども — 雨が降っていましたが、私は外出しました。 |

| 145 OK! | 話題、トピック — 新着の話題 |

| 146 OK! | 型、タイプ — 異なる血液型 |

| 147 OK! | ～を理解する、わかる — わかりますか？ understood – understood |

| 148 OK! | 大学 — 大学で勉強する |

| 149 OK! | ～まで(ずっと) — 9時まで勉強する |

| 150 OK! | 目を覚ます — 起きて！ woke – woken |

| 151 OK! | 方法、道 — この箱を開ける方法 |

| 152 OK! | ～を着ている、身に付けている — 制服を着ている wore – worn |

| 153 OK! | しばらくの間／～している間に — しばらくの間お待ちください。 |

| 154 OK! | 幅の広い — 間口の広い部屋 wider – widest |

| 155 OK! | 妻 — 彼女はトムの妻です。 |

| 156 OK! | 風 — 強い風 |

| 157 OK! | ～だろうかと思う、不思議に思う — なぜあなたがここにいるのでしょう。 |

| 158 OK! | 《疑問文で》もう、《否定文で》まだ — 私はまだ仕事を終えていません。 |

この本の特長と使い方
3ステップと予想問題で実力をつける！

確認のワーク ステージ1

- 文法や表現，重要語句を学習します。
- 基本的な問題を解いて確認します。
- 基本文には音声がついています。

定着のワーク ステージ2

- ステージ1で学習したことを，さらに問題を解くことで定着させます。
- ヒントがついているので学習しやすいです。
- リスニング問題もあります。

文法のまとめ

- ここまでに学習した文法をまとめて学習します。

Try! READING

- 教科書の長めの文章に対応するページです。読解力をつけます。

実力判定テスト ステージ 3

- ステージ1で学習したことが身についたかをテスト形式で確認します。
- リスニング問題もあります。

ホームページテスト

- 文理のウェブサイトからテストをダウンロード。たくさん問題を解いて、実力アップ！ リスニング問題もあります。くわしくは巻末へ➡

アクセスコード　C064347

定期テスト対策　予想問題

- 定期テスト前に解いて、実力を確かめます。
- リスニング問題もあります。

Challenge! SPEAKING

- アプリを使って会話表現の発音練習をします。AIが採点！

くわしくはChallenge! SPEAKINGの最初のページへ➡

英語音声について

- 英語音声があるものには  がついています。
- 音声はスマートフォン、タブレット、またはパソコンで聞くことができます。
- また文理のウェブサイトから音声ファイルをダウンロードすることもできます。

▶スマホで聞く　　　　　　　[使い方]

 ----➤

▶パソコンで聞く　https://listening.bunri.co.jp/
▶ダウンロードする　[ダウンロード方法]

※この本にはCDはついていません。

音声用アクセスコード　77VGN

※音声配信サービスおよび「おん達Plus」は無料ですが、別途各通信会社の通信料がかかります。
※お客様のネット環境および端末によりご利用いただけない場合がございます。ご理解、ご了承いただきますよう、お願いいたします。

 **Unit 1** School Life Around the World ①

解答 ▶ p.1

📖 教科書の 要点　受け身の文　♪ a01

The classes **are taught** in English or Arabic.

〔be 動詞は主語と時制で決定〕 〈be 動詞＋過去分詞〉

授業は英語かアラビア語で教えられています。

要点

● 「〜されます，〜されています」という受け身の文は〈is[am, are] ＋過去分詞〉で表す。

● 「〜されました，〜されていました」という過去の受け身の文は〈was[were] ＋過去分詞〉で表す。

● 否定文では be 動詞の後に not を置く。疑問文は be 動詞を主語の前に置き，答えるときも be 動詞を使う。

〔否定文〕 This computer is not[isn't] used every day.

〔疑問文〕 Is this computer used every day? — Yes, it is. / No, it is not[isn't].

● 「〜によって」という意味を加えるときは，過去分詞のあとに〈by ＋動作主〉を置く。

I was helped by Eri. 私はエリによって助けられました。

プラス 助動詞(can など)を含む文の場合は〈助動詞＋ be ＋過去分詞〉で表す。否定文では助動詞の後に not を置く。疑問文は助動詞を主語の前に置き，答えるときも助動詞を使う。

例 This homework must be finished today. この宿題は今日終わらせなければなりません。

Wordsチェック　次の英語は日本語に，日本語は英語になおしなさい。

□(1) the U.A.E. （　　　　　　） □(2) mosque （　　　　　　）

□(3) device （　　　　　　） □(4) bangle （　　　　　　）

□(5) ロシア ＿＿＿＿＿＿ □(6) teach の過去分詞

1 絵を見て例にならい，「〜は…されます」という文を書きなさい。

clean

love

paint

read

例 The classroom is cleaned every day.

(1) Ms. White ＿＿＿＿＿＿＿＿＿＿ by everyone.

(2) The picture ＿＿＿＿＿＿＿＿＿ with various colors.

(3) The books ＿＿＿＿＿＿＿ by many people.

2 次の各組の文がほぼ同じ内容を表すように，_____に適する語を書きなさい。

(1) Many people play the video game.

The video game _____ by many people.

(2) Murakami Haruki wrote the novel.

The novel _____ _____ by Murakami Haruki.

(3) They study English in Japan.

English _____ _____ in Japan.

(4) Ms. White will guide the tour.

The tour will _____ _____ by Ms. White.

(5) He calls this cat Sora.

This cat _____ _____ Sora by him.

ここがポイント

〈by ＋動作主〉の省略
動作主が一般の人々の場合は，〈by ＋動作主〉を省略することもある。

3 次の文を（ ）内の指示にしたがって書きかえるとき，_____に適する語を書きなさい。

(1) These clothes were made in China. (否定文に)

These clothes _____ _____ in China.

(2) French is used in Africa. (疑問文にかえて Yes で答える)

_____ French _____ in Africa?

— Yes, _____ _____ .

まるごと暗記

不規則動詞の過去分詞
read[ríːd] → read[réd]
speak → spoken
write → written
make → made
buy → bought

4 〔 〕内の語を並べかえて，日本文に合う英文を書きなさい。

(1) あの神社はいつ建てられましたか。

〔 shrine / that / was / when / built 〕?

_____

(2) ここでは多くの言語が学ばれています。

〔 are / many / learned / languages 〕 here.

_____ here.

5 **Word Box** 次の日本文に合うように，_____に適する語を書きなさい。

(1) 私の弟たちは歩いて通学します。

My brothers _____ _____ school.

(2) その図書館は午前9時から午後6時まで開いています。

The library is open _____ 9 a.m. _____ 6 p.m.

(3) 彼らはおのおの自分の意見を持っています。

_____ _____ them has a different opinion.

(4) この CD はその店で買うことができます。

This CD _____ be _____ at the shop.

ミス注意

(3)each は単数扱いになるので，動詞の形に気をつける。

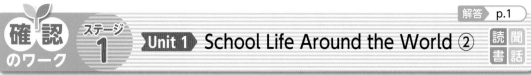

解答 ▶ p.1

確認のワーク　ステージ 1　**Unit 1** School Life Around the World ②　読聞書話

教科書の 要点 〈let＋人・もの＋動詞の原形〉/〈help＋人＋動詞の原形〉 ♪ a02

Let me show you my school.　　　　　私に学校を案内させてください。

〈let＋人・もの＋動詞の原形〉

要点 1

● 〈let ＋人・もの＋動詞の原形〉は「人・ものに〜させる」という意味を表す。
● この let は強制的にさせるのではなく，「〜することを許す」という意味合いになる。

Our teachers **help** us prepare for performances.　私たちの先生は私たちが公演の準備
をするのを手伝ってくれます。

〈help＋人＋動詞の原形〉

要点 2

● 〈help ＋人＋動詞の原形〉は「人が〜するのを手伝う」という意味を表す。

Wordsチェック 次の英語は日本語に，日本語は英語になおしなさい。

□(1)　let　　　　　　　（　　　　　）　　□(2)　twice　　　　　（　　　　　）
□(3)　count　　　　　（　　　　　）　　□(4)　技術，技能　　_____
□(5)　〜を運ぶ　　_____　　□(6)　〜を修理する　_____

1 次の（　）内から適する語句を選んで，記号を○で囲みなさい。

(1)　Let her（ア　go　イ　to go）there.

(2)　My brother never lets me（ア　to use　イ　use）his bike.

2 絵を見て例にならい，「私は〜が…するのを手伝いました」という文を書きなさい。

例　Eric / find his bike　　(1) my father / wash his cars　(2) Yuki / move the desks　(3) Ken / do his homework

例　I helped Eric find his bike.

(1)　I _____ my father _____ his cars.

(2)　I helped _____ _____ the desks.

(3)　I _____ _____ _____ his
homework.

ミス注意

文の主語や時制に関係なく，〈help ＋人〉の後には
動詞の原形が続く。

ou の発音に気をつけよう。例 encourage [inkə́:ridʒ], count [káunt], country [kʌ́ntri]

3 次の日本文に合うように，＿＿＿に適する語を書きなさい。

(1) 私たちのクラスは文化祭で劇を上演しました。

Our class ＿＿＿＿＿＿ on a ＿＿＿＿＿＿＿ at the school festival.

(2) 私は明日の授業の準備をしなければなりません。

I have to ＿＿＿＿＿＿ ＿＿＿＿＿＿ tomorrow's lessons.

(3) 私はたくさんの人の前でギターを弾きました。

I played the guitar ＿＿＿＿＿＿ ＿＿＿＿＿＿ of many people.

ことばメモ

(1)play「劇，演劇，芝居」

4 〔　〕内の語句を並べかえて，日本文に合う英文を書きなさい。

(1) あなたの後にその CD を聞かせてください。

〔 me / the CD / listen / let / to / after 〕 you.

＿＿＿＿＿＿＿＿＿＿＿＿＿＿＿＿＿＿ you.

(2) あなたはお母さんが夕食を作るのを手伝いますか。

〔 you / cook / help / do / your mother / dinner 〕?

＿＿＿＿＿＿＿＿＿＿＿＿＿＿＿＿＿＿

(3) 父は私にいすを使わせてくれませんでした。

〔 his chair / didn't / use / let / my father / me 〕.

＿＿＿＿＿＿＿＿＿＿＿＿＿＿＿＿＿＿

(4) 消しゴムを探すのを手伝ってくれませんか。

〔 my eraser / you / look / help / will / me / for 〕?

＿＿＿＿＿＿＿＿＿＿＿＿＿＿＿＿＿＿

表現メモ

(1)listen to ～「～を聞く」
(4)Will you ～?「～してくれませんか」
look for ～「～を探す」

5 次の英文を日本語になおしなさい。

(1) I can help you make a plan for the trip.

（　　　　　　　　　　　　　　　　　）

(2) I helped an old woman walk across the street.

（　　　　　　　　　　　　　　　　　）

(3) If you have any questions, please let us know.

（　　　　　　　　　　　　　　　　　）

表現メモ

(1)make a plan「計画を立てる」

6 次の英文の＿＿＿に，□内から適する語を選んで書きなさい。

(1) Your letters always ＿＿＿＿＿＿ me.

(2) They performed the show with ＿＿＿＿＿＿.

(3) I'll give a ＿＿＿＿＿＿ about club activities later.

(4) My sister built a ＿＿＿＿＿＿ last Sunday.

confidence　doghouse　handout　encourage

Unit 1

解答　p.2

確認のワーク　ステージ1　Unit 1　School Life Around the World ③　読聞書話

教科書の 要点 〈tell ＋人＋ that ＋文〉

a03

Ms. Brown **told** us **(that)** it was an interesting website.

〈tell＋人＋that＋文〉　　that は省略されることも多い

ブラウン先生は私たちに，それはおもしろいウェブサイトだと言いました。

要点
● tell の後ろに〈人＋ that〉を置いて「人に〜ということを言う」という意味を表す。
● that の後ろには主語と動詞を含む文を置く。

プラス tell と同様に，show を使って「人に〜ということを示す」という意味を表すこともできる。
例 He showed me that he was happy. 彼は私に彼がうれしいということを示しました。

Wordsチェック　次の英語は日本語に，日本語は英語になおしなさい。

□(1) website （　　　） □(2) across （　　　）
□(3) stomach （　　　） □(4) brain （　　　）
□(5) hill （　　　） □(6) （場所・物）に入る ＿＿＿＿
□(7) 規則 ＿＿＿＿ □(8) 千（の） ＿＿＿＿
□(9) 十分な，必要なだけの ＿＿＿＿ □(10) 公式の，正式の，公用の ＿＿＿＿

よく出る ① 次の（　）内から適する語句を選んで，記号を○で囲みなさい。

(1) Nick told （ア　to me　イ　me） that he liked soccer.

(2) My sister （ア　said　イ　told） me that she was sorry.

(3) She told me （ア　that　イ　and） she had a friend in New York.

(4) He showed me （ア　it　イ　that） my answer was wrong.

ここがポイント
(2)say は〈人〉を目的語にしないので，tell と同じ形では用いない。

レベルUP ② 例にならい，次の2つの要素を「〜は私に…と言う［言った］」という意味の1文に書きかえなさい。

例 Mr. Green told ＋ he had two dogs
　→ Mr. Green told me that he had two dogs.

(1) my sister often tells ＋ she is happy

＿＿＿＿＿＿＿＿＿＿＿＿＿＿＿＿＿＿＿

(2) Tina told ＋ the question was easy

＿＿＿＿＿＿＿＿＿＿＿＿＿＿＿＿＿＿＿

ミス注意
that は2つ目の文の直前に入れる。that は省略することもできる。

(3) my grandfather always tells ＋ I should read books

＿＿＿＿＿＿＿＿＿＿＿＿＿＿＿＿＿＿＿

3 〔 〕内の語句を並べかえて，日本文に合う英文を書きなさい。

(1) エリは私に彼は有名な歌手だと言いました。

〔 a / singer / Eri / me / he / that / told / was / famous 〕.

_____

(2) 彼の笑顔は私に彼が幸せだということを示しました。

〔 happy / showed / he / me / his smile / that / was 〕.

_____

(3) 母は私に朝食を食べることは大切だとよく言います。

〔 breakfast / is / often tells / my mother / me / eating / important 〕.

_____

思い出そう
〈動詞の-ing形〉で「～すること」という意味を表す。

(4) 彼は私にその試合は本当に刺激的だと言いました。

〔 exciting / he / that / told / was / me / the game / really 〕.

_____

4 次の英文を日本語になおしなさい。

(1) My brother told me that he wanted to be a doctor.

(　　　　　　　　　　　　　　　　　　　　　　)

(2) He told us that studying math was a lot of fun.

(　　　　　　　　　　　　　　　　　　　　　　)

ここがポイント
「人に～ということを言う」の，～に入る内容は，thatの後ろに書かれている。

5 次の日本文に合うように，_____に適する語を書きなさい。

(1) あなたは夜遅くにテレビを見るべきではありません。

You should not watch TV late _____ _____ .

(2) 私の家は駅にごく近いです。

My house is _____ _____ the station.

(3) なぜなら彼女は親切だからです。

_____ _____ she's kind.

(4) その男の子たちは3つのグループに分けられました。

The boys were _____ _____ three groups.

(5) 私たちはそれらのいすを運ぶ必要があります。

We _____ _____ carry those chairs.

表現メモ
(1)前置詞の違いに注意しよう。
in the morning「午前中に」
in the afternoon「午後に」
at night「夜に」

WRITING Plus
あなた自身が家族や友達からよく言われることを，例にならって英語で書きなさい。

例 My mother often tells me that I should get up earlier.

_____

定着 のワーク ステージ **2** **Unit 1** 読 聞 書 話

🎧 **1** LISTENING 英文を聞いて，内容に合う絵を選び，記号で答えなさい。 ♪ 101

ア	イ	ウ	エ
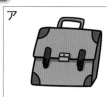			

（　　　）

2 次の各組の文がほぼ同じ内容を表すように，＿＿に適する語を書きなさい。

(1) {
Can I ask a question?
Let ＿＿＿＿＿＿＿ ＿＿＿＿＿＿＿ a question.
}

よく出る (2) {
He used this computer yesterday.
This computer ＿＿＿＿＿＿＿＿＿＿＿ by him yesterday.
}

(3) {
Do they close the shop at seven?
＿＿＿＿＿＿＿ the shop ＿＿＿＿＿＿＿ at seven?
}

(4) {
I am hungry.　I often say it to her.
I often ＿＿＿＿＿＿＿ her that I ＿＿＿＿＿＿＿ hungry.
}

(5) {
They cleaned the beach last Sunday.　I helped them.
I helped ＿＿＿＿＿＿＿ ＿＿＿＿＿＿＿ the beach last Sunday.
}

3 〔　〕内の語句を並べかえて，日本文に合う英文を書きなさい。ただし，1語不要な語があります。

(1) 私の両親にあなたを紹介させてください。
〔 me / to / introduce / let / my / parents / you / to 〕.

＿＿＿＿＿＿＿＿＿＿＿＿＿＿＿＿＿＿＿＿＿＿＿

(2) 彼は私にそれはおもしろいと言いました。
〔 fun / told / it / me / he / that / was / I 〕.

＿＿＿＿＿＿＿＿＿＿＿＿＿＿＿＿＿＿＿＿＿＿＿

(3) ナナは私がケーキを作るのを手伝ってくれました。
〔 helped / a cake / me / Nana / make / to 〕.

＿＿＿＿＿＿＿＿＿＿＿＿＿＿＿＿＿＿＿＿＿＿＿

レベルUP (4) この花はここで買えます。
〔 can / this / bought / flower / is / be 〕 here.

＿＿＿＿＿＿＿＿＿＿＿＿＿＿＿＿＿＿ here.

重要ポイント

1 受け身の文の意味に注意する。

2 (2)過去の受け身の文。

(3)受け身の疑問文。

(4)〈tell＋人＋that＋文〉で表す。

テストに◎出る!
動詞の原形を用いる表現
(1)〈let＋人・もの＋動詞の原形〉は「人・ものに〜させる」。
(5)〈help＋人＋動詞の原形〉は「人が〜するのを手伝う」。

3 (1)introduce 〜 to …で「…に〜を紹介する」という意味を表す。

(2)〈tell＋人＋that＋文〉という語順になる。

(3)〈help＋人＋動詞の原形〉の形を用いる。

(4)助動詞を含む受け身の文は助動詞の後ろに be を置く。

④ 次の対話文を読んで，あとの問いに答えなさい。

Kota: ①What (　　　) you (　　　) at?

Tina: It's a website.

It's ②(call) "School Life Around the World."

Eri: ③〔 us / was / that / told / it / Ms. Brown 〕an interesting website.

Hajin: What's on ④it?

Tina: Look. Students from across the world introduce their schools.

(1) 下線部①が「あなたは何を見ているのですか。」という意味になるように，(　)に適する語を書きなさい。

＿＿＿＿＿＿＿＿＿ , ＿＿＿＿＿＿＿＿＿

(2) ②の(　)内の語を適する形にかえなさい。

(3) 下線部③の〔　〕内の語句を並べかえて，意味の通る英文にしなさい。

＿＿＿＿＿＿＿＿＿＿＿＿＿＿＿＿＿＿＿＿ an interesting website.

(4) 下線部④がさすものを3語の英語で本文から抜き出して書きなさい。

＿＿＿＿＿＿＿＿＿＿＿＿＿＿＿＿＿＿＿＿

⑤ 次の日本文に合うように，＿＿＿に適する語を書きなさい。

よく出る (1) 私は娘に留学させるつもりです。
I will ＿＿＿＿＿＿＿ my daughter ＿＿＿＿＿＿＿ abroad.

(2) あなたは庭を掃除する必要があります。
You ＿＿＿＿＿＿＿＿＿＿＿＿＿ clean the garden.

(3) なぜならその景色がすばらしかったからです。
That is ＿＿＿＿＿＿＿ the view was wonderful.

レベルUP ⑥ 次の日本文を英語になおしなさい。

(1) ルワンダ(Rwanda)では英語が勉強されていますか。

＿＿＿＿＿＿＿＿＿＿＿＿＿＿＿＿＿＿＿＿

(2) もし彼女が来たら，私に知らせてください。

＿＿＿＿＿＿＿＿＿＿＿＿＿＿＿＿＿＿＿＿

(3) 私は兄が彼の車を洗うのをいつも手伝いました。

＿＿＿＿＿＿＿＿＿＿＿＿＿＿＿＿＿＿＿＿

重要ポイント

④ (1)「～している」は現在進行形で表す。

(2)前に be 動詞があるので，受け身の文か現在進行形の文。意味から考える。

(3)〈tell＋人＋that＋文〉の語順。

(4)代名詞はその直前の文を参照する。

⑤ (1)「留学する」＝「外国で勉強する」と考える。

(2) garden は「庭」。

(3) view は「景色」。

⑥ (2)「もし～が来たら」は if で表せる。

(3) help の後ろの語順に注意する。

実力判定テスト **ステージ3** **Unit 1** 　　30分　　/100 　読聞書話

解答 ▶ p.4

1 LISTENING 対話と質問を聞いて，その答えとして適するものを1つ選び，記号で答えなさい。

♪ 102 2点×3（6点）

(1) ア　At two.　　イ　At three.　　ウ　At four.　　エ　At five.　　（　　　）

(2) ア　He wrote messages.　　　イ　He bought a rugby ball.
　　ウ　He left Japan.　　　　　エ　He played rugby.　　（　　　）

(3) ア　Bob's bag.　　　　　　　イ　Her mother's bag.
　　ウ　Her own bag.　　　　　　エ　Her sister's bag.　　（　　　）

よく出る 2 次の日本文に合うように，　　に適する語を書きなさい。　　3点×5（15点）

(1) この本は簡単な英語で書かれていますか。

　　_____ this book _____ in easy English?

(2) 母は私にテレビゲームをさせてくれませんでした。

　　My mother didn't _____ me _____ video games.

(3) 私が英語の宿題をするのを手伝ってくれませんか。

　　Can you _____ _____ do my English homework?

(4) 彼は私に6月にロンドンを訪れるつもりだと言いました。

　　He _____ me _____ he was going to visit London in June.

(5) 川がその都市を2つの地域に分けました。

　　The river _____ the city _____ two areas.

3 次の（ ）内から適する語句を選んで，記号を○で囲みなさい。　　2点×4（8点）

(1) She often (ア　tells　イ　says) him that she is angry.

(2) He came home from school (ア　in the　イ　at) night.

(3) No one (ア　was found　イ　was finding) on the street.

(4) I won't let him (ア　to use　イ　use) my phone.

4 次の文を（ ）内の指示にしたがって書きかえなさい。　　4点×4（16点）

(1) We can buy the fish here. （下線部を主語にした文に）

_____

レベルUP (2) This temple is about 150 years old. （ほぼ同じ内容を表す受け身の文に）

_____

(3) The table was carried by Eric. （①疑問文にして，②Yes で答える）

　　① _____

　　② _____

目標 ●受け身の文や〈let＋人・もの＋動詞の原形〉の文，〈tell＋人＋that＋文〉の文を使えるようになりましょう。

自分の得点まで色をぬろう！

かんばろう	もう一歩	合格！

0　　　　　　　　　　　60　　80　　100点

5 次の英文を読んで，あとの問いに答えなさい。 (計31点)

　Hi, I'm Caitlin, from Canterbury, in the U.K. ①〔 me / show / let / school / you / my 〕.

　We have classes from 8:00 a.m. to 4:45 p.m.　My favorite is drama class.　In ②this class, we put on plays or musicals ③twice a year.

　④Our teachers help us prepare for performances.

(1)　下線部①の〔　〕内の語を並べかえて，意味の通る英文にしなさい。 (5点)

(2)　下線部②が指すものを日本語で答えなさい。 (4点)

　　（　　　　　　　　　　　　　　　）

(3)　下線部③を次のように英語2語で書きかえるとき，　　　に適する語を書きなさい。 (4点)

　　twice = two _____

(4)　下線部④を日本語になおしなさい。 (6点)

　　（　　　　　　　　　　　　　　　　　　　　）

(5)　本文の内容に合うように，次の質問に英語で答えなさい。 6点×2(12点)

　　ⓐ　What class does Caitlin like?

　　ⓑ　What do the students do twice a year?

6 次の日本文を英語になおしなさい。 6点×4(24点)

(1)　彼は私に彼が正しいということを示しました。

(2)　ブラウン先生(Mr. Brown)は私がスピーチの練習をするのを手伝ってくれました。

(3)　来年，新しい体育館が建てられるでしょうか。

　　―いいえ，建てられないでしょう。

　　―

(4)　今週末，私に買い物に行かせてください。

確認のワーク **ステージ 1** **Unit 2** Our School Trip ①

読 聞 書 話

📖 教科書の **要点** 現在完了形〈完了〉 ♪ a04

| 過去の文 | We arrived in Miyajima yesterday. | 私たちは昨日宮島に着きました。 |

「〜しました」

| 現在完了の文 | We **have** finally **arrived** in Miyajima. | 私たちはようやく宮島に着いたところです。 |

〈have[has]＋過去分詞〉 「〜したところです，〜してしまいました」

要点
- ●〈have[has]＋過去分詞〉の形を現在完了形という。
- ●完了を表す現在完了は，過去に始まった動作や行為が今は終わっているという状況を表す。「〜したところです，〜してしまいました」という意味になる。
- ●完了を表す現在完了の文には，already「もう」，just「ちょうど」などがよく使われる。

Words チェック 次の英語は日本語に，日本語は英語になおしなさい。

- □(1) wooden （　　　　　） □(2) harmony （　　　　　）
- □(3) amusement park （　　　　） □(4) 恐れる，こわい _____
- □(5) 完璧な，理想的な _____ □(6) 忙しい _____

1 次の（　）内から適する語を選び，記号を○で囲みなさい。

(1) I（ア　have　イ　has）just had dinner.

(2) He（ア　have　イ　has）read the book.

(3) She has just（ア　bake　イ　baked）bread.

(4) We have（ア　get　イ　got）home.

ここがポイント

現在完了形〈完了〉
〈have[has]＋過去分詞〉
で「〜したところです，〜してしまいました」の意味を表す。主語が3人称単数のときにはhaveではなくhasを使う。

2 絵を見て，「〜したところです，〜してしまいました」という文を書きなさい。

| (1) move | (2) finish | (3) write |

ミス注意

主語が3人称単数のときにはhaveではなくhasを使う。

(1) I have _____ my desk.

(2) He _____ _____ his work.

(3) Ami _____ _____ a letter.

まるごと暗記

短縮形
I have → I've
you have → you've
we have → we've
they have → they've

🐛 wooden[wúdn] の e は発音しないよ。

よく出る 3 〔 〕内の語句を並べかえて，日本文に合う英文を書きなさい。ただし，必要があれば下線部の動詞を適当な形になおすこと。

(1) 私はその車を洗ってしまいました。

I 〔 wash / have / the car 〕.

I _____ .

(2) 私の父はちょうど家を出発したところです。

〔 has / home / just / my father / leave 〕.

_____

(3) 私たちはちょうどアメリカ合衆国を訪れたところです。

〔 visit / just / we've 〕 the United States.

_____ the United States.

(4) 彼女（かのじょ）は新しいシャツを買ってしまいました。

〔 shirt / a / she / buy / has / new 〕.

_____

まるごと 暗記

不規則動詞の過去分詞
leave → left
buy → bought

4 次の文を（ ）内の指示にしたがって書きかえなさい。

(1) She made a cake. （現在完了の文に）

_____

(2) He read a novel. （just を用いて現在完了の文に）

_____

ここが ポイント

現在完了の文への書きかえ
動詞を〈have[has] ＋ 過去分詞〉にかえる。
主語を見て，have と has のどちらが適切かを判断する。

レベルUP 5 次の各組の文がほぼ同じ内容を表すように，_____ に適する語を書きなさい。

(1) { She lost her bag and she doesn't have it now.
    { She _____ _____ her bag.

(2) { Mr. Smith got up and he is not in bed now.
    { Mr. Smith _____ _____ up.

ミス注意

(1)「彼女はかばんをなくして，今それを持っていません。」→「彼女はかばんをなくしてしまいました。」

6 **Word Box** 次の日本文に合うように，_____ に適する語を書きなさい。

(1) 間違いをおかすことを恐れてはいけません。

Don't be _____ _____ making mistakes.

(2) 私はすもうに全然興味をもっていませんでした。

I wasn't interested in *sumo* _____ _____ .

(3) さあさあ，みんな。

_____ _____ , guys.

表現メモ

(2)否定文で at all を使うと「少しも〜ない，全然〜ない」という意味を表す。

確認のワーク ステージ **1** Unit 2 **Our School Trip ②** 読聞書話

解答 p.5

教科書の 要点 現在完了形 (疑問文，否定文) ♪a05

肯定文 I've already checked my photos.
I've = I have

私はもう
写真を確かめました。

疑問文 **Have** you　　　　checked your photos yet?
have[has]を主語の前に置く 　 疑問文では「もう」の意味

あなたはもう
写真を確かめましたか。

— Yes, I **have.** / No, I **haven't.**
Yes / No と have[has] を使って答える

— はい，確かめました。/
　いいえ，確かめていません。

要点 1

● 現在完了形の疑問文は，have[has] を主語の前に置く。
● 疑問文で「もう」の意味を表す yet を文末に置く。(肯定文では already を使う。)
● 答えるときは，Yes / No と have[has] を使って答える。

否定文 The tram **hasn't left yet.** その路面電車はまだ出発していません。
have[has] not＋過去分詞 　 否定文では「まだ」の意味

要点 2

● 現在完了形の否定文は，〈have[has] not ＋過去分詞〉で表す。have not の短縮形は haven't，
has not の短縮形は hasn't。
● 否定文で「まだ」という意味を表す yet を文末に。

Wordsチェック 次の英語は日本語に，日本語は英語になおしなさい。

- □(1) tram （　　　　　　　）
- □(2) hurry （　　　　　　　）
- □(3) report （　　　　　　　）
- □(4) already （　　　　　　　）
- □(5) ホテル _____
- □(6) まだ〜，もう〜 _____
- □(7) feed の過去分詞 _____
- □(8) do の過去分詞 _____

1 次の日本文に合うように，___ に適する語を書きなさい。

(1) 彼女はまだ皿洗いをしていません。
She _____ washed the dishes _____.

(2) あなたはもう私の手紙を読みましたか。
_____ you _____ my letter yet?

(3) 私の兄はまだ夕食を食べていません。
My brother _____ _____ had dinner yet.

ここがポイント

yet の意味
否定文では「まだ」，疑問文では「もう」という意味になる。文末に置く。

日本語のホテルと英語の hotel[houtél] — 日本語との発音，アクセントの違いに注意しよう。

2 〔 〕内の語句を並べかえて，日本文に合う英文を書きなさい。ただし，必要があれば下線部の動詞を適当な形になおすこと。

(1) 私はもうその動画を見ました。

I 〔 already / watch / have / the video 〕.

I ＿＿＿＿＿＿＿＿＿＿＿＿＿＿＿＿.

(2) 彼女はもうそこに着きましたか。

〔 yet / has / there / arrive / she 〕?

(3) 私たちはまだ部屋の掃除を終えていません。

〔 haven't / yet / our room / finish / we / cleaning 〕.

3 次の文を（ ）内の指示にしたがって書きかえなさい。

(1) You've already bought a new racket. （疑問文に）

(2) I didn't wash my hands. （「まだ〜していません」の文に）

(3) Did she have breakfast? （「もう〜しましたか」の文に）

4 次の日本文に合うように，＿＿に適する語を書きなさい。

(1) ちょっと待って。

Wait ＿＿＿＿＿＿＿＿＿＿＿＿!

(2) 急いで。

＿＿＿＿＿＿ ＿＿＿＿＿＿.

(3) どうかしたのですか。

＿＿＿＿＿＿＿ wrong?

(4) 私はその情報を彼らと分かち合いました。

I ＿＿＿＿＿ the information ＿＿＿＿＿ them.

(5) 心配しないで。

＿＿＿＿＿＿ ＿＿＿＿＿＿.

ミス注意
「もう」は肯定文では already，疑問文では yet を使う。使う位置にも注意しよう。

Unit 2

ここがポイント
「まだ〜していません」，「もう〜しましたか」は，いずれも現在完了形で表す。

ことばメモ
(5)worry「心配する，気にする」

WRITING Plus

あなたの今日の行動について，次の各問いに英語で答えなさい。

(1) Have you had lunch yet?

(2) Have you done your homework yet?

 ステージ **1** Unit 2 Our School Trip ③

読 聞
書 話

教科書の 要点 現在完了形〈経験〉 ♪ a06

肯定文 I have seen him like that.

「〜したことがあります」

私はそのような彼を
見たことがあります。

疑問文 **Have** you ever seen him like that?

have[has] を主語の前に置く

あなたはこれまでにそのような
彼を見たことがありますか。

— Yes, I **have.**

No, I **haven't.**[No, never.]

Yes / No と have[has] を使って答える

— はい，あります。
　いいえ，ありません。[いいえ，一度も。]

要点 1

● 経験を表す現在完了は，現在までの経験を表す。「〜したことがあります」という意味になる。
● 経験を表す現在完了形の疑問文は「〜したことがありますか」という意味を表す。経験の疑問文では，ever「これまでに」がよく使われる。

否定文 I've **never** seen such a beautiful sunset.

「一度も〜ない」

私はそのような美しい夕焼けを
一度も見たことがありません。

要点 2

● 経験を表す現在完了形の否定文は，〈have[has] + never + 過去分詞〉で表す。never は「一度も〜ない」という意味。

Wordsチェック 次の英語は日本語に，日本語は英語になおしなさい。

□(1) lately （　　　　　　　）　□(2) deal （　　　　　　　）

□(3) person （　　　　　　　）　□(4) ever （　　　　　　　）

□(5) 変わる ＿＿＿＿＿　□(6) 戻る，帰る ＿＿＿＿＿

□(7) see の過去分詞 ＿＿＿＿＿　□(8) be の過去分詞 ＿＿＿＿＿

1 次の日本文に合うように，＿＿に適する語を書きなさい。

(1) 私は英語で手紙を書いたことがあります。

＿＿＿＿＿ ＿＿＿＿＿ a letter in English.

(2) 彼女はこれまでにギターを弾いたことがありますか。

＿＿＿＿＿ she ＿＿＿＿＿ played the guitar?

(3) あなたはこれまでにイギリスに行ったことがありますか。

Have you ever ＿＿＿＿＿ ＿＿＿＿＿ the U.K.?

(4) 私は一度もその歌を聞いたことがありません。

I have ＿＿＿＿＿ ＿＿＿＿＿ to the song.

表現メモ

(3)「〜へ行ったことがある」は have[has] been to 〜を使って表す。

ここがポイント

「一度も〜したことがありません」
〈have[has] + never + 過去分詞〉の語順で表す。

 seen と scene は同じ発音 [síːn] だよ。

2 〔 〕内の語句を並べかえて，日本文に合う英文を書きなさい。

(1) 私は以前にこの漫画本を読んだことがあります。

I 〔 read / before / this / have / comic book 〕.

I _____ .

(2) あなたは京都を何回訪れたことがありますか。

〔 times / have / many / Kyoto / visited / you / how 〕?

_____

(3) ハジンはこれまでに沖縄に滞在したことがありますか。

〔 in / Hajin / stayed / ever / has / Okinawa 〕?

_____

(4) 私は一度もあなたの弟に会ったことがありません。

〔 never / your brother / seen / I / have 〕.

_____

まるごと 暗記

経験を表す現在完了の
文でよく使われる語句
before「前に，以前に」
twice「2度，2回」
〜 times「〜回，度」
How many times 〜?
「何回〜，何度〜ですか」
ever「これまで」
never「一度も〜ない」

Unit 2

3 次の文を（ ）内の指示にしたがって書きかえなさい。

(1) We traveled in Osaka.

（「何度も〜したことがあります」の文に）

_____

(2) Did you play rugby?

（「これまでに〜したことがありますか」の文に）

_____

表現メモ

(1)many times「何度も」

4 次の日本文に合うように，＿＿に適する語を書きなさい。

(1) エリはどうしたんだろう。

_____ _____ _____ Eri?

(2) はいここにあります。

_____ _____ are.

(3) たいしたことないよ。

It's no _____ _____ .

(4) 私は彼らに追いつくように急ぎました。

I hurried to _____ _____ with them.

(5) 私はそのようなことは一度も聞いたことがありません。

I've never heard of _____ _____ thing.

ことばメモ

(4)hurry「急ぐ」

WRITING Plus ✏

次の問いに対して，あなた自身の答えを英語で書きなさい。

Have you ever been abroad?

_____

 ステージ 1 **Daily Life Scene 2** 留守番電話

読 聞
書 話

教科書の **要点**　現在完了形〈完了〉/〈let＋人・もの＋動詞の原形〉/ 接続詞 when（復習）　♪ a07

A: Have you got your phone yet?　　　　あなたはもう電話機を受け取りましたか。

〈Have[Has]＋主語＋過去分詞～?〉　| 疑問文では「もう」の意味 |

B: No, not yet.　I'll get it on Monday.　いいえ，まだです。
　　　　　　　　　　　　　　　　　　　私はそれを月曜日に受け取ります。

| 「いいえ, まだです。」 |
　　　　　　　| 「人・ものに～させる」 |　　　　| 接続詞「～するとき，(～したら)すぐに」 |

A: OK.　Let me know your phone number when you have it.
　　　　　〈let＋人・もの＋動詞の原形〉
　　　　　　　　　　　　　　　　　わかりました。
　　　　　　　　　　　　　　　　　それを受け取ったら，電話番号を私に知らせてください。

要点
- 「(もう)～しましたか」とたずねるときは Have[Has] を主語の前に置く。yet は文末に置く。
- No, not yet.（いいえ，まだです。）を使って答えることもできる。
- 「人・ものに～させる」は〈let ＋人・もの＋動詞の原形〉で表す。Let me ～. で「私に～させてください」という意味。
- when は文と文を結ぶ接続詞で，「～するとき，（～したら）すぐに」という意味を表す。

Words チェック　次の英語は日本語に，日本語は英語になおしなさい。

□(1)　passport　　　（　　　　　　）　□(2)　buffet　　　（　　　　　　）

□(3)　starlight　　　（　　　　　　）　□(4)　裕福な　　　＿＿＿＿＿＿＿

□(5)　シンガポール　＿＿＿＿＿＿＿　□(6)　天国，楽園　＿＿＿＿＿＿＿

1 次の（　）内から適する語句を選び，記号を○で囲みなさい。

(1)　（ア　Have　イ　Did) you fed the dog yet?

(2)　((1)に答えて)No, not（ア　already　イ　yet)．

(3)　She lived in Ise（ア　when　イ　because) she was a child.

(4)　Wait!　Let me（ア　to explain　イ　explain)．

ここがポイント

not yet
not yet は「まだです」という意味を表す。(2)は正式に書くと，No, I haven't fed it yet.となる。

2 次の英文を日本語になおしなさい。

(1)　Visit me when you come to New York.

　　（　　　　　　　　　　　　　　　　　　　）

(2)　Let me check the instructions.

　　（　　　　　　　　　　　　　　　　　　　）

(3)　Have you had breakfast yet? — No, not yet.

　　（　　　　　　　　　　　　　　　　　　　）

ミス注意

yet の意味
yet は疑問文では「もう～」，否定文では「まだ～」と訳すことに注意する。

ch の発音には2通りあるよ。例 rich[rítʃ] — school[skúːl]

3 〔 〕内の語句を並べかえて，日本文に合う英文を書きなさい。

(1) あなたは大人になったら何になりたいですか。

〔 do / to / you / what / want / you / be / when 〕grow up?

_____ grow up?

(2) 彼はもうスピーチを準備しましたか。

〔 has / his / he / yet / speech / prepared 〕?

_____

(3) 彼女の兄はもうそこに着きましたか。

〔 yet / her brother / there / arrived / has 〕?

_____

ミス注意

(3)thereは「そこに，そこで」という意味なので，arriveの後にat「〜に［で］」を入れる必要がない。

(4) 私にあなたの自転車を使わせてください。

〔 let / your / me / use / bike 〕.

_____

(5) 用意ができたら私に知らせてください。

〔 me / you / are / know / let / when / ready / , 〕.

_____

ことばメモ

(5)ready「用意ができた」

4 次の日本文に合うように，_____に適する語を書きなさい。

(1) （電話で）もしもし。コウタです。

_____. _____ _____ Kota.

(2) いいですよ。

All _____.

(3) ところで彼はどこに住んでいますか。

_____ the _____, where does he live?

(4) もう注文をしましたか。―いいえ，まだです。

_____ you _____ _____?

― _____, _____ yet.

WRITING Plus

イラストの場面から，吹き出しの☐に入れるのにふさわしい言葉を英語で書きなさい。

Let ☐ .

OK.
Here you are.

Let _____ .

解答　p.8

定着のワーク　ステージ2　Unit 2 〜 Daily Life Scene 2　読聞書話

1 LISTENING　英文を聞いて，内容に合う絵を選び，記号で答えなさい。　♪ 103

ア　イ　ウ　エ

（　　　）

2 次の文に（　）内の語を加えて，現在完了（かんりょう）の文に書きかえなさい。

(1) My uncle worked in the U.A.E. (before)

_____

(2) Did you see the famous musician? (ever)

_____

(3) I visited the U.K. (twice)

_____

(4) My sister and I made a cake. (just)

_____

(5) His daughter brushed her teeth. (already)

_____

(6) My brother didn't finish his homework. (yet)

_____

3 〔　〕内の語句を並べかえて，日本文に合う英文を書きなさい。ただし，1語補うこと。

(1) あなたはもうこの話を聞きましたか。

〔 you / story / heard / have / this 〕?

_____

(2) 私は一度も犬を飼ったことがありません。

〔 a dog / have / I / had 〕.

_____

(3) 私はそのビデオを数回見たことがあります。

〔 several / have / the video / watched / I 〕.

_____

(4) あなたは奈良へ何度行ったことがありますか。

〔 Nara / many / you / times / how / have / been 〕?

_____

重要ポイント

1 現在完了の否定文の意味に注意する。

2

テストに◎出る！

現在完了の文
動詞を〈have[has] ＋過去分詞〉の形にする。

(1) before「前に，以前に」
(2) ever「これまでに」
(3) twice「2度，2回」
(4) just「ちょうど」
(5) already「もう，すでに」
(6) yet「（否定文で）まだ」

3 (1)「もう」にあたる語が不足している。
(2) 経験を表す現在完了の否定文。
(3)「〜回」にあたる語が不足している。
(4)「〜へ行ったことがある」は have been to 〜で表す。

4 次の対話文を読んで，あとの問いに答えなさい。

Eri: Tina, have you checked your photos yet?

Tina: No, I (①).

I'll ②do it at the hotel.

I want to share ③them with my family.

(1) ①の（ ）に適する語を書きなさい。

_____

(2) 本文の内容に合うように，下線部②を３語の英語で書きかえなさい。

_____

(3) 下線部③がさすものを日本語で答えなさい。

（　　　　　　　　　　　　　）

5 次の日本文に合うように，_____に適する語を書きなさい。

(1) すぐにあなたに追いつきます。

I'll _____ you soon.

(2) 私はそのような悲しい映画を見たことがありません。

I've never seen _____ _____ sad movie.

(3) 彼は海をこわがっています。

He's _____ _____ the sea.

(4) 私は少しもお腹が空いていません。

I'm not hungry _____ _____.

(5) エリカはどうしたんだろう。

_____ Erika?

(6) ちょっと待って！

_____ _____ minute!

6 次の日本文を英語になおしなさい。

(1) あなたはもう夕食を食べましたか。

_____

(2) 私はまだその車を洗っていません。

_____

(3) 私は以前にカナダに行ったことがあります。

_____

(4) 彼は一度もラグビーをやってみたことがありません。

_____

重要ポイント

4 (1)現在完了形の疑問文には，have[has]を使って答える。

(2)エリの発言を参照。

(3)them は複数名詞をさす。

5 (1)catch を使った表現。

(2)a の位置に注意。

(3)of の後には（代）名詞，または動名詞（動詞の -ing形）が続く。

(4)否定文で「全然，少しも」という意味の表現。

(6)wait「待つ」を使う。

6 (1)完了を表す現在完了形の疑問文にする。

(2)完了を表す現在完了形の否定文にする。

(3)「以前に」という意味の before を使う。

(4)「一度も〜ない」は never を使い，経験を表す現在完了の文で表す。

Unit 2 ～ Daily Life Scene 2

 BREAK 外国でも知られている日本の食べ物にはどんなものがあるでしょう？　　➡答えは次のページ

解答 p.9

実力判定テスト ステージ**3** **Unit 2** 〜 **Daily Life Scene 2** **30**分 /100 読聞書話

1 LISTENING 対話と質問を聞いて，その答えとして適するものを1つ選び，記号で答えなさい。

104 2点×3(6点)

(1) ア Yes, he did. イ No, he didn't.
ウ Yes, he has. エ No, he hasn't. ( )

(2) ア Okinawa. イ Twice. ウ Never. エ This summer. ( )

(3) ア His key. イ His bag.
ウ His shoes. エ His bike. ( )

2 次の( )内から適する語句を選んで，記号を〇で囲みなさい。 2点×4(8点)

(1) She (ア have had イ has had) dinner.

(2) Have you ever (ア traveled イ travel) in Hokkaido?

(3) Have you seen the lion (ア just イ yet)?

(4) I have (ア never イ no) read such a great book.

3 次の日本文に合うように，＿＿＿＿に適する語を書きなさい。 3点×5(15点)

(1) 英語を話すことをこわがってはいけません。
Don't ＿＿＿＿＿＿ ＿＿＿＿＿＿ ＿＿＿＿＿＿ speaking English.

(2) 彼女は私の話を少しも信じませんでした。
She didn't believe my story ＿＿＿＿＿＿ ＿＿＿＿＿＿.

(3) もし急げば，あなたは彼に追いつくでしょう。
If you hurry up, you'll ＿＿＿＿＿＿ ＿＿＿＿＿＿ ＿＿＿＿＿＿ him.

(4) たいしたことないよ。
It's ＿＿＿＿＿＿ ＿＿＿＿＿＿ ＿＿＿＿＿＿.

(5) 私はちょうど図書館に行ってきたところです。
＿＿＿＿＿＿ ＿＿＿＿＿＿ ＿＿＿＿＿＿ to the library.

4 次の文を( )内の指示にしたがって書きかえなさい。 4点×4(16点)

(1) You made a lot of friends in Japan. (「もう〜しましたか」とたずねる文に)

(2) She didn't finish painting the picture. (「まだ〜していません」という文に)

(3) I made pudding. (「以前に〜したことがある」という文に)

(4) Kota has played tennis with Tina <u>twice</u>. (下線部が答えの中心となる疑問文に)

ちょっとBREAKの答え *tempura* (てんぷら), *sukiyaki* (すきやき), *tofu* (豆腐), *ramen* (ラーメン) など。

目標 ●完了・経験の意味を表す現在完了を理解し，英文を作ることができるようになりましょう。

自分の得点まで色をぬろう！

😟がんばろう！	😐もう一歩	😊合格！

0　　　　　　　　　60　　80　　100点

5 次の対話文を読んで，あとの問いに答えなさい。 (計23点)

Kota: We're ①here!

Hajin: ②We (　　　　) finally (　　　　) in Miyajima.

Eri: Look, there are some deer over there.

Tina: ③They're not afraid of people at all.

Kota: ④That's amazing.

(1) 下線部①がさすものを本文中の2語で答えなさい。 (5点)

(2) 下線部②が「私たちはようやく宮島に着いたところです。」という意味になるように(　)に適する語を書きなさい。 (5点)

_____ , _____

(3) 下線部③がさすものを日本語で答えなさい。 (5点)

(　　　　　　　　　　　　　　　　　)

(4) 下線部④の That がさす内容を日本語で答えなさい。 (8点)

(　　　　　　　　　　　　　　　　　　　　　　　　)

6 〔　〕内の語を並べかえて，日本文に合う英文を書きなさい。 4点×2(8点)

(1) 私はその試合のチケットを買いました。

〔 have / for / bought / I / the / ticket / a / game 〕．

(2) 私のメッセージを受け取っていますか。〔 you / message / received / have / my 〕?

7 次の日本文を英語になおしなさい。 6点×3(18点)

(1) 私たちはちょうど駅を見つけたところです。

(2) あなたは何度もパンダを見たことがありますか。

(3) 私はまだその新しいショッピングモールを訪れていません。

8 次の質問に，あなた自身の答えを英語で書きなさい。 (6点)

How many times have you climbed Mt. Fuji?

確認
のワーク
ステージ **1**　**Unit 3** Lessons From Hiroshima ①

解答 ▶ p.10

読聞
書話

📖 教科書の **要点**　現在完了形〈継続〉　♪ a08

The dome **has been** like this for over 70 years.

have[has]＋過去分詞　「(ずっと)〜です」　for＋期間を表す語句

そのドームは 70 年より長い間
このような状態です。

要点 1

●継続を表す現在完了は，過去に始まった状態が現在まで続いていることを表す。「(ずっと)〜です」の意味になる。

●継続を表す現在完了の文には，**for 〜**「〜の間」や **since 〜**「〜以来」がよく使われる。

| for＋期間を表す語句 | for five years（5 年間），for a long time（長い間） |
| since＋過去の一時点を表す語句 | since 2018（2018 年から），since last year（昨年から） |

How long **have** you **been** a volunteer?

「どのくらい長く」　現在完了の疑問文の語順

あなたはどのくらいの間ボランティア
をしているのですか。

— I've **been** a volunteer since 2000.

since や for を使って具体的に答える

— 私は 2000 年からボランティア
をしています。

要点 2

●「どのくらいの間〜ですか」と状態が継続している期間をたずねるときは，**How long** の後に現在完了の疑問文の語順を続ける。

● How long〜？の疑問文に答えるときは for や since などを使って，期間を具体的に答える。

Words チェック　次の英語は日本語に，日本語は英語になおしなさい。

□(1) atomic bomb　(　　　　) 　　□(2) remind　(　　　　)

□(3) since　(　　　　) 　　□(4) 平和　＿＿＿＿＿

□(5) 誰か，誰でも　＿＿＿＿＿ 　　□(6) know の過去分詞　＿＿＿＿＿

よく
出る **1** 次の(　)内から適する語を選び，記号を〇で囲みなさい。

(1) I have（ア　was　イ　been）a teacher for six years.

(2) How（ア　long　イ　much）have you lived in Nagoya?

ここがポイント

現在完了形〈継続〉
〈have[has]＋過去分詞〉で「(ずっと)〜です」という状態の継続を表す。

よく
出る **2** 次の日本文に合うように，＿＿に適する語を書きなさい。

(1) 彼は先週からずっと忙しいです。

He ＿＿＿＿＿ ＿＿＿＿＿ busy since last week.

(2) 私は 10 年間ニューヨークに住んでいます。

I ＿＿＿＿＿ ＿＿＿＿＿ in New York for ten years.

ミス注意

for 〜は「〜の間」，
since 〜は「〜以来」の意味になる。使い分けに注意する。

 dome の o は [ou] と発音するよ。

3 〔 〕内の語句を並べかえて，日本文に合う英文を書きなさい。

(1) 私はずっと犬を飼いたいと思っています。

〔 have / have / wanted / I / to / a dog 〕.

_____

(2) 私たちは子供の頃からお互いを知っています。

〔 childhood / we / each other / have / known / since 〕.

_____

> 表現メモ
>
> (2)each other「お互い」

(3) 私は 2 年間この町にいます。

〔 two / years / have / for / been / I / this town / in 〕.

_____

(4) 彼女はどのくらいの間，病院にいますか。

〔 has / been / how / she / in / long / the hospital 〕?

_____

> ここが ポイント
>
> 「どのくらいの間〜ですか」は，〈How long ＋ have[has]＋主語＋過去分詞〜?〉の形で表す。

4 次の文を（ ）内の指示にしたがって書きかえなさい。

(1) My sister is sick. (since last Friday を加えて現在完了の文に)

_____

(2) He has been a doctor for two years. (下線部をたずねる文に)

_____

5 次の 2 つの文がほぼ同じ内容を表すように，＿＿に適する語を書きなさい。

He went to Tokyo four years ago, and he still lives there.
He ＿＿＿＿ ＿＿＿＿ in Tokyo for four years.

> ミス注意
>
> 「彼は 4 年前に東京へ行って，まだそこに住んでいます。」→「彼は 4 年間ずっと東京に住んでいます。」

6 次の日本文に合うように，＿＿に適する語を書きなさい。

(1) 私たちは平和に向かって努力するつもりです。

We're going to ＿＿＿＿＿＿ peace.

(2) この歌は私に故郷を思い出させます。

This song ＿＿＿＿ me ＿＿＿＿ my hometown.

WRITING Plus

次の各問いに対して，あなた自身の答えを英語で書きなさい。

(1) How long have you lived in your town?

_____

(2) How long have you known your English teacher?

_____

Unit 3

ステージ **1** **Unit 3** Lessons From Hiroshima ②

解答 p.11

読 聞
書 話

教科書の 要点 現在完了進行形 ♪ a09

I've been thinking about our trip to Hiroshima. 私は広島への旅行についてずっと
考えています。

have[has] been＋動詞の -ing 形 [動作や行為の継続を表す]

要点

● 現在完了進行形〈have[has] been ＋動詞の -ing 形〉は，「（ずっと）〜しています」という意味で，過去に始まった動作や行為が現在も続いていることを表す。

● 現在完了進行形の文には，for 〜「〜の間」や since 〜「〜以来」がよく使われる。

Words チェック 次の英語は日本語に，日本語は英語になおしなさい。

- □(1) half （　　　　　）
- □(2) realize （　　　　　）
- □(3) tragic （　　　　　）
- □(4) 〜を創造する _____
- □(5) 若い _____
- □(6) good の比較級 _____

1 絵を見て例にならい，「〜はずっと…しています」という文を書きなさい。

例 I have been studying Chinese for a year.

(1) It _____ since last week.

(2) They _____ for two hours.

(3) Lisa _____ since this morning.

ここがポイント

現在完了進行形
〈have[has] been ＋動詞の -ing 形〉で「（ずっと）〜しています」という動作の継続を表す。主語が 3 人称単数のときは，has を用いる。

2 次の（　）内から適する語句を選び，記号を○で囲みなさい。

(1) Eri（ア have イ has）been talking with Tina for thirty minutes.

(2) He（ア is playing イ has been playing）the video game since two p.m.

(3) She has（ア been イ be）practicing the piano for an hour.

(4) The dog has been waiting here（ア for イ since）three hours.

bombing [bámiŋ] の 2 つ目の b は発音しない文字だよ。

3 〔 〕内の語句を並べかえて，日本文に合う英文を書きなさい。

(1) ３日間ずっと雨が降り続いています。

〔 days / has / for / been / it / raining / three 〕.

_____

(2) 彼らは長い間ずっとここで働いていますか。

〔 a long time / have / here / been / they / working / for 〕?

_____

(3) 私は５時間ずっとテレビを見ています。

〔 hours / have / TV / five / been / I / watching / for 〕.

_____

(4) 彼女は昨年からずっとアフリカを旅行しています。

〔 year / last / been / in / traveling / she / has / since / Africa 〕.

_____

> **ここが ポイント**
>
> 現在完了進行形の疑問文は，Have[Has]を主語の前に置く。

4 次の文を（ ）内の指示にしたがって書きかえなさい。

(1) I am doing my homework.（現在完了進行形の文に）

_____

(2) My brother is sleeping.

（文末に for ten hours を加えて現在完了進行形の文に）

_____

(3) You have been reading comic books.（疑問文に）

_____

(4) Nick has been learning calligraphy <u>for two months</u>.

（下線部をたずねる文に）

_____

> **ことばメモ**
>
> (4)calligraphy「書道，書写」

5 次の英文を日本語になおしなさい。

(1) Have you been swimming in the pool?

（ 　　　　　　　　　　　　　　　　　 ）

(2) How long have you been studying English?

（ 　　　　　　　　　　　　　　　　　 ）

6  次の日本文に合うように，_____に適する語を書きなさい。

(1) 私たちはその試合に勝とうと堅く決心していました。

We _____ _____ to win the game.

(2) 彼らを助けるために，私たちは何ができますか。

_____ _____ we do to help them?

> **表現メモ**
>
> (1)be determined to ～「～することを堅く決心している」

解答 p.12

確認のワーク　ステージ1　**Unit 3** Lessons From Hiroshima ③　読聞書話

教科書の 要点 〈It is 〜 (for 人) ＋ to ＋動詞の原形〉 ♪ a10

To learn about the past is important for us.
主語
私たちが過去について学ぶことは大切です。

It's important for us to learn about the past.
仮の主語　(人)

It's also important to think about creating a peaceful world.
平和な世界を生み出すことについて考えることもまた大切です。

要点 1

● 〈It is[It's] 〜 (for 人) ＋ to ＋動詞の原形〉で「(人が)…するのは〜です」という意味を表す。
　この場合の it は, to 以下の内容をさす仮の主語なので, 「それ」と訳さない。
● 〈for 人〉は to の前に置き, to 以下の動作や状態の主体を示す。

Wordsチェック 次の英語は日本語に, 日本語は英語になおしなさい。

- □(1) valuable （　　　　　）
- □(2) victim （　　　　　）
- □(3) generation （　　　　　）
- □(4) though （　　　　　）
- □(5) 戦争 _____
- □(6) しかしながら _____
- □(7) 食事, 料理 _____
- □(8) 不可能な _____

1 次の( )内から適する語を選び, 記号を○で囲みなさい。

(1) It is interesting for (ア　me　イ　I) to read this book.

(2) It's necessary for (ア　Tom　イ　Tom's) to study Japanese.

ミス注意
forの後に人称代名詞を置く場合は, 「〜を[に]」の意味を表す形を使う。

2 絵を見て例にならい, 「私が〜するのは…です」という文を書きなさい。

例　interesting / take pictures

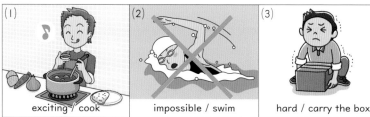

(1) exciting / cook　　(2) impossible / swim　　(3) hard / carry the box

例　It is interesting for me to take pictures.

(1) _____ is exciting for me _____ cook.

(2) It's impossible _____ me _____ swim.

(3) _____ carry the box.

● though[ðóu] の発音に注意しよう。th は濁った音だよ。

よく出る **3** 〔 〕内の語句を並べかえて，日本文に合う英文を書きなさい。

(1) 私たちが宿題をすることは必要です。
〔 do / is / us / necessary / it / for / to / our homework 〕.

_____

(2) 私がテニスをすることはおもしろいです。
〔 play / is / for / it / interesting / me / to / tennis 〕.

_____

(3) 彼の妹が早く起きることは簡単ではありません。
〔 is / his sister / early / easy / to / for / not / it / get up 〕.

_____

(4) ニックがフランス語を話すことは難しいですか。
〔 it / Nick / difficult / is / for / to / French / speak 〕?

_____

ことばメモ

よく使われる形容詞
easy「簡単な」
difficult「難しい」
interesting「おもしろい」
important「大切な」
necessary「必要な」
impossible「不可能な」
exciting「わくわくさせる」

Unit 3

よく出る **4** 次の文を（ ）内の指示にしたがって書きかえなさい。

(1) To be kind to other people is good. （It で始まる同じ意味の文に）

_____

(2) It is easy for me to answer the question. （過去の文に）

_____

(3) It was exciting for Kenta to watch the game. （疑問文に）

_____

ここが ポイント

(2)過去の文ではisを過去形にする。
(3)be動詞の疑問文なので，be動詞を主語の前に置く。

5 Word Box 次の日本文に合うように，____ に適する語を書きなさい。

(1) 彼らはより年老いていっています。
They are _____ _____ .

(2) 私はこの情報を彼らに伝えました。
I _____ this information _____ to them.

(3) 彼女は京都で育ちました。
She was _____ in Kyoto.

(4) あなたは医者になることについて考えたことはありますか。
Have you _____ _____ becoming a doctor?

(5) この町の人口は年々少なくなっています。
The population of this town is getting smaller year _____ _____ .

まるごと 暗記

(1) get ～er「より～になる，ますます～になる」
(2) pass ～ on「～を伝える，～を譲る」
(3) bring up ～「～を育てる」
(4) think of ～「～について考える」
(5) year by year「年々」

文法 のまとめ①

Active Grammar ① 現在完了形／現在完了進行形

まとめ

① 現在完了形〈have[has]＋過去分詞〉

① 動作や行為が終わっている〈完了〉

●過去に始まった動作や行為が今は終わっている。「〜したところです，〜してしまいました」という意味になる。

よく使う語 just「ちょうど」，already「もう」，yet「[疑問文で]もう，[否定文で]まだ」

肯定文　　　　I　have already finished my work.

疑問文 Have you [　　] finished your work yet?
　　　　　　　　 have[has] を主語の前に置く

— Yes, I have. / No, I haven't. / No, not yet.
　　　 have[has] を使って答える　　 not yet（まだです）を使って答えることもできる

否定文　　　I　have not finished my work yet.
　　　　　　　 have[has] のあとに not を置く

② 現在までに経験している〈経験〉

●現在までの経験を表す。「〜したことがあります」という意味になる。

よく使う語 before「以前」，once「一度」，ever「これまでに」，never「一度も〜ない」

肯定文　　　　I　have　　　seen this bird once.

疑問文 Have you [　　] ever seen that bird?
　　　　　　　　 have[has] を主語の前に置く

— Yes, I have. / No, I haven't. / No, never.
　　　 have[has] を使って答える　 never（一度もありません）を使って答えることもできる

否定文 I have never seen that bird.
　　　　　 have[has] のあとに never を置く

③ ある状態が過去から現在まで続いている〈継続〉

●過去に始まった状態が現在まで続いていることを表す。「（ずっと）〜です」という意味になる。

よく使う語 for 〜「〜の間」，since 〜「〜以来」

肯定文　　　　　　　　Emi has known Mike for 10 years.

疑問文 How long has Emi [　　] known Mike?
　　　　　　　　　　　　 have[has] を主語の前に置く

— For 10 years. / Since she was six.

②　現在完了進行形〈have[has] been ＋動詞の -ing 形〉

① 動作や行為が過去から現在まで続いている

● 過去に始まった動作や行為が現在も続いていることを表す。「(ずっと)〜しています」という意味になる。

よく使う語　for 〜「〜の間」，since 〜「〜以来」

肯定文　　　　　　　　　　He has been running for one hour.

疑問文　How long has he ⬚ been running?

　　　　　　　　　have[has] を主語の前に置く

— For one hour. / Since this afternoon.

練習 -

1 次の日本文に合うように，　　に適する語を書きなさい。

(1) 私たちは10年間お互いを知っています。

We _____ _____ each other _____ ten years.

(2) ケイは5歳のときからテニスをしています。

Kei _____ _____ tennis _____ he was five.

(3) あなたはこれまでにロンドンに行ったことがありますか。

_____ you _____ _____ to London?

(4) 彼らはもう夕食を食べてしまいました。

They _____ _____ _____ dinner.

2 〔　〕内の語句を並べかえて，日本文に合う英文を書きなさい。

(1) あなたはどのくらいの間中国語を習っているのですか。

〔 Chinese / long / been / have / how / you / learning 〕?

_____

(2) 彼はまだ空港に着いていません。

〔 hasn't / yet / the airport / arrived / he / at 〕.

_____

(3) 私は一度もこの漫画本を読んだことがありません。

〔 comic book / have / this / never / I / read 〕.

_____

3 次の英文を日本語になおしなさい。

(1) Have you cleaned the classroom yet?

(　　　　　　　　　　　　　　　　　　　　　　　)

(2) My brother has been sick since last night.

(　　　　　　　　　　　　　　　　　　　　　　　)

Active Grammar ①

解答　p.13

Try! READING

Let's Read 1　From the Diary of Kawamoto Itsuyoshi　読聞書話

●次の英文は，広島で原子爆弾の犠牲になった，当時中学1年生だった河本聿美くんの日記の一部です。これを読んで，あとの問いに答えなさい。

_____ *April 4 (Wednesday), Sunny*

Today was a happy day （　①　） me.　From today, I am going to commute to Nichū.　I went to Hiroshima on the 6:50 a.m. steam train.　Unfortunately, ②it was delayed.　I was worried, "What will happen to me?"　When I arrived at Nichū, the ceremony was already ③(go) on.　After I explained my delay, they　5 let me in.　I sighed with relief.

_____ *April 30 (Monday), Sunny*

④For the first time, a bomb was dropped on the city of Hiroshima. It was just before I crossed Enko Bridge. "Grr, thump, thump!" ⑤What a 〔made / it / frightening / noise 〕!　Then, a thick cloud of smoke rose up.　I went ⑥there　10 right away and saw a fire burning intensely.

Question

(1) ①の( )に適する語をア～ウから選び，記号で答えなさい。

    ア　on　　イ　for　　ウ　in　　　　　　　　　　　　　　　　（　　　）

(2) 下線部②が指すものを本文中から５語で抜き出して書きなさい。

(3) ③の( )内の語を適する形にかえなさい。

(4) 下線部④を日本語になおしなさい。

    （　　　　　　　　　　　　　　　　　　　　　　　　　　　　　　　　）

(5) 下線部⑤の〔　〕内の語を並べかえて，意味の通る英文にしなさい。

    What a　　　　　　　　　　　　　　　　　　　　　　　　　　　　　　　！

(6) 下線部⑥はどのような場所をさしているか，日本語で答えなさい。

    （　　　　　　　　　　　　　　　　　　　　　　　　　　　　　　　　）

(7) 本文の内容に合うように，次の問いに英語で答えなさい。

   １．On April 4, how did Itsuyoshi go to Hiroshima?

   ２．What did Itsuyoshi see after a thick cloud of smoke rose up?

Word Box BIG

1 次の英語は日本語に，日本語は英語になおしなさい。

(1) noise　　　　　（　　　　　　　）　　(2) plane　　　　（　　　　　　　）

(3) worried　　　（　　　　　　　）　　(4) 橋

(5) ～を掘る　　　　　　　　　　　　　(6) 優秀な，非常に優れた

2 次の日本文に合うように，　　　に適する語を書きなさい。

(1) 昨日あなたに何が起こったのですか。

    What ＿＿＿＿＿＿＿＿ ＿＿＿＿＿＿＿＿ you yesterday?

(2) コンサートは何時間も続きました。

    The concert ＿＿＿＿＿＿＿＿ ＿＿＿＿＿＿＿＿ for hours.

(3) ようやく列車が到着しました。

    ＿＿＿＿＿＿＿＿ ＿＿＿＿＿＿＿＿ the train arrived.

(4) 私は初めて広島を訪れました。

    I visited Hiroshima ＿＿＿＿＿＿ ＿＿＿＿＿＿ ＿＿＿＿＿＿ ＿＿＿＿＿＿.

(5) すぐに行きます。

    I'll come ＿＿＿＿＿＿＿＿ ＿＿＿＿＿＿＿＿.

Let's Read 1

ステージ **1** ▶ **World Tour 1** Living With Animals 読 聞 書 話

教科書の **要点** 助動詞 may ♪ a11

Tigers may disappear from the world soon. トラはすぐ世界からいなくなるかもしれません。

「〜かもしれない」 動詞の原形

要点

● 助動詞は，動詞の前に置き，動詞に何らかの意味を付け加える働きをする。助動詞の後には動詞の原形を置く。

● may は「〜かもしれない」，「〜してよい」という意味を表す助動詞。

Words チェック 次の英語は日本語に，日本語は英語になおしなさい。

- □(1) climate change （　　　　　） □(2) loss （　　　　　）
- □(3) species （　　　　　） □(4) African （　　　　　）
- □(5) 危険，危険状態 ＿＿＿＿＿ □(6) サメ ＿＿＿＿＿
- □(7) 絶滅した，死滅した ＿＿＿＿＿ □(8) 消滅する ＿＿＿＿＿

1 次の文を「〜かもしれない」という意味の文に書きかえなさい。また，できた文を日本語にしなさい。

(1) Eri is busy today.

＿＿＿＿＿＿＿＿＿＿＿＿＿＿＿＿＿＿＿

（　　　　　　　　　　　　　　　　　）

(2) Kota knows her name.

＿＿＿＿＿＿＿＿＿＿＿＿＿＿＿＿＿＿＿

（　　　　　　　　　　　　　　　　　）

ここがポイント

助動詞 may
後ろの動詞は必ず原形になる。
主語が何であってもmayの形は変わらない。

2 次の日本文に合うように，＿＿に適する語を書きなさい。

(1) その種は1940年に絶滅しました。

The species ＿＿＿＿＿ ＿＿＿＿＿ in 1940.

(2) 今夜は雨が降るかもしれません。

It ＿＿＿＿＿ ＿＿＿＿＿ tonight.

(3) 彼の命は危険な状態にあると思います。

I think his life is ＿＿＿＿＿ ＿＿＿＿＿.

(4) 彼の話は本当かもしれません。

His story ＿＿＿＿＿ ＿＿＿＿＿ true.

(5) 私は入ってもよろしいでしょうか。

＿＿＿＿＿ ＿＿＿＿＿ come in?

表現メモ

(1) become extinct「絶滅する」
(3) in danger「危険な状態の，危機に陥って」

確認のワーク  ステージ 1 ▶ **You Can Do It! 1** ▶ 「過去」と「現在」の相違点を挙げよう 読 聞 書 話

教科書の 要点　現在完了進行形（復習）　♪ a12

I've been studying the buildings in Shibuya.　私は渋谷の建物をずっと研究しています。

have[has] been＋動詞の -ing 形　動作や行為の継続を表す

要点
- 現在完了進行形〈have[has] been ＋動詞の -ing 形〉は，「（ずっと）〜しています」という意味で，過去に始まった動作や行為が現在も続いていることを表す。
- 現在完了進行形の文には，for 〜「〜の間」や since 〜「〜以来」がよく使われる。

Wordsチェック 次の英語は日本語に，日本語は英語になおしなさい。
- □(1)　traffic　（　　　　　　　　　）　□(2)　交差点

1 次の（　）内から適する語句を選び，記号を○で囲みなさい。
(1) I（ア was studying イ have been studying）for an hour.
(2) It（ア rained イ has been raining）since last night.
(3) We've been playing tennis（ア since イ for）three hours.

ここがポイント
現在完了進行形
〈have[has] been ＋動詞の -ing 形〉で「（ずっと）〜しています」という動作や行為の継続を表す。

2 次の日本文に合うように，＿＿に適する語を書きなさい。
(1) 私たちはその問題についてずっと話し合っています。
＿＿＿＿＿＿ ＿＿＿＿＿＿ talking about the problem.
(2) 彼は２時間より長くずっと走っています。
He has ＿＿＿＿＿＿ ＿＿＿＿＿＿ for over two hours.
(3) 彼女はどのくらいの間座っていますか。
＿＿＿＿＿＿ has she been sitting?

ここがポイント
(3)「どのくらいの間〜していますか」とたずねるときは How long を使う。

3 〔　〕内の語句を並べかえて，日本文に合う英文を書きなさい。
(1) 私は今朝からずっと家の掃除をしています。
〔 this morning / been / since / cleaning / I've / the house 〕.

(2) 彼女は２時間ずっと泳いでいます。
〔 has / for / been / she / swimming / hours / two 〕.

(3) 私は次のトーナメントのことをずっと考えています。
〔 tournament / been / the / thinking / I've / about / next 〕.

ミス注意
for 〜は「〜の間」, since 〜は「〜以来, 〜から」の意味になる。

World Tour 1 〜 You Can Do It! 1

解答▶p.14

読聞書話

① LISTENING　英文を聞いて，内容に合う絵を選び，記号で答えなさい。　♪105

ア　　　　　イ　　　　　ウ　　　　　エ

（　　　）

② 次の文を（　）内の指示にしたがって書きかえなさい。

(1)　I am busy.（文末に for a week を加えて現在完了の文に）

_____

(2)　To play the guitar wasn't easy for me.（It で始まる文に）

_____

(3)　He has lived in Naha <u>for a year</u>.（下線部をたずねる文に）

_____

(4)　To study science is interesting for Naomi.（It で始まる文に）

_____

(5)　They practice basketball.（文末に for two hours を加えて現在完了進行形の文に）

_____

③ 〔　〕内の語句を並べかえて，日本文に合う英文を書きなさい。ただし，1語補うこと。

(1)　私は1週間彼に会っていません。

　　I 〔 seen / haven't / him / week / a 〕.

　　I _____ .

(2)　クリスは2015年から私のことを知っています。

　　〔 has / 2015 / Chris / known / me 〕.

_____

(3)　私たちが本を読むことは大切です。

　　〔 books / is / to / important / it / us / read 〕.

_____

(4)　あなたはどのくらいの間その動画を見ているのですか。

　　〔 the video / have / watching / you / how / been 〕?

_____

重要ポイント

❶ 英文を注意して，正確に聞き取る。

❷

テストに◎出る!

「(ずっと)〜です」
〈have[has]＋過去分詞〉
「(ずっと)〜しています」
〈have[has] been ＋動詞の-ing形〉
「(人が)…するのは〜です」
〈It is[It's] 〜(for 人)＋to＋動詞の原形〉

❸ (1)「〜の間」にあたる語が不足している。
(2)「〜以来」にあたる語が不足している。
(3) it を主語にして表す。
(4)継続の期間をたずねる疑問文を作る。

4 次の対話文を読んで，あとの問いに答えなさい。

Ms. Nishimura: The dome has been like this (　①　) over 70 years. ②It reminds us of the horrors of the atomic bomb. ③It's also a reminder of our mission to work for peace.　Does anyone have any questions?

Tina: ④(　　　　)(　　　　) have you been a peace volunteer?

Ms. Nishimura: I've been a volunteer (　⑤　) 2000.

(1)　①，⑤の(　)に適する語を下から選び，記号で答えなさい。
　　ア　from　　イ　for　　ウ　during　　エ　since
　　①(　　　)　⑤(　　　)

(2)　下線部②の It が指すものを本文中の２語で抜き出して書きなさい。

　　_____　_____

(3)　下線部③とほぼ同じ内容を表すように，_____に適する語を１語ずつ書きなさい。
　　It also _____ us _____ our mission to work for peace.

(4)　下線部④が「あなたはどのくらいの間平和ボランティアをしているのですか」という意味になるように(　)に適する語を書きなさい。

　　_____　_____

5 次の日本文に合うように，_____に適する語を書きなさい。

(1)　西村さんは平和に向かってずっと努力しています。
　　Ms. Nishimura has been _____ _____ peace.

(2)　この写真は私に私の母を思い出させます。
　　This photo _____ _____ of my mother.

(3)　私は長い間エイミーと話していません。
　　I haven't talked with Amy for a _____.

(4)　私は東京で生まれ，育ちました。
　　I was born and _____ in Tokyo.

6 次の日本文を英語になおしなさい。

(1)　この前の月曜日からずっと寒いです。

　　_____

(2)　彼が馬に乗ることはわくわくすることです。

　　_____

重要ポイント

4 (1) for 〜「〜の間」，since 〜「〜以来」。
(2)直前の文を参照。
(3)「それはまた，平和に向かって努力するという私たちの使命を私たちに思い出させます。」という意味の文を作る。
(4)継続の期間をたずねる語句。

5 (1) work for 〜「〜に向かって努力する」
(2) remind 〜 of ...「〜に…を思い出させる」
(3) for a long time「長い間」
(4) bring up 〜「〜を育てる」

6 (1)継続を表す現在完了。寒暖を表す文の主語は It。「〜から」は since 〜で表す。
(2) It を主語にする。

Unit 3 〜 You Can Do It! 1

ちょっとBREAK アルファベットのうち，どの文字で始まる語が最も多いでしょうか？　→答えは次のページ

解答 ▶ p.15

実力判定テスト ステージ**3** **Unit 3** 〜 **You Can Do It! 1** **30**分 /100 読 聞 書 話

🎧 **1** LISTENING 対話と質問を聞いて，その答えとして適するものを1つ選び，記号で答えなさい。

♪ 106 2点×3（6点）

(1) ア For five years.　　イ Five years ago.
　　ウ Since yesterday.　　エ At the school festival.　　（　　）

(2) ア Yes, he is.　イ No, he isn't.　ウ Yes, it is.　エ No, it's not.　（　　）

(3) ア She has to do her homework.　　イ She has to read many books.
　　ウ She has to study hard.　　エ She has to practice tennis.　　（　　）

2 次の（　）内から適する語句を選んで，記号を〇で囲みなさい。　　2点×4（8点）

(1) He （ア is wanted　イ has wanted） to have a dog for a long time.

(2) My grandfather has been sick （ア since　イ for） last Friday.

(3) It's very important （ア of　イ for） us to study English every day.

(4) How long have you （ア running　イ been running）?

3 次の日本文に合うように，＿＿＿に適する語を書きなさい。　　3点×5（15点）

(1) 私は地球が今，危険な状態にあると思います。
　　I think that the earth is ＿＿＿＿＿＿ ＿＿＿＿＿＿ now.

(2) 私たちは初めてパンダを見ました。
　　We saw a panda ＿＿＿＿＿ ＿＿＿＿＿ ＿＿＿＿＿ ＿＿＿＿＿.

(3) 何が彼に起こったのですか。
　　What ＿＿＿＿＿＿ ＿＿＿＿＿＿ him?

(4) あなたは何について考えているのですか。
　　What are you ＿＿＿＿＿＿ ＿＿＿＿＿＿?

(5) そのマグカップは私の母に譲り渡されました。
　　The mug was ＿＿＿＿＿＿ ＿＿＿＿＿＿ to my mother.

4 次の文を（　）内の指示にしたがって書きかえなさい。　　4点×4（16点）

(1) My mother is in the hospital.（文末に since last Monday を加えて現在完了の文に）

＿＿＿＿＿＿＿＿＿＿＿＿＿＿＿＿＿＿＿＿＿＿＿＿＿＿＿＿＿

(2) My sister is driving.（文末に for three hours を加えて現在完了進行形の文に）

＿＿＿＿＿＿＿＿＿＿＿＿＿＿＿＿＿＿＿＿＿＿＿＿＿＿＿＿＿

(3) You have known Nick <u>for four years</u>.（下線部をたずねる疑問文に）

＿＿＿＿＿＿＿＿＿＿＿＿＿＿＿＿＿＿＿＿＿＿＿＿＿＿＿＿＿

レベルUP (4) Eri couldn't answer the question.（It で始まる文に）

ちょっとBREAKの答え　s, c, p の順で多いとされています。soccer, cup, play など。

●継続の意味を表す文を作りましょう。
●〈It is ～ (for 人) + to +動詞の原形〉の文を理解しましょう。

目標

自分の得点まで色をぬろう!

0	60	80	100点

🄐がんばろう　🄑もう一歩　🄒合格!

5 コウタ(Kota)が書いたレポートの一部を読んで，あとの問いに答えなさい。　　(計23点)

①It's important (　　　) (　　　) to learn about the past. ②It's also important to think about creating a peaceful world. However, thinking about ③it is not enough. We must do something to change the (　④　).

(1) 下線部①が「私たちが過去について学ぶことは大切です」という意味になるように(　)に適する語を書きなさい。　　(5点)

_____　_____

(2) 下線部②とほぼ同じ内容を表すように，_____に適する語を書きなさい。　　(5点)
_____ about creating a peaceful world is also important.

(3) 下線部③の it が指す内容を日本語で書きなさい。　　(8点)
(　　　　　　　　　　　　　　　　　　　　　　　　　　　)

(4) ④の(　)に適する語を本文中から抜き出して書きなさい。_____　　(5点)

6 〔　〕内の語句を並べかえて，日本文に合う英文を書きなさい。　　4点×2 (8点)

(1) 彼が早起きするのは難しいことでした。
〔 get up / was / him / difficult / it / for / to / early 〕.

(2) 私は今朝からずっと写真を撮っています。
〔 been / pictures / taking / I / have / since / morning / this 〕.

7 次の日本文を英語になおしなさい。　　8点×2 (16点)

(1) 私たちは10年間ずっと金沢に住んでいます。

(2) 彼らが毎朝朝食を食べることは必要です。

8 次の質問に，あなた自身の答えを英語で書きなさい。　　8点
How long have you been studying English?

確認のワーク ステージ **1** Unit 4 AI Technology and Language ① 読聞書話

解答 ▶ p.17

教科書の **要点** 関係代名詞 which（主語） ♪ a13

Smartphones are common these days.　They respond to voice commands.

They = Smartphones

Smartphones **which** respond to voice commands are common these days.

直前の名詞に説明を加える　【関係代名詞】　下線部が文の主語　動詞　近頃では，音声の命令に反応するスマートフォンがよく見られます。

要点
- which はその直前の名詞に説明を付け加える働きをする。which の後に続く文が，名詞の説明になっている。
- このように「もの」や「動物」を表す名詞に説明を加える which を関係代名詞とよぶ。関係代名詞 which を「人」を表す名詞の説明に使うことはできない。

Wordsチェック 次の英語は日本語に，日本語は英語になおしなさい。

- □(1) address （　　　　　　）
- □(2) machine （　　　　　　）
- □(3) quite （　　　　　　）
- □(4) 肌，皮 ＿＿＿＿＿＿
- □(5) 科学技術 ＿＿＿＿＿＿
- □(6) よく見られる ＿＿＿＿＿＿

1 絵を見て例にならい，「これは〜する…（もの）です」という文を書きなさい。

例 a train / run

(1) a song / move

(2) a book / tell

(3) a machine / speak

例　This is a train which runs very fast.

(1) This is ＿＿＿＿＿＿＿＿＿＿＿＿＿＿＿＿ many people.

(2) This is ＿＿＿＿＿＿＿＿＿＿＿＿＿＿＿ us a lot about cats.

(3) This is ＿＿＿＿＿＿＿＿＿＿＿＿＿＿＿ many languages.

ミス注意
〈もの・動物＋関係代名詞 which ＋動詞〜〉の語順。

2 次の英文を下線部に注意して日本語になおしなさい。

(1) I want to read a novel <u>which</u> is written in English.

（　　　　　　　　　　　　　　　　　　　　　　　　　　）

(2) Soccer is a sport <u>which</u> is popular all over the world.

（　　　　　　　　　　　　　　　　　　　　　　　　　　）

ここがポイント
関係代名詞 which
〈which ＋動詞〜〉が前にある名詞を説明する。訳すときはまず，〈which ＋動詞〜〉のかたまりを見つけるとよい。

≒ smartphone[smáːrtfòun] のように日本語にもなっている英語は発音に注意しよう。

3 次の２つの文を，関係代名詞 which を使って１文にしなさい。

(1) This is a shop.　It is famous in the area.

(2) I need to take the train.　It will leave at one.

(3) Nara is an old city.　It has a lot of temples.

(4) The letter is for you.　It arrived yesterday.

ここが ポイント

which の文のつなぎ方
①２つの文でイコールになる語句を探す。(1)の場合は，a shop と It。
②主語 It を関係代名詞 which に変えて，その文を a shop の直後に入れる。This is a shop which is 〜。

4 〔　〕内の語句を並べかえて，日本文に合う英文を書きなさい。

(1) 私はインドで作られた映画をよく見ます。
〔 made / which / often see / I / movies / were 〕 in India.
＿＿＿＿＿＿＿＿＿＿＿＿＿＿＿＿＿ in India.

(2) これは駅に行くバスですか。
〔 this / the station / goes / the bus / is / which / to 〕?

(3) あなたにとって役に立つ本をあなたに見せましょう。
〔 you / I'll / are / which / books / show / useful / you / for 〕.

(4) ガソリンを多く使う車は人気がありません。
〔 cars / a lot of / which / not / use / gas / are / popular 〕.

ミス注意

名詞に付け加えられている説明は，which のあとに続ける。

5 次の日本文に合うように，＿＿＿に適する語を書きなさい。

(1) 私はよい考えを思いつきました。
I ＿＿＿＿＿＿＿＿＿＿＿ with a good idea.

(2) そのロボットは日本語にのみ反応します。
The robot ＿＿＿＿＿＿ ＿＿＿＿＿＿ Japanese only.

表現メモ

(1) come up with 〜「〜を思いつく，見つける」
(2) respond to 〜「〜に応答する，反応する」

6 次の英文の＿＿＿に，□内から適する語句を選んで書きなさい。

(1) I got a lot of information on the ＿＿＿＿＿＿.

(2) The ＿＿＿＿＿＿ can fly for three hours.

(3) The ＿＿＿＿＿＿ is delivered to your house.

(4) Can you ＿＿＿＿＿＿ the English book?

package　search engine　translate　drone

Unit 4

確認のワーク ステージ **1** **Unit 4** AI Technology and Language ② 読 聞 書 話

教科書の 要点 関係代名詞 who（主語） ♪ a14

I have an uncle.　He runs a Japanese restaurant.

直前の名詞に説明を加える　　He = an uncle

I have an uncle **who** runs a Japanese restaurant.　私には日本食のレストランを経営している叔父がいます。

関係代名詞

要点

●関係代名詞 who を使って，「人」を表す名詞に説明を付け加えることができる。who の後に続く文の意味が，名詞の説明になっている。

Wordsチェック 次の英語は日本語に，日本語は英語になおしなさい。

□(1) phrase （　　　　　　　　）　□(2) anymore （　　　　　　　　）

□(3) 賛成する，同意する ＿＿＿＿＿＿　□(4) 外国の，外国人の ＿＿＿＿＿＿

1 絵を見て例にならい，「私には〜する…（人）がいます」という文を書きなさい。

例	(1)	(2)	(3)
a friend / live	an aunt / speak	a brother / like	a sister / work

例　I have a friend who lives in Australia.

(1)　I have ＿＿＿＿＿＿＿＿＿＿＿＿ Chinese well.

(2)　I have ＿＿＿＿＿＿＿＿＿＿＿＿ baseball very much.

(3)　I have ＿＿＿＿＿＿＿＿＿＿＿＿ as a nurse.

ミス注意
〈人＋関係代名詞who＋動詞〜〉の語順。

2 次の２つの文を，関係代名詞 who を使って１文にしなさい。

(1)　Nick is a boy.　He loves soccer.

＿＿＿＿＿＿＿＿＿＿＿＿＿＿＿＿＿＿

(2)　I know the girl.　She lives near the park.

＿＿＿＿＿＿＿＿＿＿＿＿＿＿＿＿＿＿

(3)　The child is my cousin.　He is playing a video game.

＿＿＿＿＿＿＿＿＿＿＿＿＿＿＿＿＿＿

(4)　There are many people in the world.　They need help.

ここがポイント
who の文のつなぎ方
①２つの文でイコールになる語句を探す。(1)の場合は，a boy と He。
②主語 He を関係代名詞 who に変えて，その文を a boy の直後に入れる。
Nick is a boy who loves 〜.

foreign[fɔ́:rən]，might[máit] のように発音しない文字に気をつけよう。

出る ③ 〔 〕内の語句を並べかえて，日本文に合う英文を書きなさい。

(1) こちらがあの家を買った男性です。

This 〔 the man / that / who / is / bought / house 〕.

This _____ .

(2) テニスをしている女の子たちを見なさい。

〔 tennis / the girls / are / look / who / at / playing 〕.

_____

(3) 彼には音楽を勉強している妹がいます。

〔 a sister / he / who / has / is / music / studying 〕.

_____

(4) 髪の毛の長い女性が外で待っています。

〔 waiting / who / has / a woman / long / is / outside / hair 〕.

_____

ここが ポイント

〈名詞＋関係代名詞＋（助）動詞〉は，文全体の後ろの部分にくるとは限らない。名詞が文全体の主語になるときは，文の最初にくる。

④ 次の日本文に合うように，____ に適する語を書きなさい。

(1) 私はあなたに賛成できません。

I cannot _____ _____ you.

(2) 彼女（かのじょ）は料理が上手です。

She is _____ _____ cooking.

(3) その先生のおかげで，彼は試験に合格しました。

He passed the exam _____ _____ the teacher.

(4) あなたと交流できてとてもうれしく思います。

I'm glad that I could _____ with you.

(5) 私はティナと意見が合いません。

I _____ _____ Tina.

表現メモ

(1) agree with ～「～に賛成する」
(2) be good at ～「～が上手だ」
(3) thanks to ～「～のおかげで」
(4) interact「交流する」
(5) disagree with ～「～と意見が合わない」

⑤ 関係代名詞 who を使って，次の日本文を英語になおしなさい。

(1) 私はあそこで本を読んでいる生徒を知っています。

_____

(2) 英語を話すことができる先生はブラウン先生（Ms. Brown）です。

_____

ここが ポイント

最初に骨組みとなる文を作る。
(1) I know the student.
(2) The teacher is Ms. Brown.

WRITING Plus ✏

I have 〔 〕 who ～ . の形で，あなたの家族や友達を説明する英文を書きなさい。

_____

Unit 4

解答 ▶ p.18

確認のワーク ステージ **1** **Unit 4** AI Technology and Language ③ 読聞書話

教科書の 要点 関係代名詞 that（主語） ♪ a15

It's an experience.　It will broaden your world view.

直前の名詞に説明を加える　　　　　It = an experience

It's <u>an experience</u> **that** will broaden your world view.

関係代名詞

それはあなたの世界観を
広げてくれる経験です。

要点

● 関係代名詞 that は「もの」「動物」「人」いずれの名詞にも説明を付け加えることができる。
● 関係代名詞 that の後に続く文の意味が，名詞の説明になっている。

Words チェック 次の英語は日本語に，日本語は英語になおしなさい。

□(1) understanding （　　　　　　） □(2) raise （　　　　　　）

□(3) remember （　　　　　　） □(4) suppose （　　　　　　）

□(5) 頼る，依存する ＿＿＿＿＿＿ □(6) 〜を広げる ＿＿＿＿＿＿

□(7) 〜を交換する ＿＿＿＿＿＿ □(8) 速く，急速に ＿＿＿＿＿＿

1 関係代名詞 that が入る最も適切な位置の記号を，〇で囲みなさい。

(1) They　have　dogs　have　brown　hair.
　　　ア　　イ　　ウ　　エ

(2) The woman　is sitting　on the chair　is　my aunt.
　　　　　　ア　　　イ　　　　　ウ　エ

(3) This is　the tablet　was bought　for me　by my father.
　　　　ア　　　イ　　　ウ　　　エ

(4) I　have　a sister　can　speak　Japanese.
　ア　　イ　　　ウ　エ

ここが ポイント

主語の働きをする関係代名詞thatは名詞と動詞の間に入る。

2 次の英文を下線部に注意して日本語になおしなさい。

(1) I know the cat <u>that</u> is sleeping there.

私は（　　　　　　　　　　　　　　　　　　　　）。

(2) A language <u>that</u> is spoken in Australia is English.

（　　　　　　　　　　　　　　　　　　　　　）

(3) My brother has a car <u>that</u> was made in France.

（　　　　　　　　　　　　　　　　　　　　　）

(4) He lives in the house <u>that</u> stands on the hill.

（　　　　　　　　　　　　　　　　　　　　　）

ミス注意

(2)主語を説明する文
〈主語＋that＋動詞〜＋動詞…〉の形になる。
文の主語に対応する動詞は2番目のisであることに注意する。
A language that 〜 is English.
　主語　　　動詞

oa の発音に注意しよう。 例 broaden[brɔ́ːdn]

③ 次の２つの文を，関係代名詞 that を使って１文にしなさい。

(1) This is the bag.　It was found on the sofa.

(2) People can use this library.　They live in this city.

(3) The boy is my brother.　He is running over there.

(4) I know the man.　He is talking on the smartphone.

④ 〔　〕内の語句を並べかえて，日本文に合う英文を書きなさい。

(1) あなたに話しかけた男性は私の叔父です。
〔 you / the man / that / is / to / talked 〕 my uncle.

_____ my uncle.

(2) ちょうど到着したバスを見なさい。
〔 arrived / at / has / the bus / look / that / just 〕.

(3) 彼はフランスで有名な歌手ですか。
〔 singer / a / France / he / in / famous / is / is / that 〕?

(4) この小説を書いた女性が日本に来ました。
〔 to / that / novel / wrote / the woman / this / came / Japan 〕.

(5) あれがこの絵を描いた芸術家です。
〔 picture / that / painted / the artist / that's / this 〕.

⑤ 次の日本文に合うように，＿＿に適する語を書きなさい。

(1) それが適切なやり方です。
It is a _____ way.

(2) あなたを忘れるのは嫌です。
I _____ forget you.

(3) 私たちはお互いに頼っています。
We _____ _____ each other.

(4) 私は直接あなたに手紙を送るつもりです。
I will send a letter to you _____.

解答 ▶ p.19

Let's Read 2　Robots Make Dreams Come True　

● 次の英文は，遠隔操作型分身ロボット OriHime-D について書かれたものです。これを読んで，あとの問いに答えなさい。

"I want to work like other people."　This has ①(be) a dream for many people with severe physical disabilities.　Now we have a robot that can help.　Its name is ②OriHime.　It's a staff robot at a cafe in Japan that opened in autumn of 2018.

One of the first OriHime users was Mr. Nagahiro Masato.　③[is / man / a / he / 25-year-old / a / has / serious / who / disease].　He didn't have any job before 5 because he cannot move his body.　④Now OriHime lets him work at a cafe. Mr. Nagahiro controls the robot with small movements of his fingers.　He watches a live video (　⑤　) is sent from the robot's eyes, and he talks through a microphone.　This way, he can serve customers who come to the cafe.

Question

(1) ①の( )内の語を適する形にかえなさい。 _____

(2) 下線部②について次のように説明するとき，( )に適する日本語を補いなさい。

(_____)で働くスタッフロボット。

(3) 下線部③が「彼は重い病気にかかっている25歳の男性です。」という意味になるように，〔 〕内の語を並べかえて，意味の通る英文にしなさい。

_____

(4) 下線部④を次の形で表すとき， _____ に適する語を書きなさい。

Now, _____ to OriHime, he can work at a cafe.

(5) (⑤)に適する語を，次のア〜エから1つ選び，記号で答えなさい。

ア who　　イ that　　ウ this　　エ it　　　　　　　　　(　　　)

(6) 本文の内容に合うように，次の問いに英語で答えなさい。

1. Why did Mr. Nagahiro have no job before?

_____

2. How does Mr. Nagahiro control OriHime?

_____

Word Box BIG

1 次の英語は日本語に，日本語は英語になおしなさい。

(1) character　　(　　　　　)　　(2) human　　(　　　　　　)

(3) reach　　　(　　　　　)　　(4) 〜を想像する　_____

(5) 〜を向上させる　_____　(6) 危険な　_____

2 次の日本文に合うように， _____ に適する語を書きなさい。

(1) ようやく私の願いが実現しました。

At last my wish _____ _____.

(2) この写真にはいろいろな犬が写っています。

This picture shows a _____ _____ dogs.

(3) 彼の話はますますおもしろくなりました。

His story got more _____ _____ exciting.

(4) 私は何度も何度もドアをノックしました。

I knocked on the door _____ _____ _____.

(5) 私はニューヨークに住んでいる男性と友達になりました。

I _____ _____ a man who lived in New York.

(6) この町は芸術や音楽と関係があります。

This town is _____ _____ art and music.

解答 ▶ p.20

確認のワーク　ステージ1　**Daily Life Scene 3** ポスター

教科書の 要点　関係代名詞 that（主語）/ 命令文（復習）　🎵 a16

Air pollution is a serious problem　that affects the future of the earth.

直前の名詞に説明を加える　　関係代名詞

大気汚染は地球の未来に影響する深刻な問題です。

Work with us and stop the pollution.　私たちといっしょに活動して，汚染を止めましょう。

動詞の原形　「～しなさい」　動詞の原形

要点

● 関係代名詞 that は「もの」「動物」「人」いずれの名詞にも説明を付け加えることができる。
● 関係代名詞 that の後に続く文の意味が，名詞の説明になっている。
● 命令文は動詞の原形で文を始め，「～しなさい」という意味を表す。

Wordsチェック　次の英語は日本語に，日本語は英語になおしなさい。

□(1)　ocean　　　（　　　　　　）　□(2)　solution　（　　　　　　）

□(3)　affect　　　（　　　　　　）　□(4)　provide　（　　　　　　）

□(5)　健康　　　_____　□(6)　北，北方　_____

□(7)　輝くこと，晴れ　_____　□(8)　～を救う　_____

1 次の（　）内から適する語句を選び，記号を〇で囲みなさい。

(1)　Look at the dog（ア who　イ that）is walking over there.

(2)　（ア Being　イ Be）quiet when I am speaking.

(3)　The girl（ア that　イ she）is singing looks happy.

(4)　（ア Open　イ To open）your textbook to page ten.

(5)　（ア Don't　イ Not）eat in the class.

ミス注意

(5)何かをしないように相手に求める場合は，〈Don't ＋動詞の原形〉で文を始める。

2 次の英文を日本文になおしなさい。

(1)　Do your homework before dinner.

（　　　　　　　　　　　　　　　）

(2)　This is the book that is read by many people.

（　　　　　　　　　　　　　　　）

(3)　Don't chat with your friends in the library.

（　　　　　　　　　　　　　　　）

(4)　Kyoto is a city that has a long history.

（　　　　　　　　　　　　　　　）

ここがポイント

関係代名詞 that
〈that ＋動詞～〉が前にある名詞を説明する。訳すときはまず，〈that ＋動詞～〉のかたまりを見つけるとよい。

serious は e の部分を強く発音するよ。

Daily Life Scene 3

3 〔 〕内の語句を並べかえて，日本文に合う英文を書きなさい。

(1) あなたの学校を私に紹介してください。
Please〔 your / to / school / introduce / me 〕.
Please _____ .

(2) あなたには野球をする友達がいますか。
〔 you / that / have / baseball / do / a friend / plays 〕?
_____

(3) 私は名古屋行きの列車に乗らなければなりません。
〔 must / the train / get / I / on / that / to / goes / Nagoya 〕.
_____

(4) 私にあなたの自転車を使わせてください。
〔 let / your / me / use / bike 〕.
_____

(5) 靴をなくした女の子はとても悲しそうに見えます。
〔 sad / that / lost / looks / the girl / her shoes / very 〕.
_____

ここがポイント
(2)「野球をする友達」，(3)「名古屋行きの列車」，(5)「靴をなくした女の子」を関係代名詞thatを使って表そう。

4 次の日本文に合うように，____に適する語を書きなさい。

(1) 誰でも歓迎します。
All are _____ .

(2) 食べ物は提供されます。
Food will _____ _____ .

(3) ロボットは私たちの会社の一員です。
Robots are _____ _____ our company.

(4) どの行動が効果を上げるでしょうか。
Which actions will _____ a _____ ?

(5) 晴雨にかかわらず，私は行きます。
_____ or _____ , I will come.

(6) いつでも遠慮なく私たちを訪ねてきてください。
_____ _____ to visit us anytime.

表現メモ
(3)be part of ～「～の一員でいる」
(4) make a difference「効果を上げる，差をつける」
(6)feel free to ～「遠慮なく～する」

5 次の英文の____に，□内から適する語を選んで書きなさい。

(1) Is there a _____ to the problem?

(2) _____ information is needed.

(3) Pollution affects the _____ in the forest.

(4) Put the cans in the _____ bag over there.

| wildlife solution trash detailed |

解答　p.20

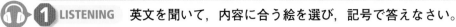

Unit 4 〜 Daily Life Scene 3

読 聞
書 話

🎧 **1 LISTENING**　英文を聞いて，内容に合う絵を選び，記号で答えなさい。　🎵 107

ア　　　　　イ　　　　　ウ　　　　　エ

（　　　）

2 次の２つの文を，関係代名詞を使って１文にしなさい。

(1)　I know a teacher.　She is from the U.A.E.

_____

(2)　I want a car.　It was made in Italy.

_____

(3)　Did you see the student?　He won the speech contest.

_____

(4)　The people are very kind.　They work with me.

_____

(5)　Osaka is one of the big cities.　They have tall buildings.

_____

(6)　The sweater is my sister's.　It was found on the chair.

_____

3 〔　〕内の語句を並べかえて，日本文に合う英文を書きなさい。

(1)　これは私の妹によって書かれた手紙です。

〔 that / this / written / is / the letter / was / my sister / by 〕.

_____

(2)　あなたは丘の上にある教会が見えますか。

〔 see / can / on / which / the church / you / the hill / is 〕?

_____

(3)　スペイン語を話すことができるその女の人は誰ですか。

〔 the woman / who / speak / is / that / Spanish / can 〕?

_____

(4)　あれは私の祖父によって建てられた犬小屋です。

〔 the doghouse / built / my grandfather / is / that / was / by / that 〕.

_____

重要ポイント

1 英文を注意して，正確に聞き取る。

2

テストに◎出る！
主格の関係代名詞の使い分け
- 名詞が「人」
  →who
- 名詞が「もの・動物」
  →which
- ※that は名詞が「人」にも「もの・動物」にも使える。

(1) She = a teacher

(2) It= a car

(3) He = the student

(4) They = The people

(5) They = the big cities

(6) It = The sweater

3 (1) 文の主語＝「これ」，動詞＝「です」

(2) 文の主語＝「あなた」，動詞＝「見えます」

(3) 文の主語＝「その女の人」，動詞＝「です」

(4) 文の主語＝「あれ」，動詞＝「です」

4 ブラウン先生(Ms. Brown)が書いた記事の一部を読んで，あとの問いに答えなさい。

　AI technology is progressing rapidly, and translation software is useful for ①(exchange) messages.
　(②), I think learning foreign languages is still a valuable experience. ③It's an experience that will broaden your world view.

(1) ①の( )内の語を適する形になおしなさい。　_____

(2) ②の( )に適する語を下から選び，記号で答えなさい。
　　ア　However　　イ　Because　　ウ　So
　　　　　　　　　　　　　　　　　　　　　　　(　)

(3) 下線部③を It が指す内容を明らかにして，日本語になおしなさい。
　　(　　　　　　　　　　　　　　　　　　　　　　　)

重要ポイント

4 (1)前置詞の後には，名詞または動名詞が続く。

(3) 直前の文を参照。

5 次の日本文に合うように，____に適する語を書きなさい。

(1) 私はきのう，その考えを思いつきました。
　　I _____ with that idea yesterday.

(2) 彼女は決して他人に頼りません。
　　She never _____ others.

(3) 私はあなたの願いごとが実現することを望んでいます。
　　I hope your wishes will _____ _____.

(4) 私は彼らと旅行中に親しくなりました。
　　I _____ _____ with them during the trip.

(5) 遠慮なく私に連絡してください。
　　Please _____ _____ to contact me.

5 (1)come up with ～「～を思いつく，見つける」

(2)depend on ～「～に頼る，依存する」

(3)come true「実現する」

(4)make friends with ～「～と友達になる，～と親しくなる」

(5)feel free to ～「遠慮なく～する」

6 次の日本文を( )内で指定された語数で英語になおしなさい。

(1) あなたはこの本を書いた男の人を知っていますか。(9語)
　_____

(2) 私は人々を助ける仕事を見つけたいです。(9語)
　_____

(3) 私には水泳が大好きな兄がいます。(7語)
　_____

(4) あそこで踊っている女の子はリサ(Lisa)です。(9語)
　_____

6 (1)「あなたは男の人を知っていますか」＋「この本を書いた」

(2)「私は仕事を見つけたいです」＋「人々を助ける」

(3)「私には兄がいます」＋「水泳が大好きな」

(4)「女の子はリサです」＋「あそこで踊っている」

実力判定テスト　ステージ**3**　**Unit 4** 〜 **Daily Life Scene 3**　**30**分　／100　読聞書話

解答 ▶ p.21

1 LISTENING 対話を聞いて，それぞれの内容に合うようにメモの空所に適切な日本語を書きなさい。　♪ 108 2点×3（6点）

(1) エリは（　　　）のそばにある書店を知っている。

(2) コウタが言うには，動物園には（　　　）を見たい人がたくさんいる。

(3) エマのペンは，エマの（　　　）がくれたものである。

2 次の（ ）内から適する語を選んで，記号を○で囲みなさい。　2点×4（8点）

(1) I know the man（ア　who　イ　which）took these photos.

(2) A rabbit is an animal（ア　who　イ　which）has long ears.

(3) I want a robot（ア　that　イ　who）can clean this park.

(4) He is a singer（ア　that　イ　which）is loved by everyone.

3 次の日本文に合うように，＿＿＿に適する語を書きなさい。　3点×5（15点）

(1) 彼は私たちに賛成してくれると思いますか。

Do you think he will ＿＿＿＿＿＿＿ ＿＿＿＿＿＿＿ us?

(2) 私はロボットに頼るのは嫌です。

I ＿＿＿＿＿＿＿ ＿＿＿＿＿＿＿ depend on robots.

(3) 私はいろいろな野菜を使ってこのカレーを作りました。

I made this curry with a ＿＿＿＿＿＿＿ ＿＿＿＿＿＿＿ vegetables.

(4) その試合はますます刺激的になりました。

The game got ＿＿＿＿＿＿＿ ＿＿＿＿＿＿＿ ＿＿＿＿＿＿＿ exciting.

(5) 彼は私の家族の一員のようです。

He is like ＿＿＿＿＿＿＿ ＿＿＿＿＿＿＿ my family.

4 次の2つの文を，関係代名詞を使って1文にしなさい。　5点×4（20点）

(1) The video game is mine.　It is left on the table.

＿＿＿＿＿＿＿＿＿＿＿＿＿＿＿＿＿＿＿＿＿＿＿＿＿＿＿＿

(2) There is a student.　He wants to see you.

＿＿＿＿＿＿＿＿＿＿＿＿＿＿＿＿＿＿＿＿＿＿＿＿＿＿＿＿

(3) A young man came into the office.　He is famous around here.

＿＿＿＿＿＿＿＿＿＿＿＿＿＿＿＿＿＿＿＿＿＿＿＿＿＿＿＿

レベルUP (4) Look at the giraffes.　They are running over there.

＿＿＿＿＿＿＿＿＿＿＿＿＿＿＿＿＿＿＿＿＿＿＿＿＿＿＿＿

ちょっとBREAKの答え　the host city for the Olympic Games と言います。

目標	● 主語の働きをする関係代名詞 which, who, that を正しく使えるようになろう。	自分の得点まで色をぬろう!

自分の得点まで色をぬろう!

😣がんばろう　　　😐もう一歩　　　😄合格!

0　　　　　　　　　　60　　80　　100点

5 コウタ(Kota)が書いた意見の一部を読んで，あとの問いに答えなさい。　（計23点）

　　①〔 Japanese / have / runs / an uncle / I / who / a / restaurant 〕．　He's not good at ②(speak) English, so he uses a translation device.
　　③(　　　　)(　　　　) ④the device, ⑤he can easily interact with foreign customers who come to his restaurant.

(1)　下線部①の〔　〕内の語句を並べかえて，意味の通る文にしなさい。　（5点）

_____

(2)　②の(　)内の語を適する形になおしなさい。　（4点）

(3)　下線部③が「～のおかげで」という意味になるように，(　)に適する語を書きなさい。
　　　　　　　　　　　　　　　　　　　　　　　　　　　　　　　　（5点）
_____　_____

(4)　下線部④が指すものを日本語で具体的に答えなさい。　（5点）
　(　　　　　　　　　　　　　　　　　　　　　　　　)

(5)　下線部⑤を日本語になおしなさい。　（4点）
　(　　　　　　　　　　　　　　　　　　　　　　　　　　　　)

6 〔　〕内の語句を並べかえて，日本文に合う英文を書きなさい。　5点×2(10点)

(1)　私は本棚にあった本を読みました。
　　〔 the bookcase / read / was / a book / I / which / on 〕．

_____

レベル
UP (2)　何かあなたを鼓舞したものがありますか。
　　〔 inspired / there / that / anything / is / has / you 〕?

_____

よく
出る **7** 次の日本文を英語になおしなさい。　6点×2(12点)

(1)　これはたくさんの人々によって読まれているブログです。

_____

(2)　ボブ(Bob)と話している女の人は彼のお母さんです。

_____

8 次の質問に，あなた自身の答えを英語で書きなさい。　6点

Do you want a robot which can help you?

_____

定期テスト対策　予想問題　第4回 p.120～121

 ステージ **1** Unit 5 Plastic Waste ①

読 聞 書 話

教科書の 要点 関係代名詞 which（目的語） a17

This is a graph.　I found it on a website.

it = a graph

これはグラフです。私はそれをあるウェブサイトで見つけました。

This is a graph (which) I found on a website.

直前の名詞に説明を加える　関係代名詞　主語　動詞

これは私があるウェブサイトで見つけたグラフです。

要点

● 関係代名詞 which は、「もの」や「動物」を表す名詞に続く文の目的語の働きをするときにも使う。which の後に続く文の意味が、名詞の説明になっている。

● 目的語の働きをする関係代名詞の後に続く文は〈主語＋動詞～〉の語順。

プラス 目的語の働きをする関係代名詞は省略することができる。

This is a graph I found on a website.

Words チェック 次の英語は日本語に、日本語は英語になおしなさい。

- □(1) single （　　　　　　）
- □(2) plastic bag （　　　　　　）
- □(3) 環境（かんきょう） ＿＿＿＿＿＿＿
- □(4) ～を投げる ＿＿＿＿＿＿＿

1 絵を見て例にならい、「これは～が…した—です」という文を書きなさい。

例	(1)	(2)	(3)
 pen / I / use	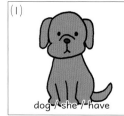 dog / she / have	 cup / Jim / buy	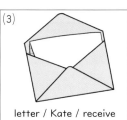 letter / Kate / receive

例　This is the pen which I used.

(1)　This is the dog ＿＿＿＿＿＿＿＿＿＿＿＿＿＿.

(2)　This is the cup ＿＿＿＿＿＿＿＿＿＿＿＿＿ in Australia.

(3)　This is the letter ＿＿＿＿＿＿＿＿＿＿＿＿＿ yesterday.

ここが ポイント

〈もの・動物＋関係代名詞which＋主語＋動詞～〉の語順。

2 次の英文を下線部に注意して日本語になおしなさい。

(1)　This is the flower which Tina likes.

これは（　　　　　　　　　　　　　　　）。

(2)　The country which they want to visit is the U.K.

（　　　　　　　　　　　　　　　　　）

ミス注意

「あなたが買った本」と伝えるとき、日本語では「本」を最後に置くが、英語では the book which you bought のように、the book を最初に置く。

presentation[prèzntéiʃən] などの語尾が -tion で終わる名詞は、-tion の直前の母音を強く発音する。

3 次の2つの文を，関係代名詞 which を使って1文にしなさい。

(1) This is the picture.　My mother painted it.

_____

(2) The book is my father's.　I left it on the table.

_____

(3) The baseball game was exciting.　We saw it last night.

_____

(4) The train was crowded.　I took it this morning.

_____

ここが ポイント

whichの文のつなぎ方
①2つの文でイコールになる語句を探す。(1)の場合は，the picture と it。
②目的語 it を関係代名詞 which に変えて，the picture の後につなげる。
This is the picture which my mother ~.

4 〔　〕内の語句を並べかえて，日本文に合う英文を書きなさい。

(1) これは私の兄が毎日使う自転車です。

〔 is / my brother / the bike / this / which / uses 〕every day.

_____ every day.

(2) 私が大好きな季節は春です。

〔 love / which / is / the season / spring / I 〕.

_____

(3) あれはあなたが以前に見たことがある映画ですか。

〔 the movie / which / before / that / is / watched / you / have 〕?

_____

(4) あなたはきのう買ったラケットが好きですか。

〔 bought / you / which / like / do / the racket / you / yesterday 〕?

_____

ミス注意

(3)(4)疑問文の中でも which の後は〈主語＋動詞~〉の語順となる。

5 次の日本文に合うように，＿に適する語を書きなさい。

(1) ここではそれを捨ててはいけません。

Don't _____ it _____ here.

(2) 紙は容易に分解されます。

Paper _____ _____ easily.

表現メモ

(1)throw ~ away「~を捨てる」
(2)break down「分解される」

6 次の英文の＿に，□内から適する語を選んで書きなさい。

(1) Put the _____ on the sofa.

(2) I'm not _____ with this town.

(3) We can see the _____ of water which we use.

(4) He will never _____ you.

(5) His _____ was successful.

presentation　harm　cushion　amount　familiar

確認のワーク　ステージ1　**Unit 5** Plastic Waste ②

解答　p.23

読聞書話

教科書の 要点　関係代名詞 that（目的語）　 a18

The movement spread through social media.　They started it.

it = The movement

The movement (that) they started spread through social media.

直前の名詞に説明を加える　関係代名詞　　主語　　動詞

彼女(かのじょ)らが始めた運動はソーシャル・メディアを通じて広まりました。

要点

● 関係代名詞 that は，直前の名詞に続く文の目的語の働きをするときにも使う。that の後に続く文の意味が，名詞の説明になっている。

● 関係代名詞 that は説明する名詞が，「もの」「動物」「人」のいずれの場合にも使うことができる。

プラス　目的語の働きをする関係代名詞は省略することができる。

Wordsチェック　次の英語は日本語に，日本語は英語になおしなさい。

- □(1) lend （　　　　　）
- □(2) pair （　　　　　）
- □(3) recycle （　　　　　）
- □(4) 社会の ＿＿＿＿＿＿
- □(5) 傘(かさ) ＿＿＿＿＿＿
- □(6) throw の過去分詞 ＿＿＿＿＿＿

1 絵を見て例にならい，「〜が…したもの[人]」が主語になる文を書きなさい。

例
Jun / take

(1)
Yui / make

(2)
I / read

(3)
Lisa / see

例　The pictures that Jun took are beautiful.

(1) The cake ＿＿＿＿＿＿＿＿＿＿＿＿＿＿＿＿ is delicious.

(2) The book ＿＿＿＿＿＿＿＿＿＿＿＿＿＿ was interesting.

(3) The boy ＿＿＿＿＿＿＿＿＿＿＿＿＿＿ looked happy.

ここが ポイント
〈もの・動物・人＋関係代名詞　that＋主語＋動詞〜〉の語順。

2 次の2つの文を，関係代名詞 that を使って1文にしなさい。

(1) The bag is a present for her.　I bought it yesterday.

＿＿＿＿＿＿＿＿＿＿＿＿＿＿＿＿＿＿＿＿＿

(2) I don't know the man.　We met him at the station.

＿＿＿＿＿＿＿＿＿＿＿＿＿＿＿＿＿＿＿＿＿

ここが ポイント
that の文のつなぎ方
①2つの文でイコールになる語句を探す。(1)の場合は，The bag と it。
②目的語 it を関係代名詞 that に変えて，つなげる。

want to talk の want to はつないで読むので，[t] は一度だけ発音しよう。

3 〔 〕内の語句を並べかえて，日本文に合う英文を書きなさい。

(1) あなたがきのう持っていた本を借りてもいいですか。

Can I〔 the book / yesterday / that / borrow / had / you 〕?

Can I _____?

(2) 私がテレビで見た番組は驚くべきものでした。

The program〔 on TV / I / surprising / that / was / watched 〕.

The program _____.

(3) あなたが話しかけた女性は私の母です。

〔 my mother / you / talked / the woman / is / to 〕.

_____

(4) 私が彼にできることは何もありません。

〔 nothing / can / I / him / for / is / do / there / that 〕.

_____

ミス注意
(3)目的語の働きをする関係代名詞はよく省略される。

4 関係代名詞 that を使って，次の日本文を英語になおしなさい。

(1) これは私が彼に見せた写真です。

_____

(2) 彼は私の妹が大好きなテニス選手です。

_____

ここがポイント
最初に骨組みとなる文を作る。
(1)This is the photo.
(2) He is the tennis player.

Unit 5

5 次の日本文に合うように，＿＿に適する語を書きなさい。

(1) 私たちは今行動すべきです。

We should _____ now.

(2) ついに彼女は自分の夢に見切りをつけました。

At last, she _____ _____ on her dream.

(3) 私は靴下を1足買いました。

I bought _____ _____ socks.

(4) それはパンのようなものです。

It's a _____ _____ bread.

(5) 私はおととい，エリのお母さんに会いました。

I saw Eri's mother the day _____.

(6) 知ってのとおり，彼はとても優しい人です。

_____ _____, he is a very friendly man.

表現メモ
(1)take action「行動する」
(2)give up on ～「～に見切りをつける，見捨てる」
(3)a pair of ～「1組の～」
(4)a kind of ～「～のようなもの」
(5) the day before yesterday「おととい」
(6)you see「知ってのとおり，おわかりでしょうが」

WRITING Plus

次の質問に，あなた自身の答えを英語で書きなさい。

What is the subject that you like?

_____

解答 p.24

確認のワーク ステージ **1** Unit 5 **Plastic Waste** ③

読聞書話

教科書の 要点　後置修飾（主語＋動詞）　♪ a19

This is <u>an article</u>.　I found it.　　これは記事です。私はそれを見つけました。
　　　　　　　　　　　it = an article

This is an article **I found**.　　これは私が見つけた記事です。
　　　　　　　〈主語＋動詞〉が直前の名詞に説明を加える

要点
●名詞の後に〈主語＋動詞〉の文を置いて，「〜が…する（もの・動物・人）」という意味を表す。説明される名詞は後ろに続く文の目的語になっている。

Wordsチェック　次の英語は日本語に，日本語は英語になおしなさい。

□(1)　major　　　（　　　　　　）　　□(2)　eco-friendly　（　　　　　　）
□(3)　material　　（　　　　　　）　　□(4)　gather　　　（　　　　　　）
□(5)　記事　　　_____　　□(6)　〜を減少させる　_____
□(7)　ボトル，びん　_____　　□(8)　〜を再利用する　_____

1　（　）内の語句が入る適切な位置の記号を，○で囲みなさい。

(1)　This　is　the comic　book　want.　　（I）
　　　ア　　　イ　　　　ウ　　エ

(2)　This　is　the　pizza they　.　　（bought）
　　　ア　イ　ウ　　　　エ

(3)　This　is　the letter　wrote　yesterday.　　（she）
　　　ア　イ　　　ウ　　　エ

(4)　This　is　the dictionary　used　.　　（my father）
　　　ア　イ　　　　　ウ　エ

(5)　This is　one of the pictures　took　in　Hawaii.　　（I）
　　　ア　　　　　　イ　ウ　エ

> **ここが ポイント**
> 「〜が…する（もの・動物・人）」という英文では，名詞のあとは〈主語＋動詞〉の語順になる。

2　次の英文を下線部に注意して日本語になおしなさい。

(1)　Did you see <u>the singer my brother likes</u>?
　　　あなたは（　　　　　　　　　　　　　　　　　）。

(2)　<u>The novel I read last month</u> was exciting.
　　　（　　　　　　　　　　　　　　　　　　　　）

(3)　The U.A.E. is one of <u>the countries I want to visit</u>.
　　　（　　　　　　　　　　　　　　　　　　　　）

> **ミス注意**
> 〈名詞＋主語＋動詞〜〉は「〜が…する（もの・動物・人）」という意味になる。

強く読む位置の違いに注意しよう。囫 environment[inváiərənmənt] － environmental[invàiərənméntl]

3 次の各組の英文がほぼ同じ内容を表すように，＿＿＿に適する語を書きなさい。

(1) Here's the chair.　I bought it two years ago.

　　Here's the chair ＿＿＿＿＿＿＿＿＿＿＿＿＿＿＿ two years ago.

(2) The girl is Kana.　You met her yesterday.

　　The girl ＿＿＿＿＿＿＿　＿＿＿＿＿＿＿＿ yesterday is Kana.

(3) These are the children.　I teach them soccer.

　　These are the children ＿＿＿＿＿＿＿＿　＿＿＿＿＿＿＿ soccer.

ミス注意

直前の名詞を修飾すると，2つ目の文の目的語（itやherなど）はなくなることに注意する。
(2)〈主語＋動詞～〉が文の主語を修飾するときは，どこまでが文の主語かに注意しよう。

4 〔　〕内の語句を並べかえて，日本文に合う英文を書きなさい。

(1) 彼女(かのじょ)が話す言語は，英語とフランス語です。

　　The languages 〔 French / English / speaks / she / are / and 〕.

　　The languages ＿＿＿＿＿＿＿＿＿＿＿＿＿＿＿＿＿ .

(2) 私がよくするスポーツはテニスです。

　　〔 tennis / I / often / play / the / sport / is 〕.

(3) あなたが見たことのある映画はどれですか。

　　〔 is / the movie / which / seen / have / you 〕?

ミス注意

(1)「彼女が話す言語」，(2)「私がよくするスポーツ」，(3)「あなたが見たことのある映画」を，それぞれ〈名詞＋主語＋動詞〉の形で表す。

5 〔Word Box〕 次の日本文に合うように，＿＿＿に適する語を書きなさい。

(1) 紙は木から作られています。

　　Paper ＿＿＿＿＿＿＿＿＿＿＿＿＿＿＿＿ wood.

(2) 彼女は自分の部屋の明かりを消しました。

　　She ＿＿＿＿＿＿＿＿＿＿＿ the light in her room.

(3) 彼は試験に合格するために努力をするべきです。

　　He should ＿＿＿＿＿＿ an ＿＿＿＿＿＿ to pass the exam.

(4) その機械を別のものと取り替えなさい。

　　＿＿＿＿＿＿＿ the machine ＿＿＿＿＿＿ another one.

(5) 彼はスペイン語だけでなく中国語も話します。

　　He speaks Chinese ＿＿＿＿＿＿＿＿＿＿＿＿＿ as Spanish.

(6) 彼はペンを拾い上げました。

　　He ＿＿＿＿＿＿＿＿＿＿＿＿＿ a pen.

表現メモ

(1) be made from ～「～から作られている」
(2)turn off ～「(テレビ・明かりなど)を消す」
(3)make an effort「努力する」
(4)replace ～ with ...「～を…と取り替える」
(5)～ as well as ...「…だけでなく～も」
(6) pick up ～「～を拾い上げる」

WRITING Plus

次のようなとき，英語でどのように言うか書きなさい。

相手が飼っているネコを見たいと頼むとき。（後置修飾を使って）

＿＿＿＿＿＿＿＿＿＿＿＿＿＿＿＿＿＿＿＿＿＿＿＿＿＿＿＿＿＿＿＿＿

Unit 5

解答 p.25

確認のワーク ステージ **1** **Daily Life Scene 4** ニュース
読 聞 書 話

📖 教科書の 要 点 受け身（過去）／ニュースの言い方 ♪ a20

Good morning. This is ABC morning news.
切り出しのことば ニュース番組のタイトル
おはようございます。
ABC 朝のニュースです。

The first drama festival for students was held in Japan.
第１回の学生のための演劇祭が日本で開催されました。 was[were] ＋過去分詞

要点
●ニュース番組の切り出しは，〈This is ＋ニュース番組のタイトル .〉で始めることがある。
●「～された，～されていた」という過去の受け身の文は，〈was[were] ＋過去分詞〉で表す。

Wordsチェック 次の英語は日本語に，日本語は英語になおしなさい。

- □(1) digest （　　　　　） □(2) hurt （　　　　　）
- □(3) lung （　　　　　） □(4) sea-level （　　　　　）
- □(5) 聴衆，観客 ＿＿＿＿＿ □(6) 呼吸する，息をする ＿＿＿＿＿
- □(7) 製品，生産物 ＿＿＿＿＿ □(8) 熱帯雨林 ＿＿＿＿＿

よく出る **1** 次の（　）内から適する語句を選び，記号を○で囲みなさい。

(1) I（ア was イ were）helped by many people.

(2) Those photos（ア was イ were）taken by my father.

(3) This computer（ア made イ was made）in Japan.

(4) The dictionary was（ア using イ used）by Aya.

(5) The bag（ア wasn't イ didn't）found there.

(6) （ア Were イ Did）many stars seen yesterday?

ここが ポイント
過去の受け身の文は，
〈was[were]＋過去分詞〉
で表す。

2 次の日本文に合うように，＿＿に適する語を書きなさい。

(1) ごみの総量は減らされました。
The amount of waste ＿＿＿＿＿ ＿＿＿＿＿.

(2) たくさんの本が捨てられました。
A lot of books ＿＿＿＿＿ ＿＿＿＿＿ away.

(3) GMN 朝のニュースです。
＿＿＿＿＿ ＿＿＿＿＿ GMN morning news.

(4) その宿題は確かめられませんでした。
The homework was ＿＿＿＿＿ ＿＿＿＿＿.

📝 表現メモ
(4)check「～を確かめる」

🌱 breathe[bríːð] の発音に注意しよう。

3 次の英文を日本文になおしなさい。

(1) This room was not cleaned by the students this morning.

( )

(2) That picture was painted by my grandfather.

( )

(3) His books were left on the desk.

( )

(4) When was this temple built?

( )

(5) The forest was affected by the heavy rain.

( )

(6) The computer was used by my sister.

( )

ミス注意
受け身の文の否定文は，be動詞の後にnotを置く。また，疑問文はbe動詞を主語の前に置く。

表現メモ
(5)affect「〜に影響する，(人・体を)冒す」

4 〔 〕内の語句を並べかえて，日本文に合う英文を書きなさい。

(1) その話は有名な作家によって書かれました。

〔 was / a / writer / written / the story / by / famous 〕.

(2) その車は私の兄によって洗われました。

〔 was / my brother / washed / the car / by 〕.

(3) これらの車はどこで作られましたか。

〔 made / were / these / where / cars 〕?

(4) その学校はエリカによって紹介されました。

〔 Erika / introduced / the school / was / by 〕.

(5) 私はブラウン先生に勇気付けられました。

〔 was / Ms. Brown / encouraged / I / by 〕.

ここがポイント
受け身の文に「〜によって」という意味を加えるときは，〈by＋人〉を付ける。

Daily Life Scene 4

5 次の英文の___に，□内から適する語を選んで書きなさい。

(1) There was a large _____ in the hall.

(2) The _____ is rising.

(3) His _____ were hurt by dirty air.

(4) Food is _____ in your stomach.

| lungs   audience   digested   sea-level |

定着のワーク ステージ **2** Unit 5 〜 Daily Life Scene 4

1 LISTENING 英文を聞いて，内容に合う絵を選び，記号で答えなさい。

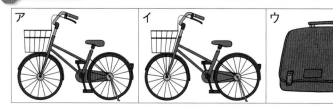

ア　イ　ウ　エ

（　　　）

2 次の２つの文を１文にしなさい。

(1) These are the songs.　We love to sing them.

_____

(2) The picture is beautiful.　Nick took it.

_____

(3) The movie was exciting.　I watched it last Sunday.

_____

(4) The woman is our teacher.　You saw her over there.

_____

(5) What is the language?　They use it in this country.

_____

(6) Show me the present.　Tina gave it to you.

_____

3 〔　〕内の語句を並べかえて，日本文に合う英文を書きなさい。

(1) ケンが飼っている犬はかわいらしいです。

〔 has / pretty / the / Ken / dog / is 〕.

_____

(2) これはあなたが図書館で借りた本ですか。

〔 the library / is / borrowed / the book / this / you / from 〕?

_____

(3) これは私がずっと使っているスマートフォンです。

〔 is / I've / the smartphone / this / which / using / been 〕.

_____

(4) これは私がこれまで買った最高のケーキです。

〔 I've / is / cake / bought / the / this / best / that / ever 〕.

_____

重要ポイント

1 英文を注意して，正確に聞き取る。

2

テストに出る！

「〜が…する[した]−」の表し方
●関係代名詞で表す
〈名詞＋which[that]＋主語＋動詞〉
名詞が「もの・動物」の場合はwhich，名詞が「もの・動物・人」の場合はthat。
●後置修飾で表す
〈名詞＋主語＋動詞〉

3 (1)「ケンが飼っている犬」を〈名詞＋主語＋動詞〉で表す。

(2)「あなたが図書館で借りた本」を〈名詞＋主語＋動詞〉で表す。

(3)「私がずっと使っているスマートフォン」を〈名詞＋which＋主語＋動詞〉で表す。

(4)「私がこれまで買った最高のケーキ」を〈名詞＋that＋主語＋動詞〉で表す。

④ コウタ(Kota)のプレゼンテーションの一部を読んで，あとの問いに答えなさい。

Please look at this photo. ①It's shocking, (　　　)(　　　)?
This is a graph (　②　) I found on a website.　It shows the
amount of plastic packaging waste per person.　The U.S.
ranks first.　Japan ranks second.

(1) 下線部①が「それは衝撃的ですよね。」という意味になるように，
(　)に適する語を書きなさい。

_____　_____

(2) ②の(　)に適する語を下から選び，記号で答えなさい。
ア　and　　イ　because　　ウ　which　　エ　if　（　　　）

(3) 本文の内容に合うように，次の質問に英語で答えなさい。
ⓐ　Where did Kota find the graph?

_____

ⓑ　What does the graph show?

_____

よく出る ⑤ 次の日本文に合うように，　　に適する語を書きなさい。

(1) 私たちはその問題を重点的に取り扱いました。
We _____ _____ that problem.

(2) 私はおととい，そのネコを見ました。
I saw the cat the _____ _____ yesterday.

(3) その結果，私は英語を上達させました。
As _____ _____, I improved my English.

(4) チーズは牛乳から作られています。
Cheese is _____ _____ milk.

(5) プラスチックごみは分解されにくいです。
Plastic waste is hard to _____ _____.

(6) 知ってのとおり，彼女^{かのじょ}はロンドン出身です。
_____ _____, she is from London.

レベルUP ⑥ 次の日本文を英語になおしなさい。

(1) これは私がきのう買ったノートです。

_____

(2) 彼は京都だけでなく奈良も訪れました。

_____

重要ポイント

④ (1)「～ですよね」と相手に同意を求める表現。

(2)〈関係代名詞＋主語＋動詞〉が前の名詞を説明する。

(3)ⓐ「コウタはどこでそのグラフを見つけましたか。」

ⓑ「そのグラフは何を見せていますか。」

⑤ (1) focus on ～「～を重点的に取り扱う」

(2) the day before yesterday「おととい」

(3) as a result「その結果」

(4) be made from ～「～から作られている」

(5) break down「分解される」

(6) you see「知ってのとおり，おわかりでしょうが」

⑥ (1)「私がきのう買ったノート」を〈名詞(＋which [that])＋主語＋動詞〉で表す。

(2)「…だけでなく～も」を ～ as well as ... で表す。

Unit 5 ～ Daily Life Scene 4

解答 ▶ p.26

実力判定テスト | ステージ **3** | **Unit 5** 〜 **Daily Life Scene 4** | **30**分 | /100 | 読 聞 書 話

1 LISTENING 対話を聞いて，それぞれの内容に合うようにメモの空所に適切な日本語を書きなさい。 ♪ l10 2点×3（6点）

(1) トムが食べたのは，サキの（　　　）が作ったケーキである。

(2) ダイキの家の玄関の近くにあるのは，ダイキの（　　　）が建てた犬小屋である。

(3) ジョンは，両親が彼に書いた（　　　）を読んでいる。

2 次の各組の文がほぼ同じ内容を表すように，＿＿＿に適する語を書きなさい。 3点×2（6点）

(1) I'll show you the birthday card which was sent to me by Tina.

I'll show you the birthday card ＿＿＿＿＿＿ Tina ＿＿＿＿＿＿ to me.

レベルUP (2) I've never seen such a big frog.

It is the biggest frog that I have ＿＿＿＿＿＿ ＿＿＿＿＿＿.

3 次の日本文に合うように，＿＿＿に適する語を書きなさい。 3点×6（18点）

(1) その生徒たちは行動すべきです。

The students should ＿＿＿＿＿＿ ＿＿＿＿＿＿.

(2) 私たちは大気汚染を止める努力をしなければなりません。

We must ＿＿＿＿＿＿ an ＿＿＿＿＿＿ to stop air pollution.

(3) 彼は自分のスマートフォンを拾い上げました。

He ＿＿＿＿＿＿ ＿＿＿＿＿＿ his smartphone.

(4) 私はちょうどそれを捨てたところです。

I have just ＿＿＿＿＿＿ it ＿＿＿＿＿＿.

(5) あなたの願いに見切りをつけてはいけません。

Don't ＿＿＿＿＿＿ ＿＿＿＿＿＿ on your wish.

(6) 彼はきのう，靴を1足買いました。

He bought a ＿＿＿＿＿＿ ＿＿＿＿＿＿ shoes yesterday.

4 次の2つの文を，関係代名詞を使って1文にしなさい。 5点×3（15点）

(1) Have you found the pen? You lost it this morning.

＿＿＿＿＿＿＿＿＿＿＿＿＿＿＿＿＿＿＿＿＿＿＿＿＿＿＿

(2) Kanazawa is one of the cities. I have wanted to visit them.

＿＿＿＿＿＿＿＿＿＿＿＿＿＿＿＿＿＿＿＿＿＿＿＿＿＿＿

(3) I have just read the comic book. Bob lent it to me.

＿＿＿＿＿＿＿＿＿＿＿＿＿＿＿＿＿＿＿＿＿＿＿＿＿＿＿

ちょっとBREAKの答え 「繰り返して」「再び」「さらに」などの意味を表しています。

目標 ●目的語の働きをする関係代名詞 which, that を正しく使おう。●名詞を修飾する〈主語＋動詞〉の使い方を理解しよう。

自分の得点まで色をぬろう！
😣がんばろう　😐もう一歩　😄合格！
0　　　　　　　　　　60　　80　　100点

5 次のプレゼンテーションの要約の一部を読んで，あとの問いに答えなさい。 (計19点)

Then we ①discussed the various problems in Bali. We found (②) one huge problem was plastic waste. However, ③that was a problem we couldn't solve so easily. Instead, ④[use / decided / every day / on / to / we / focus / something / we]: plastic bags.

出典：Our campaign to ban plastic bags in Bali by Melati and Isabel Wijsen. Used with permission.

(1) 下線部①とほぼ同じ意味を表す語句を下から選び，記号で答えなさい。 (4点)
　　ア　talked about　イ　solved　ウ　made　エ　enjoyed　　　(　　)

(2) ②の( )に適する語を下から選び，記号で答えなさい。 (4点)
　　ア　this　イ　that　ウ　it　エ　what　　　(　　)

(3) 下線部③が指すものを日本語で答えなさい。
　　(　　　　　　　　　　　　　　　　　)　(5点)

(4) 下線部④の[ ]内の語句を並べかえて，意味の通る文にしなさい。 (6点)

6 [ ]内の語句を並べかえて，日本文に合う英文を書きなさい。 6点×2 (12点)

(1) あなたは私がすすめたラケットを買いましたか。
　　[recommended / you / bought / have / the / racket / I]?

(2) 木村さんは私が信頼する弁護士です。
　　[I / the lawyer / Mr. Kimura / trust / is / that].

レベルUP 7 次の日本文を英語になおしなさい。 6点×2 (12点)

(1) あなたが家を出るとき，テレビを消しなさい。

(2) あれはこの町で有名な書店です。

8 次の質問に，あなた自身の答えを英語で書きなさい。 6点×2 (12点)

(1) What is a job which you want to have in the future?

(2) What is one thing you do to protect the environment?

Unit 5 ～ Daily Life Scene 4

解答 ▶ p.27

確認のワーク ステージ **1** **Unit 6** The Chorus Contest ①

読 聞
書 話

教科書の **要点** 後置修飾（動詞の -ing 形） ♪ a21

〈動詞の -ing 形＋語句〉

There are two people **playing one piano**.　1台のピアノを弾いている2人の人がいます。

直前の名詞に説明を加える　　　　　　「1台のピアノを弾いている」

要点
● 名詞のあとに〈動詞の -ing 形＋語句〉を置いて，「〜している（もの・人）」という意味を表すことができる。
● 上の文では，playing one piano が直前の名詞 two people を後ろから説明している。

Words チェック 次の英語は日本語に，日本語は英語になおしなさい。

□(1) matter （　　　　　）　　□(2) contest （　　　　　）
□(3) until （　　　　　）　　□(4) 女性 ＿＿＿＿＿
□(5) 困難，困った状況 ＿＿＿＿＿　　□(6) 合唱，合唱部 ＿＿＿＿＿

1 絵を見て例にならい，「〜している…は—です」という文を書きなさい。

例　read a book　　(1) teach English　　(2) play soccer　　(3) sleep on the sofa

例　The girl reading a book is Yuki.

(1) The man ＿＿＿＿＿＿＿＿＿＿＿＿ is Mr. White.

(2) The boys ＿＿＿＿＿＿＿＿＿ are my classmates.

(3) The cat ＿＿＿＿＿＿＿＿＿＿＿ is Sora.

ここが ポイント
〈もの・人＋動詞の -ing 形＋語句〉の語順。

2 次の英文を下線部に注意して日本語になおしなさい。

(1) I have a friend <u>studying</u> in New York.
　私には（　　　　　　　　　　　　　　　）。

(2) Who is the tall man <u>talking</u> with Kota?
　（　　　　　　　　　　　　　　　　　　　）

(3) Did you see the boy <u>drinking</u> juice?
　（　　　　　　　　　　　　　　　　　　　）

ミス注意
「ニューヨークで勉強している友達」のように，日本語では「友達」の前に説明が置かれる。英語では a friend studying in New York のように，後ろに置く。

単数形 woman[wúmən] と複数形 women[wímin] の下線部の発音に注意しよう。

ここがポイント

動詞の-ing形
動詞の-ing形を用いた後置修飾は，2文の意味を1文で表すことができる。

3 次の各組の文がほぼ同じ内容を表すように，＿＿に適する語を書きなさい。

(1) I have a sister.　She works as a nurse.
I have a sister ＿＿＿＿＿＿ as a nurse.

(2) The boy is my friend.　He is standing over there.
The boy ＿＿＿＿＿＿ over there is my friend.

(3) The woman is my sister.　She is singing in the kitchen.
The woman ＿＿＿＿＿＿ in the kitchen is my sister.

(4) Who is the girl?　She is running in the gym.
Who is the girl ＿＿＿＿＿＿ in the gym?

4 〔 〕内の語句を並べかえて，日本文に合う英文を書きなさい。ただし，下線部の語を適する形にかえること。

(1) ギターを弾いている男の子はハジンです。
The boy 〔 is / <u>play</u> / the guitar / Hajin 〕.
The boy ＿＿＿＿＿＿＿＿＿＿＿ .

(2) ケンといっしょに歩いている男性を知っていますか。
〔 you / with / the man / do / <u>walk</u> / Ken / know 〕?
＿＿＿＿＿＿＿＿＿＿＿＿

(3) ブラウン先生の近くに座っている女性は彼女の友達です。
〔 her / <u>sit</u> / Ms. Brown / the woman / near / is / friend 〕.
＿＿＿＿＿＿＿＿＿＿＿＿

ミス注意

主語を修飾しているとき
主語を修飾しているときは，文の途中に〈動詞の-ing形＋語句〉が置かれる。

5 次の日本文に合うように，＿＿に適する語を書きなさい。

(1) エリは私が困っているときにいつも助けてくれます。
Eri always helps me when I'm ＿＿＿＿ ＿＿＿＿ .

(2) テーブルの上に1枚の紙を見つけました。
I found a ＿＿＿＿ ＿＿＿＿ paper on the table.

(3) 2，3分待ってもらえますか。
Will you wait for ＿＿＿＿＿＿ minutes?

表現メモ

(1)be in trouble「困ったことになっている」
(2)a piece of ～「1つ[個・枚]の～」
(3)a few ～「少数の～，いくつかの～」

6 次の英文の＿＿に，□内から適する語を選んで書きなさい。

(1) It was raining outside ＿＿＿＿＿ I was cooking.

(2) My daughter stood ＿＿＿＿＿ me.

(3) He knows all about the ＿＿＿＿＿ .

(4) She didn't come home ＿＿＿＿＿ eleven o'clock.

beside　matter　until　while

Unit 6

確認のワーク　ステージ 1　**Unit 6　The Chorus Contest ②**　読 聞 書 話

教科書の 要点　後置修飾（過去分詞）　♪ a22

〈過去分詞＋語句〉

They're wearing T-shirts designed by Tina.

直前の名詞に説明を加える

「ティナによってデザインされた」

彼らはティナによってデザインされた
Tシャツを着ています。

要点
- 名詞のあとに〈過去分詞＋語句〉を置いて，「〜された（もの・人）」という意味を表すことができる。
- 上の文では，designed by Tina が直前の名詞 T-shirts を後ろから説明している。

Wordsチェック　次の英語は日本語に，日本語は英語になおしなさい。

- □(1) conductor （　　　　　） □(2) tale （　　　　　）
- □(3) heal （　　　　　） □(4) 〜をデザインする ＿＿＿＿＿
- □(5) 詩，韻文 ＿＿＿＿＿ □(6) 〜を招く，〜を招待する ＿＿＿＿＿

1 絵を見て例にならい，「これは〜された…です」という文を書きなさい。

例　song / love

(1) temple / call

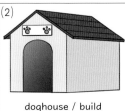
(2) doghouse / build

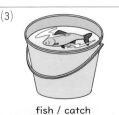
(3) fish / catch

例　This is a song loved by many people.

(1) This is the ＿＿＿＿＿＿＿＿＿＿＿ Ginkaku-ji.

(2) This is the ＿＿＿＿＿＿＿＿＿＿＿ by Toshi.

(3) This is the ＿＿＿＿＿＿＿＿＿ by Kota yesterday.

ここがポイント
〈もの・人＋過去分詞＋
語句〉の語順。

2 次の日本文に合うように，＿＿に適する語を書きなさい。

(1) 私の叔母は私にイタリア製のコートをくれました。
    My aunt gave me a coat ＿＿＿＿＿＿ Italy.

(2) これはサキが持ってきたケーキです。
    This is the cake ＿＿＿＿＿＿ Saki.

(3) 父が作った夕食はとてもおいしかったです。
    The ＿＿＿＿＿＿＿＿＿ my father
    was delicious.

ミス注意
(1)「イタリア製のコート」
＝「イタリアで作られたコ
ート」
(2)「サキが持ってきたケ
ーキ」＝「サキによって
持ってこられたケーキ」
(3)「父が作った夕食」＝「父
によって作られた夕食」

発音しない g に注意しよう。例 design [dizáin]

3 次の各組の文がほぼ同じ内容を表すように，＿＿に適する語を書きなさい。

(1) This is the dictionary.　Hajin used it yesterday.
This is the dictionary ＿＿＿＿＿＿ by Hajin yesterday.

(2) Tina bought an eraser for Nick, but he lost it.
Nick lost an ＿＿＿＿＿＿ ＿＿＿＿＿＿ for him by Tina.

(3) Drake is an athlete.　He is known to everyone.
Drake is an ＿＿＿＿＿＿ ＿＿＿＿＿＿ to everyone.

(4) The frog which was found by Kei is very big.
The ＿＿＿＿＿＿ ＿＿＿＿＿＿ by Kei is very big.

4 〔 〕内の語句を並べかえて，日本文に合う英文を書きなさい。ただし，下線部の語を必要があれば適する形にかえること。

(1) 彼らはブラウン先生に教えられている生徒たちです。
They 〔 teach / by / the students / Ms. Brown / are 〕.
They ＿＿＿＿＿＿＿＿＿＿.

(2) あなたはパーティーに招待されたあの女性を知っていますか。
Do you 〔 that / to / woman / know / invite / the party 〕?
Do you ＿＿＿＿＿＿＿＿＿＿?

(3) 加藤先生にたずねられた質問は，難しかったです。
〔 ask / was / by / the question / Mr. Kato / difficult 〕.

(4) これは世界中で読まれている有名な小説です。
〔 is / novel / all / a / this / famous / read / the world / over 〕.

5 次の英文を下線部に注意して日本語になおしなさい。

(1) English is a language taught in many countries.
英語は（　　　　　　　　　）。

(2) Kyoto is a city visited by many people.
（　　　　　　　　　）

(3) I want the book written by the famous writer.
（　　　　　　　　　）

WRITING Plus
次の質問に，あなた自身の答えを英語で書きなさい。
Have you ever read a book written in English?

解答 ▶ p.28

確認のワーク　ステージ1　**Unit 6　The Chorus Contest ③**　読 聞 書 話

教科書の 要点　間接疑問文　♪ a23

Why are you leaving?　なぜあなたは去るのですか。

Tell us why you're leaving.　なぜあなたが去るのか私たちに教えてください。
tell の目的語　〈疑問詞＋主語＋動詞〉

When are you leaving?　あなたはいつ去るのですか。

Do you know when you're leaving?　あなたは，あなたがいつ去るのか知っていますか。
know の目的語　〈疑問詞＋主語＋動詞〉

要点
- 疑問詞で始まる疑問文が，know などの動詞の目的語として，ほかの文の一部として使われている文を間接疑問文という。
- 間接疑問文では，疑問詞の後は〈主語＋動詞〉の語順になる。

プラス　間接疑問文の疑問詞が疑問文中の主語の意味になる場合もある。
Tell me who came here.　誰がここに来たのか私に教えてください。
疑問詞(主語)　動詞

Wordsチェック　次の英語は日本語に，日本語は英語になおしなさい。

□(1) beginning　（　　　　　　　）　□(2) unbelievable　（　　　　　　　）

□(3) 知らせ，新情報　＿＿＿＿＿＿　□(4) 変な，奇妙な　＿＿＿＿＿＿

よく出る **1** 例にならい，次の2つの文を1文にしなさい。また，できた英文を日本語になおしなさい。

例　Who is she? + Do you know? → Do you know who she is?

(1) What did he find? + I don't know.

＿＿＿＿＿＿＿＿＿＿＿＿＿＿＿＿＿＿＿＿

（　　　　　　　　　　　　　　　　　　　）

(2) When will you visit Australia? + I know.

＿＿＿＿＿＿＿＿＿＿＿＿＿＿＿＿＿＿＿＿

（　　　　　　　　　　　　　　　　　　　）

(3) Who made the cake? + Do you know?

＿＿＿＿＿＿＿＿＿＿＿＿＿＿＿＿＿＿＿＿

（　　　　　　　　　　　　　　　　　　　）

(4) When did you go there? + Tell me.

＿＿＿＿＿＿＿＿＿＿＿＿＿＿＿＿＿＿＿＿

（　　　　　　　　　　　　　　　　　　　）

ここがポイント
間接疑問文では，疑問詞の後が〈主語＋動詞〉の語順になる。主語や文の意味に合わせて，動詞を適する形にする。

news[njúːz] の語尾の発音に注意しよう。

2 次の各組の英文がほぼ同じ内容を表すように，＿＿に適する語を書きなさい。

ミス注意
(1)「彼の誕生日」は「彼がいつ生まれたか」に置きかえる。
(3)「『源氏物語』の作家」は「誰が『源氏物語』を書いたか」に置きかえる。

(1) Do you know his birthday?

Do you know ＿＿＿＿＿＿ ＿＿＿＿＿＿ was born?

(2) What does he like?   I don't know it.

I don't know ＿＿＿＿＿＿ ＿＿＿＿＿＿ likes.

(3) Tell me the writer of *the Tale of Genji*.

Tell me ＿＿＿＿＿＿ ＿＿＿＿＿＿ *the Tale of Genji*.

(4) Where is she from?   He knows it.

He knows ＿＿＿＿＿＿ ＿＿＿＿＿＿ is from.

3 〔　〕内の語句を並べかえて，日本文に合う英文を書きなさい。

ここがポイント
間接疑問文の語順
①最初に文全体の主語と動詞を考える。
(1) Do you know「あなたは知っていますか」
②次に文中に組み込む疑問文を考える。語順は〈疑問詞＋主語＋動詞〉にする。
(1) why he is so angry「なぜ彼がそんなに腹を立てているか」
③文全体の動詞の後に②の間接疑問を続ける。

(1) あなたはなぜ彼がそんなに腹を立てているか知っていますか。

Do you 〔 why / angry / so / he / know / is 〕?

Do you ＿＿＿＿＿＿＿＿＿＿＿＿＿＿＿ ?

(2) その列車がいつ出発するか私に知らせてください。

〔 leave / me / the train / know / let / when / will 〕.

(3) 私はどこでそのチケットが買えるか知りませんでした。

〔 buy / didn't / I / know / I / where / could / the ticket 〕.

(4) 彼女(かのじょ)は，あなたが何をしていたのかを知りたいのです。

〔 what / wants / to / she / know / you / doing / were 〕.

(5) 彼のために私たちに何ができるか私に教えてください。

〔 for / me / can / what / tell / we / do / him 〕.

4 次の日本文に合うように，＿＿に適する語を書きなさい。

表現メモ
(1)at the beginning of 〜「〜の初めに」
(2)move to 〜「〜に引っ越す」

(1) 私は5月の初めに奈良を訪れました。

I visited Nara at the ＿＿＿＿＿＿ ＿＿＿＿＿＿ May.

(2) 私たちの家族は先月，三重に引っ越しました。

Our family ＿＿＿＿＿＿ ＿＿＿＿＿＿ Mie last month.

WRITING Plus 🖊

次のようなとき，英語でどのように言うか書きなさい。

相手に，この単語がどういう意味か教えてくださいと頼(たの)むとき。（間接疑問文を使って）

＿＿＿＿＿＿＿＿＿＿＿＿＿＿＿＿＿＿＿＿＿＿＿＿＿＿

Unit 6

文法のまとめ❷ ▶Active Grammar ② 後置修飾

解答 ▶ p.29

読聞書話

まとめ

① 名詞の後ろに語句を置く

① 前置詞を使う

I'm going to visit my friend in Hiroshima.　私は広島にいる私の友達を訪ねるつもりです。
「広島にいる私の友達」

② 不定詞〈to ＋動詞の原形〉を使う

Let's get something to drink.　　　　　　何か飲むものを取ってきましょう。
「何か飲むもの」

③ 〈動詞の –ing 形〉を使う

The boy singing the song is my brother.　その歌を歌っている男の子は私の兄[弟]です。
「その歌を歌っている男の子」

④ 過去分詞を使う

I decided to buy a chair made of wood.　私は木で作られたいすを買うことに決めました。
「木で作られたいす」

② 名詞の後ろに文を置く

① 文（主語＋動詞）を使う

I'll show you some pictures I painted during the picnic.
「私がピクニック中に描いた絵」

私がピクニック中に描いた絵をあなたにお見せしましょう。

② 関係代名詞 which, that（目的語）を使う

This is an article (which) I read on the newspaper.
「私が新聞で読んだ記事」

これは私が新聞で読んだ記事です。

These are the pictures (that) she painted during the picnic.
「彼女がピクニック中に描いた絵」

これらは彼女がピクニック中に描いた絵です。

③ 関係代名詞 which, who, that（主語）を使う

This is a machine which can speak many languages.
「たくさんの言語を話すことができる機械」

これはたくさんの言語を話すことができる機械です。

I have an aunt who lives in France.
「フランスに住んでいる叔母」

私にはフランスに住んでいる叔母がいます。

He lives in a house that stands by a small lake.
「小さな湖のそばに立つ家」

彼は小さな湖のそばに立つ家に住んでいます。

練習 ------------------------------

1 次の( )内から適する語句を選び，記号を○で囲みなさい。

(1) The man (ア writing イ written) a letter in Spanish is Mr. Hayashi.

(2) He gave me a cap (ア making イ made) in the U.K.

(3) I have nothing (ア saying イ to say) to you.

(4) I have a friend (ア who イ which) is studying history in Hiroshima.

(5) I'll have a pizza (ア who イ that) Tina made this morning.

(6) The pen (ア who イ which) he picked up yesterday is Eri's.

(7) I saw some cats (ア who イ that) were running in the park.

2 次の2つの文を，関係代名詞を使って1文にしなさい。

(1) I have a sister. She became a teacher.

(2) Kyoto has old buildings. They are visited by many people.

(3) The bananas are delicious. My grandparents bought them for me.

3 〔 〕内の語句を並べかえて，日本文に合う英文を書きなさい。ただし，1語不要な語があります。

(1) あそこに立っている女性は私の姉です。

〔 is / the woman / standing / stand / my / there / sister / over 〕.

(2) 私は最近開店した店に行きました。

〔 went / the store / opened recently / which / who / I / to 〕.

(3) これは有名なデザイナーによってデザインされたTシャツです。

〔 is / a T-shirt / this / designed by / a / designer / that / famous 〕.

4 次の各組の文がほぼ同じ内容を表すように，____に適する語を書きなさい。

(1) I know the cat with black hair.

I know the cat _____ _____ black hair.

(2) Kota has to do a lot of work this week.

Kota has a lot of work _____ _____ this week.

(3) Eri has a friend traveling in Egypt.

Eri has a friend who _____ _____ in Egypt.

(4) What are the languages people speak in Rwanda?

What are the languages _____ _____ Rwanda?

Active Grammar ②

確認のワーク　ステージ**1**　You Can Do It! **2** 学校に必要なものを考えて意見を伝えよう　読 聞 書 話

解答 p.30

📖 教科書の **要点**　It is[It's] — (for 〜) + to +動詞の原形 .... (復習) 🎵 a24

I think **it**'s better **for** students **to** clean their classrooms.

仮の主語　　　　　　　　(人)　　　「教室を掃除すること」

生徒たちが教室を掃除することはよりよいことだと思います。

It's important **for** us **to** communicate with teachers.

仮の主語　　　　　　　(人)　　　「先生たちと意思疎通をすること」

私たちが先生たちと意思疎通をすることは大切です。

要点 ‥‥‥‥‥‥‥‥‥‥‥‥‥‥‥‥‥‥‥‥‥‥‥‥‥‥‥‥‥‥‥‥‥

●〈It is[It's] 〜 (for 人) + to +動詞の原形〉で「(人が)…するのは〜です」という意味を表す。
　この場合の it は，to 以下の内容をさす仮の主語なので，「それ」と訳さない。
●〈for 人〉は，to の前に置き，to 以下の動作や状態の主体を示す。

Words チェック　次の英語は日本語に，日本語は英語になおしなさい。

□(1)　Taiwan　　　　　（　　　　　　　）　　□(2)　attractive　　　　（　　　　　　　）

□(3)　落ち着いた　　　＿＿＿＿＿＿＿　　□(4)　(提案など)に反対して　＿＿＿＿＿＿＿

1 **例**にならい，次の英文を It で始まる文に書きかえなさい。

例　To play video games is exciting.

　　→ It is exciting to play video games.

(1)　To learn English is necessary.

　　It is ＿＿＿＿＿＿＿＿＿＿＿＿＿＿＿＿＿ .

(2)　To get up early is good.

　　It is ＿＿＿＿＿＿＿＿＿＿＿＿＿＿＿＿＿ .

(3)　To study history is interesting.

　　It is ＿＿＿＿＿＿＿＿＿＿＿＿＿＿＿＿＿ .

(4)　To read that book is difficult.

　　It is ＿＿＿＿＿＿＿＿＿＿＿＿＿＿＿＿＿ .

ここが ポイント

〈to +動詞の原形〉を文頭に置くと長くなるので，仮の主語としてItを文頭に置き，〈to +動詞の原形〉を後に置く。

2 次の文の（　）内から適する語を選び，記号を○で囲みなさい。

(1)　It is interesting for (ア I　イ me) to study French.

(2)　It's impossible for (ア Tina　イ Tina's) to carry this box.

(3)　It is exciting for (ア them　イ theirs) to play rugby.

(4)　It's dangerous for (ア his　イ him) to swim in this river.

ミス注意

for 〜

「〜」には，人の名前や名詞・代名詞を置く。代名詞を置くときは，「〜を[に]」の意味を表す形にする。

 relaxed の ed の部分は [t] と発音するよ。

3 次の文を（ ）内の指示にしたがって書きかえなさい。

(1) It is easy to answer the question. （否定文に）

(2) To make pudding is difficult for me. （It で始まる文に）

(3) Visiting the zoo was exciting for him. （It で始まる文に）

(4) It's interesting for her to draw pictures. （疑問文に）

ここが ポイント
動名詞
動詞の -ing 形は「～すること」という意味を表すので、〈It is[It's]〉～（for 人）＋ to ＋動詞の原形〉で書きかえることができる。

4 〔 〕内の語句を並べかえて，日本文に合う英文を書きなさい。

(1) 私たちがお互いに助け合うことは必要です。
〔 other / for / it / is / us / necessary / help / to / each 〕.

(2) 彼女が毎朝早く起きることは容易ではありません。
〔 not / her / easy / for / it's / to / early / get up / every morning 〕.

(3) この宿題を終わらせることは私には不可能です。
〔 this homework / it's / me / impossible / finish / for / to 〕.

(4) その本を読むことは私の弟にとっては退屈でした。
〔 was / my brother / boring / it / for / to / the book / read 〕.

ここが ポイント
(2)is の後ろに not を置いて否定文を作る。
(4)過去形の be 動詞 was を用いる。

5 次の日本文に合うように， ___ に適する語を書きなさい。

(1) 私は日曜日にときどき昼寝をします。
I sometimes _____ a _____ on Sundays.

(2) 彼女の笑顔はいつも私を落ち着かせてくれます。
Her smile always _____ me _____.

(3) 彼は私たちに賛成してくれると思いますか。
Do you think he will _____ _____ us?

(4) 彼は彼らと意見が合いません。
He _____ _____ them.

表現メモ
(1)take a nap「昼寝をする」

WRITING Plus
次の質問に対するあなた自身の答えを，書き出しに続けて書きなさい。
What is important for you to do?
— It's important for me to _____.

You Can Do It! 2

定着のワーク　ステージ2　Unit 6 〜 You Can Do It! 2

解答 p.31

読 聞
書 話

1 LISTENING 英文を聞いて，内容に合う絵を選び，記号で答えなさい。 ♪ [11]

ア	イ	ウ	エ

（　　　）

よく出る 2 次の各組の文がほぼ同じ内容を表すように，＿＿＿に適する語を書きなさい。

(1) Do you know the man?　He is carrying a large bag.

Do you know the ＿＿＿＿＿＿ ＿＿＿＿＿＿ a large bag?

(2) The stars are beautiful.　They are seen from here.

The stars ＿＿＿＿＿ from here ＿＿＿＿＿ beautiful.

(3) Who wrote this book?　I want to know that.

I want to know ＿＿＿＿＿＿ ＿＿＿＿＿ this book.

(4) Three people are dancing on the stage.

There are three people ＿＿＿＿＿ ＿＿＿＿＿ the stage.

(5) People speak Chinese in the country.

Chinese is the language ＿＿＿＿＿ in the country.

(6) The man is my father.　He is walking with a dog.

The man ＿＿＿＿＿ with a dog ＿＿＿＿＿ my father.

3 〔　〕内の語句を並べかえて，日本文に合う英文を書きなさい。

(1) 川で泳いでいるあの男の子を見なさい。

〔 at / in / that boy / look / swimming / the river 〕.

_____

(2) 私は英語で書かれた手紙をちょうど受け取ったところです。

〔 in / have / a letter / just / I / received / written / English 〕.

_____

(3) 私たちは100年前に建てられた家に住んでいます。

〔 years / live / built / hundred / in / we / a house / a / ago 〕.

_____

(4) あなたは彼が何のスポーツが好きなのかを知っていますか。

〔 know / do / what / you / he / sports / likes 〕?

重要ポイント

❶ 後置修飾を使った文に注意する。

❷

テストに出る!

-ing形と過去分詞
● 「〜している」
　→-ing形
● 「〜された」
　→過去分詞

得点力をUP

間接疑問文の作り方
疑問詞の後を〈主語＋動詞〉の語順にする。

3 (1)「あの男の子」＋「川で泳いでいる」の語順。

(2)「手紙」＋「英語で書かれた」の語順。

(3)「家」＋「100年前に建てられた」の語順。

(4)「あなたは知っていますか」＋「彼は何のスポーツが好きですか」の間接疑問文。

4 次の対話文を読んで，あとの問いに答えなさい。

Kota: What's the matter?　Are you （　①　） trouble?

Eri: I twisted my wrist while I was playing basketball. ②I don't think I can play the piano at the chorus contest.

Tina: What should we do?　We have only a few days until the contest.

Kota: I have an idea.　Look at this video.　There are two people ③(play) one piano.　We could try ④that.

(1) ①の（　）に適する語を下から選び，記号で答えなさい。

　　ア　with　　イ　in　　ウ　on　　エ　to　　　（　　）

(2) エリが下線部②のように言っている理由は何ですか。具体的に日本語で答えなさい。

　　（　　　　　　　　　　　　　　　　　　　　　　　　　）

(3) ③の（　）内の語を適する形になおしなさい。

　　_____

(4) 下線部④が指す内容を具体的に日本語で答えなさい。

　　（　　　　　　　　　　　　　　　　　　　　　　　　　）

(5) 本文の内容に合うように，次の質問に英語で答えなさい。

　　How many days are there until the contest?

　　_____

5 次の日本文に合うように，＿＿＿に適する語を書きなさい。

(1) 私は先週，奈良に引っ越しました。

　　I _____ _____ Nara last week.

(2) 私は1切れのケーキを食べました。

　　I ate a _____ _____ cake.

(3) 彼は4月の初めに日本を出発しました。

　　He left Japan _____ the _____ of April.

(4) 私は先月，本を2, 3冊読みました。

　　I read _____ _____ books last month.

UP 6 次の日本文を英語になおしなさい。

(1) 私は彼女がどこにいるのか知りません。

　　_____

(2) あなたはあそこで走っている女性を知っていますか。

　　_____

(3) これがきのう見つけられた鳥です。

　　_____

重要ポイント

4 (1)「困ったことになっている」を英語で表す。

(2) 直前の文を参照。

(3)「1つのピアノを弾いている2人の人」という意味を作る。

(4) 直前の文を参照。

(5)「コンテストまで何日ありますか。」

5 (1) move to ～「～に引っ越す」

(2) a piece of ～「1つ[個・枚]の～」

(3) at the beginning of ～「～の初めに」

(4) a few ～「少数の～，いくつかの～」

6 (1)「私は知りません」＋「彼女はどこにいるか」の間接疑問文。

(2)「あそこで走っている」を後置修飾で表す。

(3)「きのう見つけられた」を後置修飾で表す。

Unit 6 ～ You Can Do It! 2

解答 ▶ p.31

実力判定テスト ステージ3 　Unit 6 〜 You Can Do It! 2 　30分 　/100 　読聞書話

1 LISTENING 対話と質問を聞いて，その答えとして適するものを１つ選び，記号で答えなさい。

♪ l12 　2点×3（6点）

(1) 　ア　Mika is. 　　　　　イ　Mika's brother is.

　　ウ　Ken is. 　　　　　エ　Ken's sister is. 　　（　　　）

(2) 　ア　He is from New Zealand. 　　イ　He is a new teacher.

　　ウ　He is talking with Mr. Kato. 　　エ　He lives in New Zealand. 　（　　　）

(3) 　ア　To read books. 　　　　イ　To eat a cake.

　　ウ　To play tennis. 　　　　エ　To learn Chinese. 　（　　　）

2 次の文の＿＿に，（ ）内の語を適する形にかえて書きなさい。

2点×4（8点）

(1) 　The girl ＿＿＿＿＿＿ a book in the classroom is Eri. (read)

(2) 　English is a language ＿＿＿＿＿＿ all over the world. (speak)

(3) 　The boy ＿＿＿＿＿＿ over there is my brother Nick. (walk)

(4) 　The woman ＿＿＿＿＿＿ the guitar is Rika's mother. (play)

3 次の日本文に合うように，＿＿に適する語を書きなさい。

4点×5（20点）

(1) 　困ったときは私に知らせてください。

　　Let me know when you are ＿＿＿＿＿＿ ＿＿＿＿＿＿ .

(2) 　私はいつも朝食に１枚のパンとサラダを食べます。

　　I always eat a ＿＿＿＿＿＿ ＿＿＿＿＿＿ bread and salad for breakfast.

(3) 　あなたは来週の初めに東京に来ますか。

　　Are you going to come to Tokyo at the ＿＿＿＿＿＿ ＿＿＿＿＿＿ next week?

(4) 　彼はルワンダに２，３人の友達がいます。

　　He has ＿＿＿＿＿＿ ＿＿＿＿＿＿ friends in Rwanda.

(5) 　ミナはフランスに引っ越しました。

　　Mina ＿＿＿＿＿＿ ＿＿＿＿＿＿ France.

4 次の各組の文がほぼ同じ内容を表すように，＿＿に適する語を書きなさい。

5点×3（15点）

(1) 　Do you know her birthday?

　　Do you know ＿＿＿＿＿＿ ＿＿＿＿＿＿ was born?

(2) 　Mr. Brown is the teacher everyone loves.

　　Mr. Brown is the teacher ＿＿＿＿＿＿ ＿＿＿＿＿＿ everyone.

(3) 　When does the store open?　I want to know that.

　　I want to know ＿＿＿＿＿＿ the store ＿＿＿＿＿＿ .

ちょっとBREAKの答え　electronic の略で，「電子の，電子による」という意味です。

目標 ● 名詞を説明する動詞の -ing 形や過去分詞の使い方を理解しよう。● 間接疑問文を理解しよう。

自分の得点まで色をぬろう!

| 😣がんばろう! | 😐もう一歩 | 😊合格! |

0　　　　　　　　　　60　　80　100点

5 次の対話文を読んで,あとの問いに答えなさい。　　　　　　　　　　(計15点)

Tina: I have to leave Japan.

Kota: What? ①〔us / leaving / why / tell / you're〕.

Tina: My family is moving to London because (　②　) my father's job.

Hajin: Do you know (　③　) you're leaving?

Tina: At the beginning of March.

(1) 下線部①の〔　〕内の語を並べかえて,意味の通る文にしなさい。　　(5点)

(2) ②の(　)に適する語を下から選び,記号で答えなさい。　　　　　　(5点)
　　ア　for　イ　at　ウ　on　エ　of　　　　　　　　　　　　　(　　　)

(3) ③の(　)に適する語を書きなさい。　　　　　　　　　　　　　　(5点)

6 〔　〕内の語句を並べかえて,日本文に合う英文を書きなさい。　6点×2(12点)

(1) あなたは何色が好きかを私に教えてください。
　　〔 me / you / what / tell / color / like 〕.

レベルUP (2) 英語で書かれた小説はどうですか。
　　〔 about / written / how / a novel / in / English 〕?

7 次の日本文を英語になおしなさい。　　　　　　　　　　　　6点×3(18点)

(1) 私はあなたがどこの出身なのか知りたいです。

(2) あなたがどのくらいの間中国語を勉強しているのかを,私に教えてください。(現在完了進行形を使って)

よく出る (3) あなたの国で使われている言語は何ですか。

8 次の質問に,あなた自身の答えを英語で書きなさい。　　　　　　　(6点)

Who is the teacher teaching math to you?

Unit 6 〜 You Can Do It! 2

解答 p.32

確認のワーク　ステージ1　**Unit 7**　Tina's Speech ①　読聞書話

教科書の 要点　疑問詞＋ to ＋動詞の原形　♪ a25

I didn't know **what to expect** when I got there.

動詞　目的語　〈what to ＋動詞の原形〉「何を〜するか」

私はそこに着いたときに何を予期すればよいのかわかりませんでした。

I thought I should learn **how to use** chopsticks.

動詞　目的語　〈how to ＋動詞の原形〉「〜のしかた」

私ははしの使い方を学ぶべきだと思いました。

要点

● 〈疑問詞＋ to ＋動詞の原形〉はひとまとまりで名詞の働きをし，know や tell などの動詞の目的語になることができる。

● 〈what to ＋動詞の原形〉は「何を [が]〜するか」，〈how to ＋動詞の原形〉は「〜のしかた」という意味を表す。

プラス そのほかの〈疑問詞＋ to ＋動詞の原形〉の表現

〈when to ＋動詞の原形〉「いつ〜するか」　　〈where to ＋動詞の原形〉「どこで[へ]〜するか」

〈which to ＋動詞の原形〉「どちらを〜するか」

Wordsチェック　次の英語は日本語に，日本語は英語になおしなさい。

□(1)　full　　　（　　　　　　　）　□(2)　expect　（　　　　　　　）

□(3)　possible　（　　　　　　　）　□(4)　卒業する　_____

□(5)　心配，不安　_____　　　　□(6)　突然，急に　_____

よく出る 1 次の日本文に合うように，（　）内から適する語を選び，記号を○で囲みなさい。

(1)　私は次に何をしたらよいかわかりません。

I don't know （ア how　イ what　ウ where) to do next.

(2)　あなたはチェスのしかたを知っていますか。

Do you know （ア when　イ which　ウ how) to play chess?

(3)　どこで昼食を食べたらよいか私に教えてください。

Tell me （ア when　イ what　ウ where) to eat lunch.

(4)　私はいつ出発すればよいか知りたいです。

I want to know （ア when　イ which　ウ where) to leave.

(5)　私はどちらを買うかまだ決めていません。

I haven't decided （ア which　イ what　ウ how) to buy yet.

ここがポイント

〈疑問詞＋to＋動詞の原形〉

・how to 〜「〜のしかた」

・what to 〜「何を[が]〜するか」

・when to 〜 「いつ〜するか」

・where to 〜 「どこで[へ]〜するか」

・which to 〜 「どちらを〜するか」

anxiety[æŋzáiəti] の発音に注意しよう。

2 次の英文を下線部に注意して日本語になおしなさい。

(1) My grandmother knows how to use a smartphone.

私の祖母は（　　　　　　　　　　　　　　　　）。

(2) Aya asked Mei where to put her bag.

（　　　　　　　　　　　　　　　　　　）

ここがポイント
〈疑問詞＋to＋動詞の原形〉
〈疑問詞＋to＋動詞の原形〉は名詞の働きをする。

3 次の各組の文がほぼ同じ内容を表すように，＿＿に適する語を書きなさい。

(1) Can you use this tablet?

Do you know ＿＿＿＿＿＿＿＿ use this tablet?

(2) Kota didn't know what he should say.

Kota didn't know ＿＿＿＿＿＿ ＿＿＿＿＿ say.

(3) Tell me the way to the dome.

Tell me ＿＿＿＿＿ ＿＿＿＿＿ get to the dome.

ミス注意
1文目の意味を言いかえて，〈疑問詞＋to＋動詞の原形〉で表現する。
(1)「あなたはこのタブレットの使い方を知っていますか。」
(2)「コウタは何と言ったらよいかわかりませんでした。」
(3)「そのドームへの行き方を教えてください。」

4 〔　〕内の語句を並べかえて，日本文に合う英文を書きなさい。

(1) どこで切符を買ったらよいか教えてくれませんか。

Will you 〔 the ticket / me / buy / where / tell / to 〕?

Will you ＿＿＿＿＿＿＿＿＿＿＿＿＿?

(2) 彼女の誕生日に何を買ったらよいかわかりません。

〔 her birthday / don't / to / know / I / what / buy / for 〕.

＿＿＿＿＿＿＿＿＿＿＿＿＿＿

(3) 彼は私にいつここに来ればよいか教えてくれました。

〔 told / here / to / me / he / when / come 〕.

＿＿＿＿＿＿＿＿＿＿＿＿＿＿

5 次の日本文に合うように，＿＿に適する語を書きなさい。

(1) あなたは火の起こし方を知っていますか。

Do you know how to ＿＿＿＿ a ＿＿＿＿?

(2) あなたはこれまでに英語でスピーチをしたことがありますか。

Have you ever ＿＿＿＿ a ＿＿＿＿ in English?

(3) 彼のレポートは間違いでいっぱいです。

His report is ＿＿＿＿＿＿ mistakes.

表現メモ
(1)build a fire「火を起こす」
(2)make a speech「スピーチをする」
(3)be full of ～「～でいっぱいの」

WRITING Plus

次のようなときに，英語でどのように言うか書きなさい。

相手に，ギターの弾き方を教えてくださいと頼むとき。

＿＿＿＿＿＿＿＿＿＿＿＿＿＿

解答 ▶ p.33

ステージ **1** **Unit 7** Tina's Speech ②

教科書の 要点 仮定法（If I could ....）

a26

If I **could** speak to that worried girl, I **would** say, "There's no need to worry."

〈If＋主語＋（助）動詞の過去形〜, 主語＋would[could]＋動詞の原形 ....〉

「もしも（今）〜だったら，…だろうに」

もしも私がその心配している女の子に話しかけることができるなら，「何の心配もいらない。」と言うだろうに。

要点

● 現在の事実と異なる仮定の内容を話すときは，If 〜, で動詞または助動詞の過去形を使う。このような表現の方法を仮定法という。be 動詞を使う場合は，If の後の主語に関わらず，were がよく用いられる。

● 助動詞は意味に応じて，would「〜だろう」，could「〜できる」を使い分ける。

Wordsチェック　次の英語は日本語に，日本語は英語になおしなさい。

☐(1)　memory　　　（　　　　　　）
☐(2)　prime minister　（　　　　　　）
☐(3)　everywhere　　（　　　　　　）
☐(4)　basically　　　（　　　　　　）
☐(5)　冒険, はらはらする経験 ＿＿＿＿＿＿
☐(6)　真実, 事実 ＿＿＿＿＿＿
☐(7)　〜を尊重する, 重んじる ＿＿＿＿＿＿
☐(8)　テスト ＿＿＿＿＿＿

1 次の文の（　）内から適する語を選び，記号を○で囲みなさい。

(1)　If I（ア had　イ have）enough time, I would visit my uncle.

(2)　If I knew her address, I（ア will　イ would）write a letter to her.

(3)　If we（ア don't　イ didn't）work, we wouldn't have any money.

(4)　If you lived near me, I（ア could　イ can）see you more often.

(5)　I would be very happy if you（ア helped　イ help）me.

(6)　If I had a million dollars, I（ア would　イ will）buy a new house.

ここがポイント

仮定法の文
〈If＋主語＋（助）動詞の過去形〜, 主語＋would[could]＋動詞の原形 ....〉で「もしも（今）〜だったら，…だろうに」という意味を表す。

2 次の英文を日本語になおしなさい。

(1)　If Eri had two apples, she would give me one.
　　もしエリが（　　　　　　　　　　　　　　　　　）。

(2)　If I had a map, I could go there by myself.
　　（　　　　　　　　　　　　　　　　　　　　　　）

(3)　Kota would clean his room if he had time.
　　（　　　　　　　　　　　　　　　　　　　　　　）

(4)　If it stopped raining, it would be nice.
　　（　　　　　　　　　　　　　　　　　　　　　　）

ミス注意

仮定法は現在の事実とは異なることや実際には起こりえないことを述べるときに使う。

th の発音のしかたの違いに注意する。例 truth [trúːθ] / brother [bráðər]

3 次の各組の文がほぼ同じ内容を表すように，＿＿＿に適する語を書きなさい。

(1) I don't have a computer, so I can't send Tina e-mails.

If I ＿＿＿＿＿ a computer, I ＿＿＿＿＿ send Tina e-mails.

(2) I don't know her name, so I can't call her.

If I ＿＿＿＿＿ her name, I ＿＿＿＿＿ call her.

(3) I don't have time, so I don't go out with you.

If I ＿＿＿＿＿ time, I ＿＿＿＿＿ go out with you.

4 〔　〕内の語句を並べかえて，日本文に合う英文を書きなさい。

(1) もし私に十分なお金があれば，そのカメラが買えるのに。

If I〔 that camera / had / I / could / enough / money / buy / , 〕.

If I ＿＿＿＿＿＿＿＿＿＿.

(2) もし私が誰であるかを知っていたら，彼は驚くだろう。

〔 would / he / I / surprised / knew / if / who / am / he / be / , 〕.

＿＿＿＿＿＿＿＿＿＿

(3) もしあなたがもっと懸命に働けば，もっとお金を得られるのに。

〔 could / you / money / get / you / more / if / worked / harder 〕.

＿＿＿＿＿＿＿＿＿＿

(4) もし私にその宿題がなければ，テレビゲームをするのに。

〔 didn't / would / if / play / I / the homework / video games / I / have 〕.

＿＿＿＿＿＿＿＿＿＿

5 次の日本文に合うように，＿＿＿に適する語を書きなさい。

(1) 私たちの習慣は彼らのものとは違っています。

Our customs are ＿＿＿＿＿ ＿＿＿＿＿ theirs.

(2) 実は私は彼の名前を知らないのです。

＿＿＿＿＿ ＿＿＿＿＿ is that I don't know his name.

(3) 私たちは突然そのことを知りました。

We ＿＿＿＿＿ it ＿＿＿＿＿ suddenly.

(4) そのびんを水で満たしなさい。

＿＿＿＿＿ the bottle ＿＿＿＿＿ water.

WRITING Plus

次の質問に，あなた自身の答えを英語で書きなさい。

What would you do if you had one million yen?

＿＿＿＿＿＿＿＿＿＿

ここがポイント (1)「私はコンピュータを持っていないので，ティナにEメールを送ることができません。」→「もし私がコンピュータを持っていたら，ティナにEメールを送ることができるのに。」

ミス注意 ifで始まる文が前にくるときは，その後ろにコンマが必要。

表現メモ (1)be different from 〜「〜と違っている」 (2) The truth is (that) 〜.「実は〜です。」 (3)find 〜 out「〜を知る，得る」 (4)fill 〜 with ...「〜を…で満たす」

Unit 7

解答 ▶ p.34

ステージ **1** **World Tour 2** How Do We Live?

読 聞
書 話

📖 教科書の **要点** 仮定法（If ＋ 主語 ＋ were ....） a27

If the world were a village of 100 people, what would it look like?

〈If ＋主語＋were〜, 主語＋would[could] ＋動詞の原形 ....〉

「もしも〜だったら, …するのに [できるのに]」

もしも世界が100人の村だったら, それはどのように見えるだろうか。

参考出典：100PEOPLE:A WORLD PORTRAIT

要点
●仮定法の文では, If 〜, で be 動詞を使う場合, 主語の人称や単数・複数に関係なく, were が使われることが多い。現在の事実と異なる状態を表している。

Words チェック 次の英語は日本語に, 日本語は英語になおしなさい。

- □(1) dying （　　　　　） □(2) gender （　　　　　）
- □(3) geography （　　　　　） □(4) starvation （　　　　　）
- □(5) undernourished （　　　　　） □(6) アジア ＿＿＿＿＿
- □(7) 大学 ＿＿＿＿＿ □(8) 教育 ＿＿＿＿＿
- □(9) ヨーロッパ ＿＿＿＿＿ □(10) 10億（の） ＿＿＿＿＿

1 次の文の（　）内から適する語を選び, 記号を○で囲みなさい。

(1) If I (ア am　イ were) a bird, I could fly to you.

(2) If I were you, I (ア will　イ would) not buy that car.

(3) If he (ア were　イ is) here, he would help me.

(4) I (ア could　イ can) go to a movie if I were free today.

(5) It would be nice if my brother (ア is　イ were) famous.

(6) I (ア will　イ would) go to the restaurant if I were hungry.

ここが ポイント

If の後ろで be 動詞を使う場合
主語に関係なく, be 動詞に were を用いるのが基本。

2 次の英文を日本語になおしなさい。

(1) If I were free, I could go with you.

もし私が（　　　　　　　　　　　　　　　　　）。

(2) If I were a cat, I would sleep more.

（　　　　　　　　　　　　　　　　　）

(3) If it weren't raining now, I would go shopping.

（　　　　　　　　　　　　　　　　　）

(4) If Eri were here, I would ask her to help me with my homework.

（　　　　　　　　　　　　　　　　　）

ミス注意

現在の事実や, 実際に起こりうることを述べるときは仮定法を使わない。次の文は, 明日起こりうることについて話している。
If it *is* nice tomorrow, I *will* go out.（明日天気がよかったら, 私は外出するでしょう。）

starvation は -tion の直前の母音を強く発音する。例 starvation [stɑːrvéiʃən]

③ 次の各組の英文がほぼ同じ内容を表すように，＿＿に適する語を書きなさい。

(1)　I'm not rich, so I can't buy this house.

If I ＿＿＿＿＿＿＿ rich, I ＿＿＿＿＿＿＿ buy this house.

(2)　I'm not with you, so we can't eat lunch together.

If I ＿＿＿＿＿＿＿ with you, we ＿＿＿＿＿＿＿ eat lunch together.

(3)　I am not you, so I won't go to the party.

If I ＿＿＿＿＿＿＿ you, I ＿＿＿＿＿＿＿ go to the party.

ここが ポイント

文の意味を言いかえて，仮定法を使う。
(1)「私は裕福ではないので，この家を買うことができません。」→「もし私が裕福なら，この家を買えるのに。」

④ 〔　〕内の語句を並べかえて，日本文に合う英文を書きなさい。

(1)　私があなたなら，傘を持っていくのに。

If〔 an umbrella / were / take / you / I / I / would / , 〕.

If ＿＿＿＿＿＿＿＿＿＿＿＿＿＿＿＿＿＿＿＿.

(2)　英語が得意だったら，とてもうれしいのになあ。

〔 would / at / happy / be / I / so / if / were / I / good / English 〕.

＿＿＿＿＿＿＿＿＿＿＿＿＿＿＿＿＿＿＿＿＿

(3)　もし彼がここにいたら，何と言うだろうか。

〔 would / if / were / he / what / say / he / here 〕?

＿＿＿＿＿＿＿＿＿＿＿＿＿＿＿＿＿＿＿＿＿

(4)　もし彼がもっと若ければ，彼はあの山に登るだろう。

〔 he / that mountain / climb / he / were / if / younger / would / , 〕.

＿＿＿＿＿＿＿＿＿＿＿＿＿＿＿＿＿＿＿＿＿

(5)　もっとお腹が空いていれば，私はもっと食べられるのに。

〔 could / were / if / eat / I / more / I / hungrier 〕.

＿＿＿＿＿＿＿＿＿＿＿＿＿＿＿＿＿＿＿＿＿

⑤ 次の日本文に合うように，＿＿に適する語を書きなさい。

(1)　誰でもこの図書館を利用できますか。

Does anyone ＿＿＿＿＿＿＿ ＿＿＿＿＿＿＿ to this library?

(2)　彼は成功するために懸命に働きました。

He worked hard in ＿＿＿＿＿＿＿ ＿＿＿＿＿＿＿ succeed.

(3)　彼は頭のよい男の子のように見えました。

He ＿＿＿＿＿＿＿ ＿＿＿＿＿＿＿ a smart boy.

表現メモ

(1)have access to ～「～を利用できる，～が手に入る」
(2)in order to ～「～するために」
(3)look like ～「～のように見える」

WRITING Plus

次のようなとき，どのように話しかけるか英語で書きなさい。

相手に，私があなただったら，この靴は買わないだろうと言うとき。

World Tour 2

解答　p.35

Let's Read 3 Changing the World

●次の英文は，1992年にブラジルのリオデジャネイロで開催された地球環境サミットで，当時12歳のセヴァン・カリス・スズキさんという少女が行ったスピーチの一部です。これを読んで，あとの問いに答えなさい。

I am here to speak for all future generations to come.　I am here to speak for starving children around the world.　I am here to speak for animals ①(die) across this planet.

②I am afraid to go out in the sun now because of the holes in the ozone layer. ③I am afraid to breathe the air because I don't know what chemicals are in ④it. 　5 And now we hear about animals and plants going (　⑤　) every day — vanishing forever.　Did you have to worry about these little things when you were my age?　All this is happening before our eyes, and yet ⑥we act as if we have all the time we want and all the solutions.

Question

(1) ①の（　）内の語を適する形にかえなさい。　_____

(2) 下線部②の原因になっているものを日本語で答えなさい。

（　　　　　　　　　　　　　　　　　　　　　　　　　　　　）

(3) 下線部③を次の形で表すとき，_____ に適する語を書きなさい。

I am afraid _____ breathing the air

(4) 下線部④の it が指すものを本文中の２語で書きなさい。

_____　_____

(5) （　⑤　）に適する語を，次のア～エから１つ選び，記号で答えなさい。

ア　bad　　　イ　extinct　　　ウ　happy　　　エ　easy　　　（　　）

(6) 下線部⑥を日本語になおしなさい。

（　　　　　　　　　　　　　　　　　　　　　　　　　　　　）

Word Box BIG

1 次の英語は日本語に，日本語は英語になおしなさい。

(1) desert （　　　　　　　）　(2) somebody （　　　　　　　）

(3) fight （　　　　　　　）　(4) forever （　　　　　　　）

(5) government （　　　　　　　）　(6) 記者, ニュースレポーター _____

(7) 死んでいる, 枯れている _____　(8) ～の方へ, ～に向かって _____

(9) 目標, 目的 _____　(10) 政治家 _____

2 次の日本文に合うように，_____ に適する語を書きなさい。

(1) あなたのためなら何をすることもいといません。

I'm _____ _____ do anything for you.

(2) 彼はその問題を容易に解決しました。

He _____ the problem _____ easily.

(3) 彼は私に友達を憎んではいけないと教えました。

He _____ me _____ _____ hate friends.

(4) 選手たちみんなが最善を尽くしました。

All players _____ the _____ .

(5) 私たちは忘れた思い出を取り戻すことができます。

We can _____ _____ the memory that we forget.

(6) 私たちは貧しい人々を助けるべきです。

We should help the _____ .

(7) 彼女はまるで何もかも知っているかのように振る舞います。

She behaves _____ _____ she knows everything.

解答 p.35

定着 のワーク ステージ **2** **Unit 7** 〜 **Let's Read 3**

読 聞
書 話

1 LISTENING　英文を聞いて，内容に合う絵を選び，記号で答えなさい。　♪ 113

ア　イ　ウ　エ

（　　　）

2 次の各組の文がほぼ同じ内容を表すように，＿＿＿に適する語を書きなさい。

(1)　I didn't know what I should tell her.

　　I didn't know what ＿＿＿＿＿＿ ＿＿＿＿＿＿ her.

(2)　Tell me when I should leave here.

　　Tell me ＿＿＿＿＿＿ ＿＿＿＿＿＿ leave here.

(3)　I won't visit my aunt because I don't have enough time.

　　I ＿＿＿＿＿＿ visit my aunt if I ＿＿＿＿＿＿ enough time.

(4)　Can you control the robot?

　　Do you know ＿＿＿＿＿＿ ＿＿＿＿＿＿ control the robot?

(5)　It is raining, so we can't play outdoors.

　　If it ＿＿＿＿＿＿ raining, we ＿＿＿＿＿＿ play outdoors.

(6)　Where should I buy the milk?　I want to know that.

　　I want to know ＿＿＿＿＿＿ ＿＿＿＿＿＿ buy the milk.

3 〔　〕内の語句を並べかえて，日本文に合う英文を書きなさい。

(1)　どんな番組を見ればよいか私に教えてください。

　　〔 watch / program / me / please / what / to / tell 〕.

　　＿＿＿＿＿＿＿＿＿＿＿＿＿＿＿＿＿＿＿＿＿＿＿

(2)　私が彼の住所を知っていたら，彼を今訪ねるのですが。

　　〔 I / visit / I'd / knew / him / if / his address / now / , 〕.

　　＿＿＿＿＿＿＿＿＿＿＿＿＿＿＿＿＿＿＿＿＿＿＿

(3)　どちらの道へ行くべきか誰かにたずねなければなりません。

　　〔 way / to / have / someone / to / I / ask / which / go 〕.

　　＿＿＿＿＿＿＿＿＿＿＿＿＿＿＿＿＿＿＿＿＿＿＿

(4)　私がハワイに住んでいたら，毎日泳ぐのですが。

　　〔 in / would / I / every day / swim / I / if / lived / Hawaii 〕.

　　＿＿＿＿＿＿＿＿＿＿＿＿＿＿＿＿＿＿＿＿＿＿＿

重要ポイント

1 英文を注意して，正確に聞き取る。

2

テストに◎出る!

〈疑問詞＋to＋動詞の原形〉
(1)(2)間接疑問文を，〈疑問詞＋to＋動詞の原形〉で言いかえる。

得点力をUP

仮定法の文
現在の事実と異なる仮定の内容は，仮定法を使って表現できる。動詞の形に注意する。

3 (1)(3)whatとwhichは後ろに名詞がきて，「どんな〜を…したらよいか」「どちらの〜を…したらよいか」という意味で用いられることもある。

(2)(4)仮定法の文。動詞や助動詞の過去形を用いることに注意する。

④ ティナ(Tina)のスピーチの一部を読んで、あとの問いに答えなさい。

One day, my father suddenly said, "We're moving (①) Japan!" ②That was three years ago. I didn't really know anything about Japan. ③I didn't know 〔 there / to / I / expect / what / when / got 〕. I thought maybe I should learn (④) to use chopsticks. ⑤I was (   )(   ) anxiety.

(1) ①の( )に適する語を下から選び、記号で答えなさい。
　　ア from　イ for　ウ to　エ on　　　　　　　　(　　)
(2) 下線部②の指す内容を日本語で説明しなさい。
　　(　　　　　　　　　　　　　　　　　　　　　　　　　　　)
(3) 下線部③の〔 〕内の語を並べかえて、意味の通る英文にしなさい。
　　I didn't know ＿＿＿＿＿＿＿＿＿＿＿＿＿＿＿＿＿.
(4) ④の( )に適する語を書きなさい。
　　＿＿＿＿＿＿＿＿＿＿＿
(5) 下線部⑤が「～でいっぱいだった」という意味になるように、( )に適する語を書きなさい。
　　I was ＿＿＿＿＿＿＿ ＿＿＿＿＿＿＿ anxiety.

⑤ 次の日本文に合うように、＿＿＿に適する語を書きなさい。
(1) 今日は落ち込んでいます。
　　I ＿＿＿＿＿＿＿ ＿＿＿＿＿＿＿ today.
(2) 彼はパーティーでスピーチをしなければなりません。
　　He has to ＿＿＿＿＿＿＿ a ＿＿＿＿＿＿＿ at the party.
(3) 私の意見はあなたのものと違っています。
　　My opinion is ＿＿＿＿＿＿＿ ＿＿＿＿＿＿＿ yours.
(4) 新しいことに挑戦するのをこわがらないでください。
　　Don't be ＿＿＿＿＿＿＿ ＿＿＿＿＿＿＿ try new things.
(5) 私の妹はすぐに火を起こしました。
　　My sister ＿＿＿＿＿＿＿ a ＿＿＿＿＿＿＿ quickly.

⑥ 次の日本文を英語になおしなさい。
(1) 北海道でどこを訪れたらよいか私に教えてください。
　　＿＿＿＿＿＿＿＿＿＿＿＿＿＿＿＿＿＿＿＿＿＿＿＿
(2) もし私があなただったら、一人でそこに行かないだろうに。
　　＿＿＿＿＿＿＿＿＿＿＿＿＿＿＿＿＿＿＿＿＿＿＿＿

重要ポイント

④ (1)「～に引っ越す」を英語で表す。
(2) 直前の文を参照。
(3) 〈疑問詞＋to＋動詞の原形〉の形を作る。
(4) 直後の〈to＋動詞の原形〉とつないだときに意味の通る疑問詞を答える。
(5)「いっぱいの」という意味の full を使った表現。

⑤ (1) feel down「落ち込む」
(2) make a speech「スピーチをする」
(3) be different from ～「～と違っている」
(4) be afraid to ～「～するのがこわい」
(5) build a fire「火を起こす」

Unit 7 ～ Let's Read 3

⑥ (1)「どこを訪れたらよいか」は〈where to＋動詞の原形〉で表す。
(2)「もし私があなただったら」は仮定法で表す。

ちょっとBREAK　「時間」は hour、「分」は minute。では「秒」は英語で何と言うでしょうか。　　➡答えは次のページ

解答 ▶ p.36

実力判定テスト　ステージ3　▶ Unit 7 〜 ▶ Let's Read 3　30分　/100　読 聞 書 話

1 LISTENING 対話と質問を聞いて，その答えとして適するものを１つ選び，記号で答えなさい。
♪ l14　2点×3（6点）

(1) ア　Koki does.
イ　Koki's father does.
ウ　Ellen's father does.
エ　Ellen's brother does.　（　　　）

(2) ア　At school.
イ　At home.
ウ　In the library.
エ　At her friend's house.　（　　　）

(3) ア　Yes, he did.
イ　No, he didn't.
ウ　Yes, he has.
エ　No, not yet.　（　　　）

2 次の文の＿＿に，（　）内の語を適する形にして書きなさい。　2点×3（6点）

(1) If I ＿＿＿＿＿＿ free, I could enjoy dinner with you. (be)

(2) I would send her a message if I ＿＿＿＿＿＿ her e-mail address. (know)

(3) If he ＿＿＿＿＿＿ not have pain in his foot, he could win this game. (do)

3 次の日本文に合うように，＿＿に適する語を書きなさい。　3点×6（18点）

(1) あなたはいつでもこれらのコンピュータを利用することができます。
You have ＿＿＿＿＿＿ ＿＿＿＿＿＿ these computers anytime.

(2) 彼は音楽を勉強するためにニューヨークに行く予定です。
He is going to go to New York in ＿＿＿＿＿＿ ＿＿＿＿＿＿ study music.

(3) あなたはまるで病気であるかのように見えます。
You look ＿＿＿＿＿＿ ＿＿＿＿＿＿ you are sick.

(4) 彼は私に欲深くなってはいけないと教えました。
He taught me ＿＿＿＿＿＿ ＿＿＿＿＿＿ be greedy.

(5) そのホールは生徒たちでいっぱいでした。
The hall was ＿＿＿＿＿＿ ＿＿＿＿＿＿ students.

(6) 火を起こすのは容易ではありません。
It's not easy to ＿＿＿＿＿＿ a ＿＿＿＿＿＿.

4 次の各組の文がほぼ同じ内容を表すように，＿＿に適する語を書きなさい。　5点×3（15点）

(1) I have the work, so I can't go to the sea today.
I ＿＿＿＿＿＿ go to the sea today if I ＿＿＿＿＿＿ not have the work.

(2) I don't know what I should teach her.
I don't know ＿＿＿＿＿＿ ＿＿＿＿＿＿ teach her.

(3) Please tell me when I should arrive there.
Please tell me ＿＿＿＿＿＿ ＿＿＿＿＿＿ arrive there.

ちょっとBREAKの答え　second と言います。second にはほかに「ちょっとの間」という意味もあります。

| 目標 | ● 〈疑問詞＋to＋動詞の原形〉の意味を理解しましょう。●仮定法の文の形を覚えましょう。 | 自分の得点まで色をぬろう！ |

自分の得点まで色をぬろう！

😫がんばろう！　　😊もう一歩　😄合格！
0　　　　　　　　　　　60　80　100点

5 次の英文を読んで，あとの問いに答えなさい。　　　　　　　　　　　　　（計19点）

　It's important to respect each other and try to understand each other.　I learned ①this from my experiences in Japan. If I ②(can) speak to that worried girl of three years ago, I would say, "③There's no need (　　　)(　　　).　You're going to have a wonderful adventure in (　④　)!"

(1)　下線部①が指す内容を日本語で説明しなさい。　　　　　　　　　　　　　（5点）

　（ 　　　　　　　　　　　　　　　　　　　　　　　　　　　　　　　　 ）

(2)　②の（　）内の語を適する形にかえなさい。　　　　　　　　　　　　　　（4点）

_____

(3)　下線部③が「何の心配もいりません」という意味になるように，（　）に適する2語を書きなさい。　　　　　　　　　　　　　　　　　　　　　　　　　　　　　　（5点）

　　There's no need _____ .

(4)　④の（　）に適する語を本文中から抜き出して書きなさい。　　　　　　　（5点）

_____

6 〔　〕内の語を並べかえて，日本文に合う英文を書きなさい。　　　6点×2（12点）

(1)　私はどんなスポーツを練習したらよいか知りたいです。

　　〔 sport / I / to / to / want / know / practice / what 〕.

_____

(2)　もし私が車を運転できたら，とても幸せだろうに。

　　〔 could / be / if / very / I'd / happy / I / drive 〕.

_____

7 次の日本文を英語になおしなさい。　　　　　　　　　　　　　　　　6点×3（18点）

(1)　もし私が忙しくなかったら，あなたと一緒に買い物に行けるのに。

_____

(2)　私は明日何を持ってきたらよいかわかりません。

_____

(3)　私は彼女にピアノの弾き方を教えて欲しいです。

_____

8 次の質問に，あなた自身の答えを英語で書きなさい。　　　　　　　　　　（6点）

What would you do if you lived in the sea?

_____

定期テスト対策　予想問題　第7回 p.126〜128

Unit 7 〜 Let's Read 3

確認のワーク　ステージ 1　Unit 8 Goodbye, Tina ①　読 聞 書 話

教科書の 要点　仮定法（I wish 〜 .）

　♪ a28

I wish you **weren't** leaving.　あなたが去らなければいいのに。

　　　　　　　動詞の過去形（be 動詞の場合は，were を使う）

〈I wish ＋主語＋（助）動詞の過去形〜.〉
「もしも（今）〜だったらいいのに」

I wish I could stay.　私がとどまることができたらいいのに。

　　　　　助動詞の過去形

要点
● 「もしも（今）〜だったらいいのに」と，現在の事実とは異なることや，簡単には実現しないと思われることに対する願望を表すときは，I wish に続く文の中で動詞の過去形を使う。
● be 動詞の場合は were を使い，助動詞を伴う場合は，助動詞の過去形を使う。

Wordsチェック　次の英語は日本語に，日本語は英語になおしなさい。

□(1) ambitious 　（　　　　　）　□(2) usual 　（　　　　　）
□(3) goodbye 　（　　　　　）　□(4) 退屈した 　＿＿＿＿＿＿＿
□(5) 〜以内に [で] 　＿＿＿＿＿＿＿

1 絵を見て例にならい，「私が（今）〜だったらいいのに」という文を書きなさい。

 know
 (1) have
 (2) be
 (3) Hello! My name is... Hello! can speak

例　I wish I knew her e-mail address.
(1) I ＿＿＿＿＿＿＿＿＿＿＿＿＿＿＿＿＿＿ a sister.
(2) I ＿＿＿＿＿＿＿＿＿＿＿＿＿＿＿＿＿＿ younger.
(3) I ＿＿＿＿＿＿＿＿＿＿＿＿ English as well as you.

ここが ポイント
（助）動詞を過去形にして，〈I wish ＋主語＋（助）動詞の過去形〜〉の形を作る。

2 次の英文を下線部に注意して日本語になおしなさい。
(1) I wish I <u>had</u> time to talk with her.
　（　　　　　　　　　　　　　　　　　　）
(2) I wish he <u>were</u> my friend.
　（　　　　　　　　　　　　　　　　　　）

ミス注意
I wishに続く文の中では（助）動詞の過去形を使うが，内容は現在についての仮定。

くou の発音はいろいろある。例 round[ráund] / bought[bɔ́ːt]

3 次の日本文に合うように，（　）内から適する語を選び，記号を○で囲みなさい。

(1) あなたが私の家の近くに住んでいればいいのに。
I wish you （ア live　イ lived）near my house.

(2) 雨が降っていなければいいのに。
I wish it （ア isn't　イ weren't）raining.

(3) 私が地図を持っていればいいのに。
I （ア wish　イ hope）I had a map.

(4) あの俳優が私のお父さんならいいのに。
I wish that actor （ア is　イ were）my father.

(5) もっと速く走ることができたらいいのに。
I wish I （ア can　イ could）run faster.

4 〔　〕内の語句を並べかえて，日本文に合う英文を書きなさい。

(1) 自分自身の部屋があればいいのに。
I〔I / own / had / wish / my / room〕.
I _____.

(2) 世界中を旅行できたらいいのに。
〔the world / wish / I / travel / I / around / could〕.
_____

(3) 今日私が仕事をする必要がないならいいのですが。
〔I / didn't / wish / have / I / to / today / work〕.
_____

5 次の日本文に合うように，____に適する語を書きなさい。

(1) 無事な旅を祈ります。
_____ a _____ trip!

(2) 私は彼と連絡を取り合いたくありません。
I don't want to keep _____ _____ with him.

(3) ここでは1年中とても暑いです。
It's very hot here _____ year _____.

(4) この映画を見たら，あなたは退屈しませんよ。
You won't _____ _____ if you watch this movie.

WRITING Plus

次のようなとき，英語でどのように言うか書きなさい。

自分が上手に歌えたらいいのにという願望を伝えるとき。

_____

解答 ▶ p.38

教科書の 要点 手紙の書き出しと結びの言葉 / be there for 〜 🎵 a29

Dear Mr. Smith,　　　親愛なるスミス先生へ

　　Dear 〜,「親愛なる〜へ」

Thank you for being there for me.　　私の支えになっていただきありがとうございます。

　　　be there for 〜「〜の助け[支え]になる」

Sincerely, Tom　　敬具，トム

　　Sincerely,「敬具」

要点

● 書き出しには相手の名前を記載する。Dear の後に名前，コンマの順に書いていく。親しい間柄では敬称(Mr. や Ms. など)を付けないこともある。

● 本文の後には結びの言葉とコンマを入れ，自分の名前を記載する。

● 結びの言葉は，手紙の内容や相手との関係などによって使い分けられる。

　よく使われる結びの言葉
　・Sincerely「敬具」
　・Regards「よろしく」
　・Love「愛を込めて」
　・Your friend「あなたの友達」

● be there for 〜は「〜の助け[支え]になる」という意味を表す。Thank you for の後に続ける場合は，−ing 形(動名詞)の形にする。

Wordsチェック 次の英語は日本語に，日本語は英語になおしなさい。

□(1) friendship 　　　　（　　　　　　　）　　□(2) midnight 　　　　（　　　　　　　）

□(3) 〜を受け入れる 　＿＿＿＿＿＿＿　　□(4) 助けになる 　＿＿＿＿＿＿＿

よく出る ① 次の英文を日本語になおしなさい。

(1) I don't know what to say to you.

　（　　　　　　　　　　　　　　　　　　　　　）

(2) I was glad that Kota was friendly to us.

　（　　　　　　　　　　　　　　　　　　　　　）

(3) She tried to make us laugh.

　（　　　　　　　　　　　　　　　　　　　　　）

(4) He helped me clean the room.

　（　　　　　　　　　　　　　　　　　　　　　）

ここが ポイント

(1)〈what to＋動詞の原形〉「何を〜するか」
(2)〈感情を表す形容詞＋that 〜〉「〜(である)ことについて…」
(3)〈make＋人＋動詞の原形〉「人に〜させる」
(4)〈help＋人＋動詞の原形〉「人が〜するのを手伝う」

2 〔　〕内の語句を並べかえて，日本文に合う英文を書きなさい。

表現メモ
(1)help 〜 with …「〜が…するのを手伝う」
(2)not only 〜 but also …「〜ばかりでなく…も」
(3)take care of 〜「〜の世話をする」

(1) あなたは私が宿題をするのを手伝ってくれました。
〔 me / homework / you / with / helped / my 〕.

_____

(2) 彼は親切なだけでなく正直でもあります。
〔 also / is / kind / not / he / only / but / honest 〕.

_____

(3) その男の子はよくその犬の世話をしました。
〔 often took / the dog / care / the boy / of 〕.

_____

3 次の日本文に合うように，_____に適する語を書きなさい。

表現メモ
(2)feel lost「途方に暮れる」
(3) be on one's side「〜の味方である」
(4)do one's best「最善を尽くす」
(5)be good at 〜「〜が上手だ」
(6)feel down「落ち込む」

(1) 君のおかげだよ。
That's _____ of you.

(2) 私はそのとき途方に暮れました。
I _____ _____ then.

(3) 彼女はいつも私の味方でした。
She was always on _____ _____.

(4) 最善を尽くすことはとても重要です。
It's very important to _____ your _____.

(5) 私はダンスが上手ではありませんでした。
I was not _____ _____ dancing.

(6) 私はときには落ち込むことがありました。
I sometimes _____ _____.

4 次の日本文を英語になおしなさい。

(1) 親愛なる私の娘へ，

_____

(2) 私はいつまでもあなたの笑顔を覚えているでしょう。

_____

(3) 私はさようならを言いたくありません。

_____

Unit 8

WRITING Plus
次のようなとき，英語でどのように言うか書きなさい。
相手があなた自身にしてくれたことに対する感謝の気持ちを伝えるとき。

_____

解答 ▶ p.38

確認のワーク　ステージ1　**You Can Do It! 3** 3年間を締めくくる言葉を考えよう　読 聞 書 話

教科書の 要点　Nothing is so ＋形容詞＋ as ....　♪ a30

Life and peace are my treasure.　　　命と平和は私の宝物です。

形容詞
Nothing is so precious as them.　　それらほど大切なものはありません。

〈Nothing is so＋形容詞＋ as 〜.〉「〜ほど…なものはない」

要点

● Nothing を主語にして〈so[as]＋形容詞＋ as〉の比較の文を作ると，「…ほど 〜 なものはない」
という意味を表すことができる。

● この文の内容は，最上級を使って表現することもできる。
= They are the most precious. 「それらは最も大切です。」

プラス　〈not so[as]＋形容詞＋ as ...〉は「…ほど〜ではない」という意味を表す。
My room is as large as yours.　　　私の部屋はあなたの部屋と同じくらい広いです。
My room is not so[as] large as yours.　私の部屋はあなたの部屋ほど広くありません。

Words チェック　次の英語は日本語に，日本語は英語になおしなさい。

□(1)　Cheers!　　　　（　　　　　　　　）　　□(2)　precious　　　（　　　　　　　　）
□(3)　重要性　　　_____　　□(4)　思い出

1 絵を見て例にならい，「…ほど〜なものはありません」という文を書きなさい。

例　precious / time

(1)　important / peace

(2)　delicious / the dish you make

(3)　beautiful / snow

例　Nothing is so precious as time.

(1)　Nothing is _____ peace.

(2)　_____ the dish you make.

(3)　_____ snow.

ここが ポイント
〈so[as]＋形容詞＋ as
...〉の語順を作る。

2 次の英文を日本語になおしなさい。

(1)　Nothing is so interesting as the movie.
　　（　　　　　　　　　　　　　　　　　　　）

(2)　Nothing is so difficult as this question.
　　（　　　　　　　　　　　　　　　　　　　）

precious [préʃəs] は e の部分を強く発音するよ。

③ 次の各組の英文がほぼ同じ内容を表すように，＿＿＿に適する語を書きなさい。

(1) Health is the most important.

Nothing is ＿＿＿＿＿＿＿＿ ＿＿＿＿＿＿＿＿ as health.

(2) This bag is more expensive than mine.

My bag ＿＿＿＿＿＿＿＿ so expensive ＿＿＿＿＿＿＿＿ this one.

(3) Mt. Fuji is the most beautiful in Japan.

＿＿＿＿＿＿＿＿ is so beautiful as Mt. Fuji in Japan.

🔍 **ミス注意**

〈so[as] ＋ 形容詞 ＋ as ...〉を使って書きかえる。
(1)「健康ほど大切なものはありません。」
(2)「私のかばんはこのかばんほど高価ではありません。」
(3)「日本では，富士山ほど美しいものはありません。」

👑よく出る **④** 〔 〕内の語句を並べかえて，日本文に合う英文を書きなさい。

(1) 旅行ほどわくわくするものはありません。

Nothing 〔 so / traveling / exciting / is / as 〕.

Nothing ＿＿＿＿＿＿＿＿＿＿＿＿＿＿＿＿＿＿＿＿ .

(2) 私は戦争ほどひどいものはないと思います。

〔 think / is / as / so / nothing / terrible / war / that / I 〕.

＿＿＿＿＿＿＿＿＿＿＿＿＿＿＿＿＿＿＿＿＿＿＿＿＿＿

(3) 私はティナほど速く走ることができません。

〔 Tina / cannot / fast / run / I / so / as 〕.

＿＿＿＿＿＿＿＿＿＿＿＿＿＿＿＿＿＿＿＿＿＿＿＿＿＿

(4) 英語ほどおもしろいものはありません。

〔 so / nothing / is / interesting / English / as 〕.

＿＿＿＿＿＿＿＿＿＿＿＿＿＿＿＿＿＿＿＿＿＿＿＿＿＿

(5) この少年はハジンほど上手にバスケットボールをしません。

〔 well / this boy / doesn't / basketball / as / play / so / Hajin 〕.

＿＿＿＿＿＿＿＿＿＿＿＿＿＿＿＿＿＿＿＿＿＿＿＿＿＿

🔍 **ミス注意**

並んでいる語句を見て，どれを主語にすればよいかを考える。

⑤ 次の日本文に合うように，＿＿＿に適する語を書きなさい。

(1) なんてすばらしいⅠ年間だったのだろう。

＿＿＿＿＿＿＿＿ ＿＿＿＿＿＿＿＿ fantastic year!

(2) その写真が私に友達のことを思い出させてくれます。

The photo ＿＿＿＿＿＿＿＿ me ＿＿＿＿＿＿＿＿ my friends.

(3) 何回のコンテストがありましたか。

＿＿＿＿＿＿＿＿ ＿＿＿＿＿＿＿＿ contests were there?

📝 **表現メモ**

(2)remind ～ of ...「～に…を思い出させる」

You Can Do It! 3

WRITING Plus 🖊

次のようなとき，英語でどのように言うか書きなさい。

私にとって，友情ほど大切なものはないと言うとき。

＿＿＿＿＿＿＿＿＿＿＿＿＿＿＿＿＿＿＿＿＿＿＿＿＿＿＿＿＿＿＿＿＿＿

定着 のワーク ステージ **2** **Unit 8** 〜 **You Can Do It! 3** 読 聞 書 話

1 LISTENING 英文を聞いて，内容に合う絵を選び，記号で答えなさい。 ♪ 115

 ア イ  ウ  エ

（　　　）

2 次の各組の文がほぼ同じ内容を表すように，＿＿＿に適する語を書きなさい。

(1) This novel is the most exciting for me.

Nothing is ＿＿＿＿＿＿＿ exciting as this novel for me.

(2) Getting up early is the most difficult for me.

Nothing is ＿＿＿＿＿＿ ＿＿＿＿＿＿ as getting up early for me.

(3) My father talks faster than my brother.

My brother doesn't talk ＿＿＿＿＿＿＿ fast as my father.

(4) Writing is more interesting than reading.

＿＿＿＿＿＿＿ isn't ＿＿＿＿＿＿＿ interesting as writing.

3 〔　〕内の語句を並べかえて，日本文に合う英文を書きなさい。

(1) 鳥のように飛べたらいいのに。

〔 could / wish / I / like / I / a bird / fly 〕.

(2) 英語の勉強ほど困難なことはありません。

〔 English / is / as / so / nothing / hard / studying 〕.

(3) 彼が私といっしょにいてくれたらいいのに。

〔 he / with / I / were / wish / me 〕.

(4) 私はあの水泳選手ほど速く泳ぐことはできません。

〔 I / cannot / fast / swimmer / that / so / as / swim 〕.

(5) もっとよい成績だったらいいのに。

〔 wish / I / grades / had / I / better 〕.

重要ポイント

1 I wish を使った文に注意する。

2

テストに◎出る！

・〈Nothing is so＋形容詞＋as 〜．〉「〜ほど…なものはない」

3 (1)(3)(5) I wishに続く文の中では（助）動詞の過去形を使う。

(2)(4) 〈so＋形容詞・副詞＋as 〜〉を使った文。

得点力を UP

仮定法の文

・〈I wish＋主語＋（助）動詞の過去形〜．〉「（今）〜だったらいいのに」

4 次の対話文を読んで，あとの問いに答えなさい。

Tina: ①All the usual faces are here.　I'm so happy!

Hajin: I can't believe you're leaving within an hour.

Eri: ②Me, neither.　I wish you ③(aren't) leaving.

Tina: I know.　I wish I ④(can) stay.　I will (　⑤　) you guys so much.

(1)　下線部①を日本語になおしなさい。

（　　　　　　　　　　　　　　　　　　　　　　　　　　）

(2)　下線部②を次のように言いかえるとき，＿＿＿に適する語を書きなさい。

Neither ＿＿＿＿＿＿＿＿＿＿＿ I.

(3)　③，④の（　）内の語を適する形にかえなさい。

③ ＿＿＿＿＿＿＿＿　　　④ ＿＿＿＿＿＿＿＿

(4)　⑤の（　）に適する語を下から選び，記号で答えなさい。

ア　stay　イ　call　ウ　sad　エ　miss　　　　　（　　　）

5 次の日本文に合うように，＿＿＿に適する語を書きなさい。

(1)　彼のスピーチが長かったので，私たちは退屈しました。

His speech was long, so we ＿＿＿＿＿＿＿＿＿ ＿＿＿＿＿＿＿＿＿.

(2)　私たちは今もお互いに連絡を取り合っています。

We still keep ＿＿＿＿＿＿＿＿ ＿＿＿＿＿＿＿＿ with each other.

(3)　佐藤先生はいつも私を支えてくれました。

Ms. Sato was always ＿＿＿＿＿＿＿＿ ＿＿＿＿＿＿＿＿ me.

(4)　その店は1年中開いています。

The shop is open all ＿＿＿＿＿＿＿＿ ＿＿＿＿＿＿＿＿.

(5)　無事な旅を祈ります。

Have a ＿＿＿＿＿＿＿＿ ＿＿＿＿＿＿＿＿!

6 次の日本文を英語になおしなさい。

(1)　あなたと同じくらい上手に踊れたらいいのに。

＿＿＿＿＿＿＿＿＿＿＿＿＿＿＿＿＿＿＿＿＿＿＿＿＿＿

(2)　彼にとって英語を学ぶことほどおもしろいことはありません。

＿＿＿＿＿＿＿＿＿＿＿＿＿＿＿＿＿＿＿＿＿＿＿＿＿＿

(3)　私の妹にとって，この犬ほど大切なものはありません。

＿＿＿＿＿＿＿＿＿＿＿＿＿＿＿＿＿＿＿＿＿＿＿＿＿＿

(4)　私にもっと多くの時間があったらいいのに。

＿＿＿＿＿＿＿＿＿＿＿＿＿＿＿＿＿＿＿＿＿＿＿＿＿＿

重要ポイント

4 (1) face の意味に注意。

(2) neither は「～もまた（…し）ない」という意味を表す。

(3) I wish の後では（助）動詞を過去形にする。

(4)「（人）がいないのを寂しく思う」という意味を表す語。

5 (1) get bored「退屈する」

(2) keep in touch「連絡を取り合う」

(3) be there for ～「～の助け[支え]となる」

(4) all year round「1年中」

6 (1)(4)「もしも（今）～だったらいいのに」は〈I wish ＋主語＋（助）動詞の過去形～.〉で表す。

(2)(3)「～ほど…なものはない」は Nothing を主語にして〈so[as]＋形容詞＋as ～.〉の形で表す。

Unit 8 ～ You Can Do It! 3

ちょっと BREAK　「失敗は成功のもと」ということわざは英語で何と言うでしょうか。　　　➡答えは次のページ

解答 ▶ p.40

実力判定テスト ステージ **3** Unit 8 〜 You Can Do It! 3 **30**分 /100 読聞書話

1 LISTENING 対話と質問を聞いて，その答えとして適するものを１つ選び，記号で答えなさい。

♪ l16 2点×3（6点）

(1) ア　Her dog.　　イ　Walking.
　　ウ　Her bag.　　エ　Getting up early.　　（　　　）

(2) ア　Yes, it is.　　イ　No, it isn't.
　　ウ　Yes, he has.　　エ　No, he hasn't.　　（　　　）

(3) ア　To the zoo.　　イ　To the library.
　　ウ　To her school.　　エ　To her home.　　（　　　）

2 次の文の＿＿＿に，（　）内の語を適する形にして書きなさい。　2点×3（6点）

(1) I wish I ＿＿＿＿＿＿＿ stay in Japan. (can)

(2) I wish she ＿＿＿＿＿＿＿ my sister. (be)

(3) I wish I ＿＿＿＿＿＿＿ in Tokyo. (live)

3 次の日本文に合うように，＿＿＿に適する語を書きなさい。　3点×6（18点）

(1) これをあなたに差し上げます。
　　＿＿＿＿＿＿ something ＿＿＿＿＿＿ you.

(2) 彼のおかげだよ。
　　That's ＿＿＿＿＿＿ of him!

(3) 彼は私の妹に「無事な旅を祈ります。」と言いました。
　　He said to my sister, "＿＿＿＿＿＿ a safe ＿＿＿＿＿＿!"

(4) ここは１年中暖かいです。
　　It's warm here ＿＿＿＿＿＿ year ＿＿＿＿＿＿.

(5) 子供たちはすぐに退屈し始めました。
　　The children started to ＿＿＿＿＿＿ ＿＿＿＿＿＿ soon.

(6) 私はあなたと連絡を取り続けたいです。
　　I want to continue to ＿＿＿＿＿＿ ＿＿＿＿＿＿ touch with you.

4 次の各組の文がほぼ同じ内容を表すように，＿＿＿に適する語を書きなさい。　5点×3（15点）

(1) I'm sorry that he doesn't have enough time.
　　I wish ＿＿＿＿＿＿ ＿＿＿＿＿＿ enough time.

(2) Playing video games is the most exciting for me.
　　Nothing is so ＿＿＿＿＿＿ ＿＿＿＿＿＿ playing video games for me.

(3) Nothing is so beautiful as the picture.
　　The picture is ＿＿＿＿＿＿ ＿＿＿＿＿＿ beautiful.

ちょっとBREAKの答え　Failure teaches success.（失敗が成功を教える）と言います。

目標 ●仮定法（I wish 〜）の文，〈so ＋形容詞 ＋ as ...〉の文を理解しよう。●手紙の書き方を理解しよう。

自分の得点まで色をぬろう!
😟がんばろう!	😐もう一歩	😊合格!
0	60	80 100点

5 次の Kota（コウタ）が書いた手紙の一部を読んで，あとの問いに答えなさい。 （計19点）

①[three / we / years / the / that / spent] together were amazing. We did so many things together, （ ② ）? ③（　　　　） to you, I learned so much about the world and about myself.

(1) 下線部①の〔 〕内の語を並べかえて，意味の通る英文にしなさい。 （5点）

_____ together were amazing.

(2) ②の（ ）に適する語を下から選び，記号で答えなさい。 （4点）

ア remember イ like ウ know エ do （　　　）

(3) 下線部③が「あなたのおかげで」という意味になるように，（ ）に適する語を書きなさい。 （5点）

_____ to you

(4) 本文の内容に合うように，次の質問に英語で答えなさい。 （5点）

What did Kota learn about?

_____

6 〔 〕内の語を並べかえて，日本文に合う英文を書きなさい。 6点×2（12点）

(1) 時間ほど価値のあるものはありません。

〔 is / as / so / nothing / valuable / time 〕.

(2) 今日晴れていたらいいのに。

〔 it / wish / sunny / today / were / I 〕.

7 次の日本文を英語になおしなさい。 6点×3（18点）

(1) あなたが私といっしょに来ることができたらいいのに。

_____

(2) 私にとって写真を撮ることほどおもしろいことはありません。

_____

(3) あなたと同じくらい上手にギターが弾けたらいいのに。

_____

8 あなたがなりたいと思う動物を，I wish を使って英語で書きなさい。 （6点）

_____

Unit 8 〜 You Can Do It! 3

定期テスト対策 予想問題 第7回 p.126〜128

不規則動詞変化表

⭐ 動詞の形の変化をおさえましょう。　　　　　　　　　　　　　　[ ]は発音記号。

		原形	意味	現在形	過去形	過去分詞
A・B・C型	☐	be	～である	am, is / are	was / were	been [bín]
	☐	begin	始める	begin(s)	began	begun
	☐	do	する	do, does	did	done [dʌ́n]
	☐	drink	飲む	drink(s)	drank	drunk
	☐	eat	食べる	eat(s)	ate	eaten
	☐	give	与える	give(s)	gave	given
	☐	go	行く	go(es)	went	gone [gɔ́:n, gɑ́:n]
	☐	know	知っている	know(s)	knew	known
	☐	see	見る	see(s)	saw	seen
	☐	sing	歌う	sing(s)	sang	sung
	☐	speak	話す	speak(s)	spoke	spoken
	☐	swim	泳ぐ	swim(s)	swam	swum
	☐	take	持っていく	take(s)	took	taken
	☐	write	書く	write(s)	wrote	written
A・B・B型	☐	bring	持ってくる	bring(s)	brought	brought
	☐	build	建てる	build(s)	built	built
	☐	buy	買う	buy(s)	bought	bought
	☐	feel	感じる	feel(s)	felt	felt
	☐	find	見つける	find(s)	found	found
	☐	get	得る	get(s)	got	got, gotten
	☐	have	持っている	have, has	had	had
	☐	hear	聞く	hear(s)	heard	heard
	☐	keep	保つ	keep(s)	kept	kept
	☐	make	作る	make(s)	made	made
	☐	say	言う	say(s)	said [séd]	said [séd]
	☐	stand	立っている	stand(s)	stood	stood
	☐	teach	教える	teach(es)	taught	taught
	☐	think	思う	think(s)	thought	thought
A・B・A型	☐	become	～になる	become(s)	became	become
	☐	come	来る	come(s)	came	come
	☐	run	走る	run(s)	ran	run
A・A・A型	☐	hurt	傷つける	hurt(s)	hurt	hurt
	☐	read	読む	read(s)	read [réd]	read [réd]
	☐	set	準備する	set(s)	set	set

アプリで学習！
Challenge! SPEAKING

- ●この章は，付録のスマートフォンアプリ『文理のはつおん上達アプリ　おん達 Plus』を使用して学習します。
- ●右の QR コードより特設サイトにアクセスし，アプリをダウンロードしてください。
- ●アプリをダウンロードしたら，アクセスコードを入力してご利用ください。

おん達 Plus 特設サイト

アプリアイコン

アプリ用アクセスコード ▶ C064347

※アクセスコード入力時から 15 か月間ご利用になれます。

アプリの特長

- ●アプリでお手本を聞いて，自分の英語をふきこむと，AIが採点します。
- ●点数は「流暢度」「発音」「完成度」の３つと，総合得点が出ます。
- ●会話の役ごとに練習ができます。
- ●付録「ポケットスタディ」の発音練習もできます。

アプリの使い方

①ホーム画面の「かいわ」を選びます。

②学習したいタイトルをタップします。

 ◁トレーニング▷

① 🔊 をタップしてお手本の音声を聞きます。

② 🎤 をおして英語をふきこみます。

③点数を確認します。

- ・点数が高くなるように何度もくりかえし練習しましょう。
- ・ 🕐 をタップするとふきこんだ音声を聞くことができます。

 ◁チャレンジ▷

①カウントダウンのあと，会話が始まります。

② 🎤 が光ったら英語をふきこみます。

③ふきこんだら 🎤 をタップします。

④ "Role Change!" と出たら役をかわります。

(利用規約・お問い合わせ) https://www.kyokashowork.jp/ontatsuplus/terms_contact.html

海外旅行について

●付録アプリを使って，発音の練習をしましょう。

読 聞
書 話

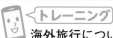

🎵 s01

📱 トレーニング

海外旅行について英語で言えるようになりましょう。

☐ Have you ever been abroad?	あなたは外国へ行ったことがありますか。 abroad：外国に［へ，で］
☐ No, I haven't.	いいえ，行ったことがありません。
☐ What country do you want to visit?	あなたはどこの国を訪れたいですか。
☐ I want to visit Australia. └ Singapore / China / Peru	私はオーストラリアを訪れたいです。
☐ Why?	なぜですか。
☐ Because I want to visit Uluru. └ see the Merlion / visit the Great Wall / visit Machu Picchu	なぜならウルルを訪れたいからです。 the Merlion：マーライオン the Great Wall：万里の長城 Machu Picchu：マチュピチュ
☐ I see.	わかりました。

📱 チャレンジ

🎵 s02

海外旅行についての英語を会話で身につけましょう。□□に言葉を入れて言いましょう。

A: Have you ever been abroad?
B: No, I haven't.
A: What country do you want to visit?
B: I want to visit ☐ .
A: Why?
B: Because I want to ☐ .
A: I see.

Challenge! SPEAKING❷
遊びに誘う

アプリで学習

●付録アプリを使って，発音
の練習をしましょう。 誘 聞 書 話

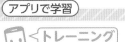 トレーニング ♪ s03

遊びに誘う英語を言えるようになりましょう。

☐ Do you have any plans for tomorrow?　明日は何か予定がありますか。
plan：予定

☐ No, I'm free tomorrow.　いいえ，明日はひまです。

☐ I have two tickets for a movie.
the museum /
the aquarium /
the amusement park
私は映画のチケットを2枚持っています。
aquarium：水族館
amusement park：遊園地

☐ Why don't we go together?　いっしょに行きませんか。

☐ Wow! Sounds good!　わあ！ いいですね！

☐ What time do you want to meet, and where?　何時にどこで会いたいですか。

☐ How about nine at the theater?
one / ten /
eight
the city hall / the bus stop /
the station
映画館に9時ではどうですか。

☐ Got it.　わかりました。

チャレンジ ♪ s04

遊びに誘う英語を会話で身につけましょう。　□□に言葉を入れて言いましょう。

A: Do you have any plans for tomorrow?
B: No, I'm free tomorrow.
A: I have two tickets for ☐ .
　Why don't we go together?
B: Wow! Sounds good!
　What time do you want to meet,
　and where?
A: How about ☐ at ☐ ?
B: Got it.

Challenge! SPEAKING❸

ファストフード店で注文

●付録アプリを使って，発音の練習をしましょう。

アプリで学習

📱 ─トレーニング─

🎵 s05

ファストフード店で注文する英語を言えるようになりましょう。

☐ May I take your order?	ご注文はお決まりですか。 order：注文
☐ Can I have a hamburger and a small French fries, please?	ハンバーガーとSのフライドポテトをいただけますか。

> a cheeseburger and a coffee /
> a large French fries and a soda /
> two hamburgers and two orange juices

☐ All right.	わかりました。
☐ Anything else?	他にご注文はありますか。
☐ That's it.	それだけです。
☐ For here, or to go?	こちらでお召し上がりですか，それともお持ち帰りですか。
☐ For here, please.	こちらで食べます。

> To go

☐ Your total is 7 dollars.	お会計は7ドルになります。

> 8 / 5 / 14

☐ Here you are.	はい，どうぞ。
☐ Thank you.	ありがとう。

📱 ─チャレンジ─

🎵 s06

ファストフード店で注文する英語を会話で身につけましょう。□□に言葉を入れて言いましょう。

A: May I take your order?
B: Can I have ☐☐ , please?
A: All right. Anything else?
B: That's it.
A: For here, or to go?
B: ☐☐ , please.
A: Your total is ☐☐ dollars.
B: Here you are.
A: Thank you.

Challenge! SPEAKING ❹

観光地について

アプリで学習

● 付録アプリを使って，発音の練習をしましょう。

読 聞 書 話

🎵 s07

📱 ◁ トレーニング ▷

観光地についての英語を言えるようになりましょう。

☐ What are you going to do during the summer vacation?

あなたは夏休みの間に何をする予定ですか。

☐ I'm thinking of visiting Okinawa.
　　　　Hokkaido / Nagasaki / Iwate

私は沖縄を訪れることを考えています。

☐ Do you recommend any places there?

そこでおすすめの場所はありますか。

☐ There is a famous aquarium.
　　　is a popular farm /
　　　are many old churches /
　　　are famous mountains

有名な水族館があります。

aquarium：水族館　　farm：農場
church：教会

☐ You can see many sea animals there.
　　　enjoy delicious food /
　　　see beautiful scenery /
　　　see beautiful nature

そこでたくさんの海の動物をみることができます。

scenery：景色　　nature：自然

☐ Sounds great.

いいですね。

🎵 s08

📱 ◁ チャレンジ ▷

観光地についての英語を会話で身につけましょう。　　に言葉を入れて言いましょう。

A: What are you going to do during the summer vacation?

B: I'm thinking of visiting 　　　 .
　 Do you recommend any
　 places there?

A: There 　　　 .
　 You can see 　　　 there.

B: Sounds great.

ショッピングモールでの案内

●付録アプリを使って，発音
の練習をしましょう。

読 聞
書 話

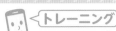

トレーニング

s09

ショッピングモールでの案内の英語を言えるようになりましょう。

☐ Excuse me.	すみません。
☐ How can I get to the bookstore? └ the *sushi* restaurant / the fruit shop / the shoe shop	書店へはどのようにしたら行くことがで きますか。
☐ Well, you are here.	ええと，あなたはここにいます。
☐ Take the escalator and go up to the third floor. └ the elevator　　　fifth / second / fourth	エスカレーターに乗って，3階へ上がっ てください。 escalator：エスカレーター elevator：エレベーター
☐ OK.	わかりました。
☐ Then turn right, and you can see it. └ left	それから右に曲がると見つかります。
☐ I see. Thank you.	わかりました。ありがとう。

チャレンジ

s10

ショッピングモールでの案内の英語を会話で身につけましょう。☐に言葉を入れて言い
ましょう。

A: Excuse me.
   How can I get to ☐ ?
B: Well, you are here.
   Take the ☐ and go up to
   the ☐ floor.
A: OK.
B: Then turn ☐ , and you can see it.
A: I see. Thank you.

Challenge! SPEAKING**⑥**

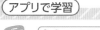 アプリで学習

誕生日パーティー

 ●付録アプリを使って，発音の練習をしましょう。

読 聞 書 話

Challenge! SPEAKING

<トレーニング> 🎵 s11

誕生日パーティーでの英語を言えるようになりましょう。

☐ Welcome to my birthday party!	ようこそ私の誕生日パーティーへ！
☐ Thank you for inviting me to the party.	このパーティーに招待してくれてありがとう。
☐ I'm happy to have you here.	ここにお迎えできてうれしいです。
☐ Please make yourself at home.	どうぞ楽にしてください。
☐ Here is a present for you.	これはあなたへのプレゼントです。
☐ Thank you so much!	どうもありがとう！
☐ Can I open it?	開けてもいいですか。
☐ Sure.	もちろんです。
☐ Wow, a beautiful scarf!	わあ，何て美しいマフラーでしょう！
☐ I love it.	とても気に入りました。

 チャレンジ 🎵 s12

誕生日パーティーでの英語を会話で身につけましょう。

A: Welcome to my birthday party!
B: Thank you for inviting me to the party.
A: I'm happy to have you here.
　 Please make yourself at home.
B: Here is a present for you.
A: Thank you so much!
　 Can I open it?
B: Sure.
A: Wow, a beautiful scarf!
　 I love it.

ディベート

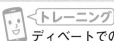

●付録アプリを使って，発音の練習をしましょう。

 s13

ディベートでの英語を言えるようになりましょう。

☐ Let's start a debate.	ディベートを始めましょう。
☐ Today's topic is "electric energy".	今日の話題は電気エネルギーです。 electric：電気の
☐ I think it's convenient for us to use electric machines.	私は私たちにとって電気機器を使うことは便利だと思います。 machine：機械
☐ You may be right, but saving energy is also important.	あなたは正しいかもしれませんが，エネルギーを節約することも大切です。
☐ It's better to use sustainable energy, such as solar energy.	太陽光エネルギーのような持続可能なエネルギーを使うことがより良いです。 sustainable：持続可能な
☐ I have a question about sustainable energy.	持続可能なエネルギーについて質問があります。
☐ How many countries is it used in?	いくつの国でそれは使われていますか。
☐ According to this article, sustainable energy is now used by many countries.	この記事によると，持続可能なエネルギーは今，多くの国で使われています。

 s14

ディベートでの英語を会話で身につけましょう。

A: Let's start a debate. Today's topic is "electric energy".

B: I think it's convenient for us to use electric machines.

A: You may be right, but saving energy is also important.
　It's better to use sustainable energy, such as solar energy.

B: I have a question about sustainable energy.
　How many countries is it used in?

A: According to this article,
　sustainable energy is now used
　by many countries.

● **現在完了形**...

過去からつながる現在の動作・状態は〈have[has]＋過去分詞〉で表す。この形を現在完了形という。

肯	主語＋have[has]＋過去分詞 ～.
否	主語＋have[has] not＋過去分詞 ～.
疑	Have＋主語＋過去分詞 ～？ — Yes, 主語＋have[has]. / No, 主語＋have[has] not.　※答えるときもhave[has]を使う。

■ **継続用法**　「ずっと～している」のように過去のあるときに始まった状態が今も続いていることを表す。

I **have lived** in Tokyo **since** 2013.　私は 2013 年から東京に住んでいます。

● **継続用法でよく使われるforとsince**

・〈for＋期間を表す語句〉　for three days　3日間
・〈since＋ある一時点〉　since 2020　2020年以来

● **継続用法でよく使われる疑問文**

How long ～？　どれくらいの間～
　How long have you lived in Japan?
　どれくらいの間あなたは日本に住んでいますか。

■ **経験用法**　「～したことがある」のように過去から現在までに経験したことを表す。

Yuki **has visited** America **three times**.　ユキはアメリカを 3 回訪れたことがあります。

● **経験用法でよく使われる語句**

never　一度も～ない　　⎫→過去分詞の前に
ever　これまでに（疑問文で）⎰　　置く
before　以前に　　once　一度, かつて⎫→文末
twice　2回　　～ times　～回　　⎰　に置く

● **経験用法でよく使われる疑問文**

Have[Has]＋主語＋ever＋過去分詞 ～？　これまでに～
　Have you ever played *shogi*?
　あなたはこれまでに将棋をしたことがありますか。
How many times[How often] ～？　何回～
　How many times have you visited Kyoto?
　何回あなたは京都を訪れたことがありますか。

■ **完了用法**　「～したところだ」「～してしまった」のように現時点で動作が完了したことを表す。

I **have just read** the book.　私はちょうどその本を読んだところです。

● **完了用法でよく使われる語句**

just　ちょうど / already　すでに, もう →過去分詞の前に
yet　[否定文]まだ～しない　[疑問文]もう →文末

● **完了用法でよく使われる疑問文**

Have[Has]＋主語＋過去分詞 ～＋yet?　もう～
　Have you finished your homework yet?
　あなたはもう宿題を終えましたか。

● **現在完了進行形**...

過去から現在まで継続している動作・行為は〈have[has] been＋動詞の –ing 形〉で表す。この形を現在完了進行形という。

It **has been snowing** since last Sunday.　先週の日曜日からずっと雪が降り続いています。

● **いろいろな文の形**...

■ 〈call[name]＋～（人）＋...（名前）〉で「～を…と呼ぶ[名づける]」を表す。
　〈make＋～（人）＋...（形容詞）〉で「～を…の状態にする」を表す。
　We **call** *the boy* Ken.　私たちはその男の子をケンと呼びます。　　⚠ この2つの文の形では，the boy=Ken, me=happy の関係になる。
　The news **made** *me* happy.　そのニュースは私を幸せにしました。

■ 〈tell[show, teach]＋～（人）＋that ...〉で「～に…を見せる[伝える，教える]」を表す。
　I will **tell** *Tom* **that** our team won the game.　私はトムに私たちのチームが試合に勝ったことを伝えるつもりです。

● **いろいろな不定詞**...

■ 〈want[ask, tell]＋人＋to＋動詞の原形〉で「…（人）に～してほしい[するように頼む，言う]」を表す。

want＋人＋to＋動詞の原形 ～　人に～してほしい
ask＋人＋to＋動詞の原形 ～　　人に～するように頼む
tell＋人＋to＋動詞の原形 ～　　人に～するように言う

⚠ I want to read the book. → 本を読むのは，I
私はその本を読みたいです。
I want you to read the book. → 本を読むのは，you
私はあなたにその本を読んでもらいたいです。

■ 〈It is＋形容詞＋(for ...)＋to＋動詞の原形.〉で「(…にとって)〜することは—だ」を表す。
It is difficult for me to speak English.　英語を話すことは私にとって難しい。

⚠ It は to 〜以下を指す。for のあとに代名詞がくるときは目的格にする。

> ●〈It is＋形容詞＋(for ...)＋to＋動詞の原形.〉でよく使われる形容詞
> difficult　難しい　　hard　難しい　　easy　簡単な　　important　重要な

● 間接疑問文

疑問詞で始まる疑問文が別の文の中に組み込まれるとき、
〈疑問詞＋主語＋動詞〉の語順になる。この形を間接疑問という。
〈疑問詞＋主語＋動詞〉は動詞の目的語になる。
　　　Who is that girl?　あの女の子はだれですか。
I know **who that girl is.**　私はあの女の子がだれか知っています。

⚠ 疑問詞が主語になる文を間接疑問の文で表すときは、語順は同じ。
Who made this cake?
→ I don't know who made this cake.
私はだれがこのケーキを作ったのか知らない。

● 関係代名詞

2つの文をつなぎ、名詞を後ろから修飾する文を導くものを関係代名詞という。修飾される名詞は先行詞という。関係代名詞には who, which, that があり、先行詞が「人」のときは who、「もの」のときは which を使う。that は先行詞が何であっても使うことができる。

■ 主格の関係代名詞

関係代名詞が主語の働きをし、あとに動詞が続く。〈先行詞＋関係代名詞＋動詞 〜〉の形。

先行詞	関係代名詞	
人	who	I know *a girl* who speaks English well.　私は英語を上手に話す女の子を知っています。
もの	which	*The house* which stands there is Ken's.　そこに立っている家はケンのです。
人・もの	that	I have *a friend* that lives in Osaka.　私には大阪に住んでいる友人がいます。

⚠ 関係代名詞のあとの動詞は先行詞の人称・数に一致させる。
I have a girl who speaks English well.　※ a girl が 3 人称単数で現在の文なので who のあとの動詞は speaks。

■ 目的格の関係代名詞

関係代名詞が目的語の働きをし、あとに〈主語＋動詞〉が続く。〈先行詞＋関係代名詞＋主語＋動詞 〜〉の形。

先行詞	関係代名詞	
もの	which	*The movie* which I saw was exciting.　私が見たその映画はわくわくしました。
人・もの	that	*The boy* that I met yesterday is Tom.　私が昨日会った男の子はトムです。

⚠ 目的格の関係代名詞は省略できる。※主格の関係代名詞は省略できない。
This is *the book* (**that**) I wanted. これは私が欲しかった本です。

● 後置修飾

現在分詞(動詞の ing 形)や過去分詞が名詞を後ろから修飾して、
「〜している…」「〜された…」という意味を表す。
I have *a friend* living in Kyoto.　私には京都に住んでいる友人がいます。
This is *a letter* written in English.　これは英語で書かれた手紙です。

⚠ 現在分詞や過去分詞が 1 語で名詞を説明するときは、名詞の前に置く。
a crying baby(泣いている赤ちゃん)
a broken window(壊れた窓)

● 仮定法

「〜ならいいのに」と現実とは異なる願望を言うときは、
〈I wish[If 主語＋過去形] 〜, 主語＋過去形 ....〉で表す。
I wish I could speak French.　フランス語を話せればいいのに。
If I had a lot of money, I would buy a car.
もしたくさんお金を持っていれば、車を買うのに。

⚠ 仮定法では、be 動詞は主語に関わらず were を使うことが多い。
I wish I were a bird.
私が鳥ならいいのに。

定期テスト対策

得点アップ！ 予想問題

1
この「**予想問題**」で
実力を確かめよう！

時間も
はかろう

2
「**解答と解説**」で
答え合わせをしよう！

3
わからなかった問題は
戻って復習しよう！

この本での
学習ページ

スキマ時間でポイントを確認！
別冊「**スピードチェック**」も使おう

●予想問題の構成

回数	教科書ページ	教科書の内容	この本での学習ページ
第1回	9〜17	Unit 1	4〜13
第2回	21〜30	Unit 2 〜 Daily Life Scene 2	14〜25
第3回	31〜49	Unit 3 〜 You Can Do It! 1	26〜41
第4回	51〜64	Unit 4 〜 Daily Life Scene 3	42〜55
第5回	65〜74	Unit 5 〜 Daily Life Scene 4	56〜67
第6回	75〜87	Unit 6 〜 You Can Do It! 2	68〜81
第7回	89〜111	Unit 7 〜 Unit 8 〜 You Can Do It! 3	82〜103

英語3年　光村図書版

解答 ▶ p.42

第**1**回
予想問題

Unit 1

読 聞
書 話

30分

/100

🎧 **1** **LISTENING** 対話を聞いて，その内容に合うように（ ）に適する日本語または数字を書きなさい。

♪ t01 3点×3（9点）

- トムは先週，図書館から（ ① ）冊の本を借りた。
- トムの借りた本は（ ② ）についてのものである。
- トムの借りた本はトムのいちばん好きな（ ③ ）によって書かれた。

①		②	
③			

2 次の日本文に合うように，＿＿＿に適する語を書きなさい。 5点×4（20点）

(1) 私たちのクラブは毎年，劇を上演します。

Our club puts on ＿＿＿＿＿＿ ＿＿＿＿＿＿ every year.

(2) なぜならブラウン先生は教え方がうまいからです。

That ＿＿＿＿＿＿ ＿＿＿＿＿＿ Ms. Brown is good at teaching.

(3) 明日は昼食を持ってくる必要があります。

You ＿＿＿＿＿＿ ＿＿＿＿＿＿ bring your lunch tomorrow.

(4) 生徒たちは2つのグループに分けられました。

The students were ＿＿＿＿＿＿ ＿＿＿＿＿＿ two groups.

(1)		(2)	
(3)		(4)	

3 次の文を（ ）内の指示にしたがって書きかえなさい。 5点×4（20点）

(1) I fixed my bike. Kota helped it. （ほぼ同じ内容を表す1文に）

(2) His classmates call him Nick. （下線部を主語にした文に）

(3) Inuyama Castle was built in 1537. （下線部をたずねる疑問文に）

(4) This hat is made in Japan. （疑問文に）

(1)	
(2)	
(3)	
(4)	

4 次の英文を読んで，あとの問いに答えなさい。 (計27点)

Hi, I'm Nori.　Let me introduce elementary school life in Rwanda（　①　）you. Rwanda is in east Africa and close（　①　）the equator.　②It is called "the country of a thousand hills."　From the hills, ③you can see lots of beautiful stars at night. People are nice, kind, and friendly here.　Our school stands on top of one of the hills. It has about 2,500 students.　④At our school, some students start classes at 7:20 a.m. and go home at 12:20 p.m.　The other students start classes at 12:40 p.m.　That is because we don't have enough teachers or classrooms.

(1) ①の（ ）に共通して入る語を書きなさい。 (4点)

(2) 下線部②を，It が何を指すかを明らかにして日本語にしなさい。 (6点)

(3) 下線部③とほぼ同じ内容を表すように，____に適する語を書きなさい。 (5点)
　　 lots of beautiful stars _____ _____ _____ at night

(4) 下線部④の理由を日本語で答えなさい。 (6点)

(5) 本文の内容に合うように，次の質問に英語で答えなさい。 (6点)
　　 What are people in Rwanda like?

(1)		(2)	
(3)			
(4)			
(5)			

5 次の日本文を英語になおしなさい。 6点×4（24点）

(1) この車はどこで作られましたか。

(2) 私をそこに行かせて。

(3) エリ(Eri)はきのう，私がケーキを焼くのを手伝ってくれました。

(4) 私は彼にもっと懸命に数学を勉強すべきだと言うつもりです。

(1)	
(2)	
(3)	
(4)	

第**2**回 予想問題

Unit 2 〜 Daily Life Scene 2

読 聞
書 話

30分

解答 ▶ p.42

/100

1 LISTENING (1)〜(3)の対話を聞き，それぞれの対話の中でチャイムのところに入る適切な英文を，ア〜エから１つ選び，その記号を書きなさい。 ♪ t02 5点×3(15点)

(1) ア Thank you.　　　　　　　　イ You should do it now.
　　ウ I've already finished it.　　エ I'll help you with your homework.

(2) ア No.　I went there last year.　イ Yes.　She's been there for five years.
　　ウ Never.　It's my first time.　エ Yes.　We can leave next week.

(3) ア Three times.　　イ Never.　　ウ Last Sunday.　　エ It was sunny.

(1)		(2)		(3)	

2 次の日本文に合うように，＿＿に適する語を書きなさい。 4点×4(16点)

(1) 英語を話すことを恐れてはいけません。
　　Don't be ＿＿＿＿＿＿ ＿＿＿＿＿＿ speaking English.

(2) 私は料理に全然興味がありません。
　　I'm not interested in cooking ＿＿＿＿＿＿ ＿＿＿＿＿＿.

(3) 私はそのような大きな犬は一度も見たことがありません。
　　I've never seen ＿＿＿＿＿＿ ＿＿＿＿＿＿ big dog.

(4) 私たちは彼に追いつくことができませんでした。
　　We couldn't ＿＿＿＿＿＿ ＿＿＿＿＿＿ with him.

(1)		(2)	
(3)		(4)	

3 次の文を（ ）内の指示にしたがって書きかえなさい。 5点×4(20点)

(1) You read all the books on the desk. (「もう〜しましたか」の文に)

(2) She didn't watch the new movie. (「まだ〜していません」の文に)

(3) Your father visited Rwanda. (「これまでに〜したことがありますか」の文に)

(4) He has seen your sister <u>twice</u>. (下線部をたずねる疑問文に)

(1)	
(2)	
(3)	
(4)	

4　次の対話文を読んで，あとの問いに答えなさい。　　　　　　　　　　　（計24点）

Hajin: What's up （　①　） Kota?　②Have you ever seen him like that?
Eri:　No, ③never. He's changed （　④　）.
　　　（中略）
Eri:　Look at the sunset!
Kota: Wow. ⑤[never / sunset / a / seen / I've / such / beautiful].

(1)　①の（　）に適する語を書きなさい。　　　　　　　　　　　　　　　（4点）
(2)　下線部②を日本語になおしなさい。　　　　　　　　　　　　　　　　（5点）
(3)　下線部③に省略されている語を補って，主語と動詞のある文にしなさい。　（6点）
(4)　④の（　）に適する語を下から選び，記号で答えなさい。　　　　　　（4点）
　　ア　late　　イ　lately　　ウ　later
(5)　下線部⑤の[　]内の語を並べかえて，意味の通る英文にしなさい。　　（5点）

(1)		(2)	
(3)			(4)
(5)			

5　[　]内の語句を並べかえて，日本文に合う英文を書きなさい。　　6点×3(18点)
(1)　私はもうあなたのEメールを受け取りました。
　　[e-mail / have already / your / I / received].
(2)　彼は仕事を変えようと決心しました。
　　[has / to / decided / jobs / he / change].
(3)　私たちはちょうど森先生と話したところです。
　　[Mr. Mori / have / just / we / talked / with].

(1)	
(2)	
(3)	

6　次の日本文を英語になおしなさい。　　　　　　　　　　　　　　　　（7点）
　　あなたは何回，海外へ行ったことがありますか。

Unit 3 〜 You Can Do It! 1

読聞
書話

解答▶p.43

30分

/100

1 LISTENING　英文を聞いて，その内容に合うように（　）に適する日本語を書きなさい。

♪t03 3点×3(9点)

- アンディはよく（　①　）にいる叔父を訪ねる。
- アンディの叔父にとって（　②　）をすることは難しい。
- アンディと彼の叔父は普通は（　③　）をいっしょにする。

①		②	
③			

2 次の日本文に合うように，＿＿に適する語を書きなさい。　　5点×4(20点)

(1)　この歌はいつも私に私の母のことを思い出させます。

　　This song always ＿＿＿＿＿＿＿＿ me ＿＿＿＿＿＿＿＿ my mother.

(2)　私はそのとき初めて福島に行きました。

　　I went to Fukushima for the ＿＿＿＿＿＿＿＿ ＿＿＿＿＿＿＿ then.

(3)　私はその町が今，危険な状態にあると思います。

　　I think that the town is ＿＿＿＿＿＿＿＿ ＿＿＿＿＿＿＿＿ now.

(4)　彼はニューヨークで生まれ育ちました。

　　He was born and ＿＿＿＿＿＿＿＿ ＿＿＿＿＿＿＿＿ in New York.

(1)		(2)	
(3)		(4)	

3 次の文を（　）内の指示にしたがって書きかえなさい。　　5点×4(20点)

(1)　I'm a fan of the singer. （文末に for five years を加えて現在完了の文に）

(2)　Eri started doing her homework.　She is still doing it. （ほぼ同じ内容を表す1文に）

(3)　I couldn't finish the work. （It で始まる文に）

(4)　You have been learning Spanish <u>since last year</u>. （下線部をたずねる疑問文に）

(1)	
(2)	
(3)	
(4)	

4 西村さんの書いた次の英文を読んで，あとの問いに答えなさい。 (計21点)

I am not an A-bomb survivor. So ①(　　　) first ②it was difficult for me to talk about the A-bombing without personal experience. Then one day I learned about Mr. Floyd Schmoe. （中略）

I have been ③(learn) from him and acting as a peace volunteer (　④　) then. I'd like to introduce his words to you — "⑤Peace can't be built by words alone. Action must be taken."

(1) 下線部①が「最初は」という意味になるように，（　）に適する語を書きなさい。 (4点)
(2) 下線部②について，何をすることが難しかったのかを具体的に日本語で書きなさい。(5点)
(3) ③の（　）内の語を適する形にかえなさい。 (4点)
(4) ④の（　）に適する語を下から選び，記号で答えなさい。 (3点)
　　ア for　　イ since　　ウ in
(5) 下線部⑤を日本語になおしなさい。 (5点)

(1)		(2)	
(3)			
(4)		(5)	

5 〔　〕内の語句を並べかえて，日本文に合う英文を書きなさい。 6点×2(12点)

(1) あなたにとって早起きすることは難しいですか。
　　〔 get up / is / you / difficult / it / for / to / early 〕?
(2) 私は3時間ずっとテレビゲームをしています。
　　〔 have / video games / three hours / been / I / playing / for 〕.

(1)	
(2)	

6 次の日本文を英語になおしなさい。 6点×3(18点)

(1) 私たちは長い間ずっと島根に住んでいます。
(2) 彼にとって，毎日英語を勉強することは必要です。
(3) 私の弟は10時間眠り続けています。

(1)	
(2)	
(3)	

第**4**回
予想問題

Unit 4 〜 Daily Life Scene 3

読　聞
書　話

30分

/100

🎧 **1** LISTENING　英文を聞いて，その内容に合うように（　）に適する日本語を書きなさい。

♪ t04　4点×3(12点)

┌─────────────────────────────────┐
・ケンには，（　①　）の上手な友達がいる。

・その友達は日曜日に（　②　）で練習する。

・その友達はテレビで（　③　）を見る。
└─────────────────────────────────┘

①		②	
③			

2 関係代名詞 that が入る最も適切な位置の記号を答えなさい。　4点×3(12点)

(1)　My father　has　caps　were　made in Italy.
　　　　　　　ア　　イ　　ウ　　　エ

(2)　The man　is standing　behind the tree　is　my cousin.
　　　　　　ア　　　　イ　　　　　　　ウ　エ

(3)　I run　a store　is located　near　the post office.
　　　ア　イ　　　　ウ　　　　エ

(1)		(2)		(3)	

3 次の2つの文を，関係代名詞を使って1文にしなさい。　5点×4(20点)

(1)　This is a restaurant.　It is popular in this city.

(2)　I want to take the bus.　It goes to Nara.

(3)　I know an artist.　She has many houses.

(4)　The cake is for you.　It was baked this morning.

(1)	
(2)	
(3)	
(4)	

4 次の英文を読んで，あとの問いに答えなさい。 (計21点)

　AI technology has ①(make) great progress lately.　It has become a part of our daily lives.　(②) example, the Internet search engines use AI technology. ③Smartphones which respond to voice commands are common these days.　Robots which automatically clean your house have become popular.　These all use AI technology.

(1)　①の(　)内の語を適する形にかえなさい。 (4点)

(2)　②の(　)に適する語を下から選び，記号で答えなさい。 (4点)

　ア　For　　イ　With　　ウ　In

(3)　下線部③を日本語になおしなさい。 (5点)

(4)　本文の内容に合うように，次の質問に英語で答えなさい。 4点×2(8点)

　ⓐ　Do the Internet search engines use AI technology?

　ⓑ　Can some robots clean your house?

(1)		(2)	
(3)			
(4)	ⓐ		
	ⓑ		

5 次の日本文を英語になおしなさい。 7点×5(35点)

(1)　私はあそこに座っている子供を知っています。

(2)　自転車に乗っている男性はスミス先生(Mr. Smith)です。

(3)　ちょうど出発した列車を見なさい。

(4)　プレゼントを受け取った男の子はとても幸せそうに見えました。

(5)　彼の店はますます有名になりました。

(1)	
(2)	
(3)	
(4)	
(5)	

第**5**回
予想問題

Unit 5 〜 Daily Life Scene 4

読 聞
書 話

30分

解答 ▶ p.45

/100

🎧 **1** **LISTENING** (1)(2)の対話を聞き，それぞれの対話の中でチャイムのところに入る適切な英文を，ア〜エから1つ選び，その記号を書きなさい。

🎵 t05 5点×2(10点)

(1) ア　No, I didn't.　　　　　　イ　No, they weren't.
　　ウ　I like the shop.　　　　　エ　Thank you.

(2) ア　I don't know.　　　　　　イ　You are wrong.
　　ウ　He built it yesterday.　　エ　I am fine.

(1)		(2)	

2 次の2つの文を，関係代名詞を使って1文にしなさい。

5点×4(20点)

(1) Those are the students.　My sister teaches them.

(2) The bridge looks beautiful.　We can see it from here.

(3) The video game was exciting.　I played it last week.

(4) This is the museum.　We visited it ten years ago.

(1)	
(2)	
(3)	
(4)	

3 〔　〕内の語句を並べかえて，日本文に合う英文を書きなさい。

6点×3(18点)

(1) 私の叔母が飼っているネコは怖いです。

　　〔 has / scary / the / my aunt / cat / is 〕.

(2) これは私があなたにあげたいすですか。

　　〔 is / I / the chair / this / you / gave 〕?

(3) あなたは彼が持ってきたケーキを食べてもよいです。

　　〔 can / you / eat / the cake / brought / he 〕.

(1)	
(2)	
(3)	

4 次の対話文を読んで，あとの問いに答えなさい。 (計23点)

> *Tina:* ①This is an article I found. It's about companies (②) have started to reduce plastic waste. A major coffee shop chain has replaced plastic straws with paper straws.
>
> *Kota:* Yes. I've heard about ③that.
>
> *Hajin:* We should make an effort to reduce plastic waste.

(1) 下線部①を日本語になおしなさい。 (5点)

(2) ②の( )に適する語を下から選び，記号で答えなさい。 (4点)

　ア it　　イ that　　ウ what

(3) 下線部③が指す具体的な内容を日本語で書きなさい。 (6点)

(4) 次の文が本文の内容と合っていれば○，異なっていれば×を書きなさい。 4点×2(8点)

　ⓐ A major coffee shop chain has stopped using plastic straws.

　ⓑ Hajin doesn't think that it is necessary to reduce plastic waste.

(1)	
(2)	
(3)	
(4) ⓐ	ⓑ

5 次の日本文に合うように，＿＿に適する語を書きなさい。 4点×2(8点)

(1) 彼は決して自分の夢に見切りをつけません。

　He never ＿＿＿＿＿＿ ＿＿＿＿＿＿ on his dream.

(2) 私の母はおとといパンダを見ました。

　My mother saw a panda the day ＿＿＿＿＿＿ ＿＿＿＿＿＿.

(1)		(2)	

6 次の日本文を英語になおしなさい。 7点×3(21点)

(1) あれは私の父がきのう見つけた地図です。

(2) あなたが作ったテーブルはどれですか。

(3) こちらは私がしばしば会う男性です。

(1)	
(2)	
(3)	

第6回 予想問題 Unit 6 〜 You Can Do It! 2

読 聞
書 話

30分

解答 ▶ p.46

/100

🎧 **1 LISTENING** 英文を聞いて，その内容に合うように（　）に適する日本語を書きなさい。

 t06　5点×2（10点）

(1) ケリーには（　　　）を勉強している姉がいる。

(2) ミナの宝物は祖父にもらった（　　　）である。

(1)		(2)	

2 次の各組の文がほぼ同じ内容を表すように，＿＿＿に適する語を書きなさい。　5点×4（20点）

(1) I have a friend.　He is working as a doctor.

I have a friend ＿＿＿＿＿＿＿ as a doctor.

(2) The man is my teacher.　He is sitting on the sofa.

The man ＿＿＿＿＿＿＿ on the sofa is my teacher.

(3) The woman is my mother.　She is dancing over there.

The woman ＿＿＿＿＿＿＿ over there is my mother.

(4) Whose is the hat?　It was made in France.

Whose is the hat ＿＿＿＿＿＿＿ in France?

(1)		(2)	
(3)		(4)	

3 〔　〕内の語句を並べかえて，日本文に合う英文を書きなさい。ただし，下線部の語を適する形にかえること。

6点×3（18点）

(1) ピアノを弾いている男性は佐藤先生です。

〔 is / play / the piano / Mr. Sato / the man 〕.

(2) あなたは式典に招待された生徒たちを知っていますか。

〔 to / do / you / know / invite / the students / the ceremony 〕?

(3) 舞台で演じている女性は私の姉です。

〔 act / is / the stage / on / the woman / my sister 〕.

(1)	
(2)	
(3)	

4 次の対話文を読んで，あとの問いに答えなさい。　　　　　　　　　(計28点)

Ms. Rios: Here they are.

Nick: Look!　They're wearing T-shirts ①(design) by Tina.

Mr. Rios: Kota is the conductor, (　②　) Tina will sing a solo part.

Nick: The boy ③(play) the piano with Eri is Hajin. ④Eri hurt her wrist, so Hajin is helping her.

Ms. Rios: That's really nice.

(1)　①③の(　)内の語を適する形になおしなさい。　　　　　　　　4点×2(8点)

(2)　②の(　)に適する語を下から選び，記号で答えなさい。　　　　　　(4点)

　ア　and　　イ　but　　ウ　because

(3)　下線部④を日本語になおしなさい。　　　　　　　　　　　　　　(6点)

(4)　次の文が本文の内容と合っていれば〇，異なっていれば×を書きなさい。　5点×2(10点)

　ⓐ　Hajin is the conductor.

　ⓑ　Eri is not playing the piano because she hurt her wrist.

(1)	①			③		
(2)						
(3)						
(4)	ⓐ		ⓑ			

5 次の日本文に合うように，＿＿に適する語を書きなさい。　　　5点×2(10点)

(1)　私は今年の初めに看護師になりました。

　　I became a nurse at the ＿＿＿＿＿＿ ＿＿＿＿＿＿ this year.

(2)　私の妹は決して昼寝(ひるね)をしません。

　　My sister never ＿＿＿＿＿ a ＿＿＿＿＿.

(1)			(2)		

6 次の日本文を英語になおしなさい。　　　　　　　　　　　　　7点×2(14点)

(1)　これは日本語で書かれた手紙です。

(2)　あなたは木村先生(Ms. Kimura)がどこの出身なのか知っていますか。

(1)	
(2)	

第**7**回 予想問題　Unit 7 〜 Unit 8 〜 You Can Do It! 3　読聞書話　**40**分　解答▶p.46　/100

1 LISTENING (1)(2)の対話を聞き，それぞれの対話の中でチャイムのところに入る適切な英文を，ア〜エから1つ選び，その記号を書きなさい。　♪t07　3点×2(6点)

(1) ア　No, I didn't.　　イ　You're welcome.
　　ウ　Oh, I will do that.　エ　Why do you know his address?

(2) ア　That's a good idea.　イ　Sorry, I can't help you.
　　ウ　No, not yet.　　エ　Not really.

(1)		(2)	

2 次の日本文に合うように，( )内から適する語を選び，その記号を書きなさい。　4点×3(12点)

(1) 私はここで何をしたらよいかわかりません。
　　I don't know (ア when　イ what　ウ where) to do here.

(2) どこでそのバスに乗ったらよいか私に教えてください。
　　Tell me (ア when　イ which　ウ where) to take the bus.

(3) いつこの仕事をしたらよいか私に教えてくれませんか。
　　Can you tell me (ア which　イ when　ウ how) to do this work?

(1)		(2)		(3)	

3 次の各組の文がほぼ同じ内容を表すように，＿＿に適する語を書きなさい。　3点×4(12点)

(1) I don't have a car, so I can't enjoy traveling by car.
　　If I ＿＿＿＿＿ a car, I ＿＿＿＿＿ enjoy traveling by car.

(2) I am not a lion, so I don't look stronger.
　　If I ＿＿＿＿＿ a lion, I ＿＿＿＿＿ look stronger.

(3) I don't have enough time, so I can't read a lot of books.
　　If I ＿＿＿＿＿ enough time, I ＿＿＿＿＿ read a lot of books.

(4) I am not good at swimming, so I can't swim in the sea.
　　If I ＿＿＿＿＿ good at swimming, I ＿＿＿＿＿ swim in the sea.

(1)		(2)	
(3)		(4)	

4 次の対話文を読んで，あとの問いに答えなさい。 (計17点)

Tina: All the usual faces are here. I'm so happy!

Hajin: I can't believe you're leaving （ ① ） an hour.

Eri: Me, neither. I wish you weren't ②(leave).

Tina: I know. ③I wish I could stay. I will miss you guys so much.

Kota: Tina, here's something for you.

---

(1) ①の（ ）に適する語を下から選び，記号で答えなさい。 (3点)

　ア with　　イ within　　ウ on

(2) ②の（ ）内の語を適する形になおしなさい。 (4点)

(3) 下線部③を日本語になおしなさい。 (4点)

(4) 本文の内容に合うように，次の質問に英語で答えなさい。 3点×2(6点)

　ⓐ Does Eri know that Tina is leaving?

　ⓑ Does Kota have anything for Tina?

(1)		(2)		
(3)				
(4)	ⓐ			
	ⓑ			

---

5 〔 〕内の語句を並べかえて，日本文に合う英文を書きなさい。 4点×4(16点)

(1) 家に先生がいれば，私はすぐに宿題を終えられるのに。

　If I 〔 at / had / I / could / a teacher / quickly / home / finish / my homework / , 〕.

(2) 私が世界中で有名ならいいのに。

　〔 the world / famous / wish / I / over / I / all / were 〕.

(3) 明日何をしたらよいか私に教えてください。

　〔 tell / what / do / me / to / tomorrow 〕.

(4) 私がプロのテニス選手ならいいのに。

　〔 I / a / tennis / professional / wish / I / player / were 〕.

(1)	
(2)	
(3)	
(4)	

6 次の英文を読んで，あとの問いに答えなさい。 (計15点)

Thank you （ ① ） everything.　You helped me with so many things.　When I came to Japan, I had culture shock and ②(feel) down.　You showed me （ ③ ） to accept and respect other cultures.　④I'll miss you.　I'll keep in touch.

(1)　①の（ ）に適する語を下から選び，記号で答えなさい。 (3点)

ア　in　　イ　of　　ウ　for

(2)　②の（ ）内の語を適する形になおしなさい。 (4点)

(3)　③の（ ）に適する語を下から選び，記号で答えなさい。 (3点)

ア　which　　イ　what　　ウ　how

(4)　下線部④を日本語になおしなさい。 (5点)

(1)		(2)		(3)	
(4)					

7 次の日本文に合うように，＿＿＿に適する語を書きなさい。 3点×4(12点)

(1)　あなたの意見は私のものとは違っています。

Your opinion is ＿＿＿＿ ＿＿＿＿ mine.

(2)　そのカップをお湯で満たしなさい。

＿＿＿＿ the cup ＿＿＿＿ hot water.

(3)　あなたはこのデバイスを利用できますか。

Do you ＿＿＿＿ ＿＿＿＿ to this device?

(4)　その博物館は１年中開いています。

The museum is open all ＿＿＿＿ ＿＿＿＿.

(1)		(2)	
(3)		(4)	

8 次の日本文を英語になおしなさい。 5点×2(10点)

(1)　私にとって踊ることほど難しいことはありません。

(2)　彼がもっと多くのネコを飼っていたらいいのに。

(1)	
(2)	

教科書ワーク 英語

特別ふろく

無料アプリ 英1 英2 英3
どこでもワーク

こちらにアクセスして，ご利用ください。
https://portal.bunri.jp/app.html

単語特訓▶

◀Back 英語1年 カード（順番に）
1問目/17問中

1
about

a book about science

OK! 1
～について（の）／およそ，約
科学についての本

ふせん 音声再生
答えをかくす 次の単語

重要語句の
暗記に便利

音声つき

間違えた問題だけを何度も確認できる！

▼文法特訓

◀Back 英語1年 文法特訓（順番に）
1問目/14問中

Q1. （ ）にあてはまるものはどれ？

わたしは佐藤ケンです。

I（ ） Sato Ken.

ふせん
are
am
is

文法事項を
三択問題で
確認！

無料ダウンロード
ホームページテスト

無料でダウンロードできます。
表紙カバーに掲載のアクセス
コードを入力してご利用くだ
さい。
https://www.bunri.co.jp/infosrv/top.html

文法問題▶

リスニング試験対策に
バッチリ！

テスト対策や
復習に使おう！

▼リスニング問題

中学教科書ワーク

解答と解説

この「解答と解説」は，取りはずして 使えます。

光村図書版「ヒア ウィー ゴー!」

英語3年

Unit 1

p.4〜5　ステージ1

Wordsチェック (1)アラブ首長国連邦
(2)モスク　(3)デバイス，装置，機械
(4)腕輪　(5)Russia　(6)taught

❶ (1) is loved　(2) is painted
(3) are read

❷ (1) is played　(2) was written
(3) is studied　(4) be guided　(5) is called

❸ (1) weren't made　(2) Is, used, it is

❹ (1) When was that shrine built?
(2) Many languages are learned

❺ (1) walk to　(2) from, to
(3) Each of　(4) can, bought

―――――――― 解説 ――――――――

❶ 「〜は…されます」は〈is[am, are] ＋過去分詞〉
で表す。
(1)主語の Ms. White は3人称単数なので，be動
詞には is を使う。
(2) be動詞には is を使い，paint の過去分詞
painted を続ける。
(3)主語の The books が複数なので，be動詞には
are を使い，read の過去分詞 read を続ける。

❷ (1)主語が The video game で，現在の文。
(2)主語が The novel で，過去の文。
(3)主語が English で，現在の文。
(4) ミス注意！ 助動詞 will を含む受け身の文には，
be を使う。
(5)主語は This cat で，現在の文。

❸ (1)否定文では be動詞の後に not を置く。解答
欄の数から，were not は短縮形の weren't にする。
(2)疑問文は be動詞を主語の前に置く。答えると
きも be動詞を使い，French は代名詞 it にする。

❹ (1) ミス注意！ 疑問詞で始まる疑問文。疑問詞
のあとに疑問文の語順を続ける。

(2)主語の many languages が複数なので，be動
詞に are を用いる。

❺ (1)「歩いて通学する」は walk to school。
(2)「〜から…まで」は from 〜 to …。
(3)「おのおの」は each。each は単数扱いなので，
動詞は has の形になっている。
(4)「買うことができる」を「買われることができ
る」という意味で表す。

ポイント　受け身の文
• 現在：「〜されます，〜されています」
〈is[am, are] ＋過去分詞〉
• 過去：「〜されました，〜されていました」
〈was[were] ＋過去分詞〉

p.6〜7　ステージ1

Wordsチェック (1)〜させる
(2)2度，2回　(3)〜を数える
(4) skill　(5) carry　(6) fix

❶ (1)ア　(2)イ

❷ (1) helped, wash　(2) Yuki move
(3) helped Ken do

❸ (1) put, play　(2) prepare for
(3) in front

❹ (1) Let me listen to the CD after
(2) Do you help your mother cook dinner?
(3) My father didn't let me use his chair.
(4) Will you help me look for my eraser?

❺ (1)私はあなたが旅行のための計画を立てるの
を手伝うことができます。
(2)私は年老いた女性が通りを歩いて横断するの
を手伝いました。
(3)もし何か質問があれば，私たちに知らせてく
ださい。

❻ (1) encourage　(2) confidence
(3) handout　(4) doghouse

2

■■■■■■■■■■■■■ 解説 ■■■■■■■■■■■■■

❶ 「人・ものに～させる」は〈let ＋人・もの＋動詞の原形〉で表す。文の主語や時制に関係なく，〈人・もの〉の後には動詞の原形が続く。

❷ 「人が～するのを手伝う」は〈help ＋人＋動詞の原形〉で表す。〈人〉が３人称単数であっても，その後には動詞の原形が続く。

❸ (1)「劇を上演する」は put on a play。play に「劇，演劇，芝居」という意味があることに注意する。
(2)「～の準備をする」は prepare for ～。
(3)「～の正面の[で・に]」は in front of ～。

❹ (1)〈let ＋人・もの＋動詞の原形〉の形を使って命令文を作る。「～を聞く」は listen to ～。
(2)〈help ＋人＋動詞の原形〉の形を使って，you を主語にした疑問文を作る。
(3)過去の否定文なので，didn't の後に〈let ＋人・もの＋動詞の原形〉の形を置く。
(4)「～してくれませんか」という意味の Will you ～? という表現を使って，疑問文を作る。「～を探す」は look for ～。

❺ (1) can「～できる」の意味も忘れずに訳すことに注意する。make a plan は「計画を立てる」。
(2)〈help ＋人＋動詞の原形〉は「人が～するのを手伝う」。across は「～を横断して」。
(3) let us know で「私たちに知らせて」という意味を表した命令文。

❻ (1)「あなたの手紙はいつも私を勇気付けてくれます。」
(2)「彼らは自信を持ってショーを上演しました。」
(3)「後でクラブ活動についてのプリントをあげましょう。」
(4)「私の姉[妹]はこの前の日曜日に犬小屋を建てました。」

> **ポイント** 動詞の原形を使った表現
> ・〈let＋人・もの＋動詞の原形〉
> 　「人・ものに～させる」
> ・〈help＋人＋動詞の原形〉
> 　「人が～するのを手伝う」

p.8～9 ■■■■ ステージ❶

Wordsチェック (1)ウェブサイト
(2)～じゅうに，～のあちこちで
(3)胃　(4)脳，頭脳　(5)丘，小山
(6) enter　(7) rule　(8) thousand

(9) enough　(10) official

❶ (1)イ　(2)イ　(3)ア　(4)イ

❷ (1) My sister often tells me (that) she is happy.
(2) Tina told me (that) the question was easy.
(3) My grandfather always tells me (that) I should read books.

❸ (1) Eri told me that he was a famous singer.
(2) His smile showed me that he was happy.
(3) My mother often tells me eating breakfast is important.
(4) He told me that the game was really exciting.

❹ (1)私の兄[弟]は私に医師になりたいと言いました。
(2)彼は私たちに数学を勉強することはとても楽しいと言いました。

❺ (1) at night　(2) close to
(3) That is because　(4) divided into
(5) need [have] to

WRITING Plus✎ 例1 My mother often tells me that I should do my homework before dinner.
例2 My friend often tells me that I am brave.

■■■■■■■■■■■■■ 解説 ■■■■■■■■■■■■■

❶ (1)「人に～ということを言う」は tell の後ろに〈人＋ that ＋文〉の語順を続けて表す。me の前に to は置かない。
(2)直後に me that ～の形が続くので，told が適切。
(3) that の後ろに主語と動詞を含む文を続ける。
(4)〈show ＋人＋ that ＋文〉で「人に～ということを示す」という意味になる。

❷ 〈tell ＋人＋ that ＋文〉という表現を使い，2つ目の文を that の後ろに置くことに注意する。that は省略することもできる。

❸ (1)「彼は有名な歌手だ」という意味の英語を that の後ろに続ける。
(2)「人に～ということを示す」は show の後ろに〈人＋ that ＋文〉の語順を続ける。smile は「笑顔」という意味。
(3) tells me の後ろに主語として，動名詞を使っ

た eating breakfast を置く。that が省略されていることに注意する。

(4) the game was really exciting を，that の後ろに置く。

❹ 言った内容を表す文は，that の後ろに書かれている。

(1) want to は「～したい」という意味を表す。

(2) a lot of fun で「とても楽しい」という意味を表す。

❺ (1)「夜遅くに」は late at night。

(2)「～にごく近い」は close to ～。

(3)「なぜなら～だからです」は That is because ～. で表せる。

(4)「～を…に分ける」は divide ～ into …。「～」を主語にした受け身の形にする。

(5)「～する必要がある」は need to ～で表せる。have to ～でも同じ意味を表せる。

> **ポイント** thatを使った表現
> 〈tell＋人＋that＋文〉「人に～ということを言う」
> 〈show＋人＋that＋文〉「人に～ということを示す」

p.10～11 ステージ2

❶ **LISTENING** イ

❷ (1) me ask (2) was used (3) Is, closed
(4) tell, am (5) them clean

❸ (1) Let me introduce you to my parents.
(2) He told me that it was fun.
(3) Nana helped me make a cake.
(4) This flower can be bought

❹ (1) are, looking
(2) called
(3) Ms. Brown told us that it was
(4) an interesting website

❺ (1) let, study (2) need[have] to
(3) because

❻ (1) Is English studied in Rwanda?
(2) If she comes, let me know.
(3) I always helped my brother wash his car.

解説

❶ **LISTENING** is used は「使われる」という受け身の意味。

> ♪ **音声内容**
> You may use this when you are studying.
> This is used when you want to check the meaning of words.

❷ (1)〈let＋人・もの＋動詞の原形〉の形を用いて，「私に質問させてください。」という意味の文にする。

(2) This computer を主語にした過去の受け身の文。「このコンピュータはきのう，彼によって使われました。」という意味。

(3) **ミス注意!** 受け身の文の疑問文は be 動詞を文頭に置く。主語が the shop で現在の文なので，be 動詞には is を使う。「その店は7時に閉められますか。」という意味の文。

(4) **ミス注意!** 「私は彼女にお腹が空いているとよく言います。」という意味の文を作る。

(5)「私はこの前の日曜日，彼らが浜辺を掃除するのを手伝いました。」という意味の文にする。

❸ (1)「人・ものに～させる」は〈let＋人・もの＋動詞の原形〉で表すので，to が不要。「…に～を紹介する」は introduce ～ to …。

(2) told の後ろには me を入れるので，I が不要。

(3)〈help＋人〉のあとの動詞は原形にするので，to が不要。

(4) **ミス注意!** 助動詞 can を含む受け身の文は，〈can＋be＋過去分詞〉で表すので，is が不要。

❹ (1)「～している」は現在進行形で表す。「～を見る」は look at ～。

(2) 直前に be 動詞があるので，受け身の文になると考えて，過去分詞 called にする。It's called ～. で「それは～とよばれている」という意味になる。

(3)「人に～ということを言った」という意味の文にする。

(4) 直前のエリの発言を受けて，it で言いかえている。

❺ (1) let「～させる」を使う。my daughter の後ろに，「留学する」を表す study abroad を原形で続ける。

(2)「～する必要がある」は need[have] to ～。

(3)「なぜなら～だからです」は That is because ～。

❻ (1) 受け身の疑問文は be 動詞を主語の前に置く。study の過去分詞は studied。

(2)「私に知らせる」は let を用いて，let me know の形で表せる。

(3)〈help＋人＋動詞の原形〉の形の前に「いつも」という意味の always を入れる。

4

❶ 🎧LISTENING (1)エ (2)イ (3)エ

❷ (1) Is, written (2) let, play

(3) help me (4) told, that

(5) divided, into

❸ (1)ア (2)イ (3)ア (4)イ

❹ (1) The fish can be bought here.

(2) This temple was built about 150 years ago.

(3)① Was the table carried by Eric?

② Yes, it was.

❺ (1) Let me show you my school.

(2)演劇の授業

(3) times

(4)私たちの先生は私たちが公演の準備をするのを手伝ってくれます。

(5)ⓐ She likes drama class.

ⓑ They put on plays or musicals.

❻ (1) He showed me (that) he was right.

(2) Mr. Brown helped me practice my[a] speech.

(3) Will the[a] new gym be built next year? / No, it will not[won't].

(4) Let me go shopping this weekend.

━━━━━━━━━━▶ 解説 ◀━━━━━━━━━━

❶ 🎧LISTENING (1)What time will they meet? は「彼らは何時に会うでしょうか。」という意味。3つ目の発言に，How about meeting at five?（5時に会うのはどうですか。）とあり，直後で Sure.（もちろん。）と答えている。

(2)What did Kenta do last Sunday? は「ケンタはこの前の日曜日，何をしましたか。」という意味。3つ目の発言 What did you buy?（あなたは何を買いましたか。）に，A rugby ball.（ラグビーボールです。）と答えている。

(3)Whose bag is Emma using today? は「エマは今日，誰のかばんを使っていますか。」という意味。2つ目の発言に It is my sister's bag.（それは私の姉［妹］のかばんです。）とある。

🎵音声内容

(1)A: Let's meet at three in front of the station.

B: The class will be finished at four.

A: OK. How about meeting at five?

B: Sure.

Q: What time will they meet?

(2)A: Nick told me that he was going to leave Japan. Did you know that, Kenta?

B: Yes. Last Sunday, I bought a present for him.

A: Sounds good. What did you buy?

B: A rugby ball. We will write messages on it.

Q: What did Kenta do last Sunday?

(3)A: Emma, you have a nice bag. Let me see it.

B: Sure. It is my sister's bag. I borrowed it from her today.

A: This bag is really cute. I like it very much.

B: Thank you, Bob.

Q: Whose bag is Emma using today?

❷ (1)受け身の疑問文なので，be動詞 is を主語である this book の前に置く。

(2)let を使った過去の否定文。「テレビゲームをする」は play video games。

(3)〈help ＋人＋動詞の原形〉の形を使う。Can you ～? は「～してくれませんか。」という意味。

(4)that は省略もできるが，解答欄の数から，that は必要だと考えられる。

(5)「～を…に分ける」は divide ～ into …。過去形にする。

❸ (1)him that ～ の形を続ける語としては，tells が適切。

(2)「夜に」は at night。

(3)過去の受け身の文。過去進行形では意味が通らない。

(4)let him の後には，動詞 use の原形を置く。

❹ (1)The fish を主語にするので，can buy を受け身の形に変える。

(2)ミス注意 文の意味を言いかえて，「この寺は約150年前に建てられました。」という文を作る。build「建てる」の過去分詞は built。

(3)be動詞 was を，主語である the table の前に置いて疑問文にする。答える文では，the table を it に置きかえることに注意する。

❺ (1)you を主語にすると，文全体の意味が通らなくなるので，主語を入れずに命令文の形にする。

(2)直前の文に drama class があり，this class は

これを指すと考えられる。

(3) twice は「2度，2回」。「～回，度」という意味の time を使って言いかえられる。

(4)〈help ＋人＋動詞の原形〉に注目して，誰が何をするのを手伝うのかを理解する。prepare for ～は「～の準備をする」という意味。

(5)ⓐ質問文は「ケイトリンは何の授業が好きですか。」という意味。3～4行目参照。「私の最も好きなものは演劇の授業です。」とある。Caitlin を代名詞 she に置きかえて答える。

ⓑ質問文は「生徒たちは年に2回，何をしますか。」という意味。4～5行目参照。

6 (1) that の後に，示した内容である he was right を続ける。

(2) helped me の後に，動詞 practice を原形で続ける。

(3)未来を表す受け身の文は〈will ＋ be ＋過去分詞〉で表す。疑問文なので，will は主語の前に置く。答えの文でも will を使って答える。

(4) let を使った命令文にする。「買い物に行く」は go shopping で表す。

Unit 2

p.14～15　ステージ1

Wordsチェック (1)木でできた，木製の

(2)調和，一致，和合　(3)遊園地

(4) afraid　(5) perfect　(6) busy

1 (1)ア　(2)イ　(3)イ　(4)イ

2 (1) moved

(2) has finished

(3) has written

3 (1) have washed the car

(2) My father has just left home.

(3) We've just visited

(4) She has bought a new shirt.

4 (1) She has made a cake.

(2) He has just read a novel.

5 (1) has lost　(2) has got

6 (1) afraid of　(2) at all　(3) Come on

■ 解説 ■

1 〈have[has] ＋過去分詞〉で「～したところです，～してしまいました」という完了の意味を表す。

2 (1)主語が I なので，〈have ＋過去分詞〉の形で完了の意味を表す。

(2)主語が He なので，〈has ＋過去分詞〉の形で完了の意味を表す。

(3)主語が Ami なので，〈has ＋過去分詞〉の形で完了の意味を表す。write の過去分詞は written。

3 (1)「～してしまいました」は，I が主語のとき，〈have ＋過去分詞〉で表す。wash の過去分詞は washed。

(2) **ミス注意！** just「ちょうど」は，has と過去分詞の間に置く。leave の過去分詞は left。

(3)「～したところです」は〈have[has] ＋過去分詞〉で表す。visit は規則動詞なので，過去分詞は visited。

(4)3人称単数の主語 She のあとに，〈has ＋過去分詞〉の語順を続ける。buy の過去分詞は bought。

4 (1)「彼女はケーキを作ったところです。」という意味の文を作る。made を has made にする。

(2)「彼はちょうど小説を読んだところです。」という意味の文を作る。read の過去形・過去分詞である read は，形は変わらないが，発音のしかたが変わる。

5 (1)「かばんをなくしてしまった（そして今は持っていない）」という完了の状況を示しているので，完了を表す現在完了形を使う。

(2)今は寝ておらず，「起きてしまった」という完了の状況を示しているので，完了を表す現在完了形を使う。

6 (1)「～を恐れる」は be afraid of ～で表す。

(2)否定を表す wasn't があるので，at all は「少しも，全然（～ない）」という意味を表す。

(3) come on は「さあさあ，早く，急げ」という意味を表す。

ポイント　完了を表す現在完了
〈have[has] ＋過去分詞〉
「～したところです，～してしまいました」という意味で，just（ちょうど）がよくいっしょに使われる。

p.16～17　ステージ1

Wordsチェック (1)路面電車（トラム）

(2)急ぐ　(3)報道，報告

(4)もう，すでに　(5) hotel　(6) yet

(7) fed　(8) done

1 (1) hasn't, yet

6

(2) Have, read　(3) has not

2 (1) have already watched the video

(2) Has she arrived there yet?

(3) We haven't finished cleaning our room yet.

3 (1) Have you bought a new racket yet?

(2) I have not[haven't] washed my hands yet.

(3) Has she had breakfast yet?

4 (1) a minute　(2) Hurry up

(3) What's　(4) shared, with

(5) Don't worry

WRITING Plus🖉 (1) Yes, I have. / No, I haven't.

(2) Yes, I have. / No, I haven't.

━━━━━ 解説 ━━━━━

1 (1)「〜していません」は have[has] の後ろに not をつけて表す。文末に yet「まだ」を入れる。

(2)「もう〜しましたか」は Have[Has] を主語の前に置いて表す。yet は疑問文では「もう」という意味。

(3)過去分詞 had の前に解答欄が2つあるので，has not は短縮形にしない。

2 (1) I が主語のとき，「もう〜してしまいました」は have と過去分詞の間に already を入れて表す。watch の過去分詞は watched。

(2) **ミス注意!**「〜しましたか」という現在完了の疑問文は〈Have[Has]＋主語＋過去分詞〉の語順で表す。arrive は e で終わる語なので，d だけをつけて過去分詞にする。

(3)「私たちは〜していません」は We haven't の後に過去分詞を置いて表す。yet は文末に置く。finish の過去分詞は finished。

3 (1)「あなたはもう新しいラケットを買いましたか。」という意味の文を作る。Have を主語である you の前に出す。already は yet にかえて文末に置く。

(2)「私はまだ手を洗っていません。」という意味の文を作る。didn't wash を〈have not[haven't]＋過去分詞〉の否定文の現在完了の形にする。

(3)「彼女はもう朝食を食べましたか。」という意味の文を作る。Did she have 〜 を〈Has＋主語＋過去分詞〉の現在完了の疑問文の形で表す。

4 (1) Wait a minute! で「ちょっと待って」という意味を表せる。

(2) hurry up を命令文の形で用いて，「急いで。」という意味を表す。

(3) What's wrong? は「どうかしたのですか。」という意味で，何か問題がないかをたずねる表現。

(4)「〜を…と分かち合う」は share 〜 with ...。解答では，share を過去形にすることに注意。

(5)「心配する」は worry。否定の命令文で表す。

WRITING Plus🖉 (1)質問文は「あなたはもう昼食を食べましたか。」という意味。Yes か No を使って答える。

(2)質問文は「あなたはもう宿題をしましたか。」という意味。Yes か No を使って答える。

┏━━ **ポイント** 完了を表す現在完了の否定文と疑問文 ━━┓
・〈haven't[hasn't]＋過去分詞〜＋yet〉
「まだ〜していません」
・〈Have[Has]＋主語＋過去分詞〜＋yet?〉
「もう〜しましたか」
┗━━━━━━━━━━━━━━━━━━━━┛

p.18〜19 ■■■ **ステージ1**

Words チェック (1)最近，近頃

(2)取引，契約　(3)人，人間，一個人

(4)これまで　(5) change

(6) return　(7) seen　(8) been

1 (1) I've written　(2) Has, ever

(3) been to　(4) never listened

2 (1) have read this comic book before

(2) How many times have you visited Kyoto?

(3) Has Hajin ever stayed in Okinawa?

(4) I have never seen your brother.

3 (1) We have traveled in Osaka many times.

(2) Have you ever played rugby?

4 (1) What's up[wrong] with　(2) Here you

(3) big deal　(4) catch up　(5) such a

WRITING Plus🖉

例1 Yes, I have.

例2 No, I haven't.[No, never.]

━━━━━ 解説 ━━━━━

1 (1)「〜したことがあります」は経験を表す現在完了で表す。主語が I のとき，〈have＋過去分詞〉の形になる。解答欄の数から，I've という短縮形を使う。

(2)「これまでに〜したことがありますか」は〈Have[Has]＋主語＋ever＋過去分詞〜?〉で表す。主語が she なので，has を使う。

(3) **ミス注意!**「〜へ行ったことがある」は

have[has] been to ～ で表す。be の過去分詞 been を使うことに注意する。

(4)経験を表す現在完了の否定文は，never を have[has] の後ろに置いて表す。never は「一度も～ない」という意味。

❷ (1)「～したことがあります」は〈have[has]＋過去分詞〉で表す。before は「前に，以前に」という意味で，文末に置くことが多い。

(2)「何回～したことがありますか」は，How many times を文頭に置いて表す。この time は「～回，度」という意味。

(3) Has を主語である Hajin の前に置いて文を書き始める。現在完了の疑問文で，ever は過去分詞の直前に入れることが多い。

(4) never を have の直後に置く。

❸ (1)「私たちは何度も大阪を旅行したことがあります。」という文を作る。「何度も」は「たくさんの回」と考えて，many times で表せる。

(2)「あなたはこれまでにラグビーをしたことがありますか。」という文を作る。ever は過去分詞 played の前に置けばよい。

❹ (1)「～はどうしたんだろう。」は What's up[wrong] with～? で表す。

(2)「はいここにあります。」とものを差し出すときは，Here you are. を使う。

(3)「たいしたことないよ。」は It's no big deal. で表す。deal は「取引，契約」という意味。

(4)「～に追いつく」は catch up with ～。問題文の中の to は「～するために」という意味を表す不定詞。

(5)「そのような～」は such a ～で表す。a のあとには名詞か，前に形容詞を伴った名詞を入れる。

WRITING Plus✎ 質問文は「あなたはこれまでに海外へ行ったことがありますか。」という意味の文。Yes, I have. や No, I haven't.[No, never.] で答える。

▶**ポイント** 経験を表す現在完了
・〈have [has]＋過去分詞〉
「～したことがあります」
・〈Have[Has]＋主語＋ever＋過去分詞～?〉
「これまでに～したことがありますか」
・〈have[has]＋never＋過去分詞〉
「一度も～したことがありません」

Words チェック (1)パスポート，旅券
(2)セルフサービス[バイキング]式の食事
(3)星の光，星明かり　(4) rich
(5) Singapore　(6) paradise

❶ (1)ア　(2)イ　(3)ア　(4)イ

❷ (1)ニューヨークへ来たら(すぐに)私を訪ねてください。

(2)私に指示を確かめさせてください。

(3)あなたはもう朝食を食べましたか。— いいえ，まだです。

❸ (1) What do you want to be when you

(2) Has he prepared his speech yet?

(3) Has her brother arrived there yet?

(4) Let me use your bike.

(5) When you are ready, let me know.

❹ (1) Hello / This is　(2) right

(3) By, way　(4) Have, ordered yet
/ No, not

WRITING Plus✎ 例1 me see your passport
例2 me check your passport

◀━━━━━━━ 解 説 ━━━━━━━▶

❶ (1) fed が過去分詞の形なので，〈Have[Has]＋主語＋過去分詞～yet?〉「もう～しましたか」という現在完了の文にする。

(2)**ミス注意**✎ not yet は「まだです」という意味を表す。

(3) when は「～するとき，(～したら)すぐに」という意味。「彼女は子供のときに，伊勢に住んでいました。」という文にすれば，意味が通る。

(4) let me ～ は「私に～させてください」。「～」には動詞の原形が入る。

❷ (1) when は「～するとき，(～したら)すぐに」という意味。文は Visit から始まるので，命令文の意味になる。

(2) let me ～ は「私に～させてください」という意味。instructions は通例 s を付けて，「指示，指図」という意味を表す。

(3)〈Have[Has]＋主語＋過去分詞～＋yet?〉は「もう～しましたか」という意味。疑問文では yet は「もう」という意味になる。

❸ (1)「大人になったら」は when を使って，when you grow up の形で表せる。

(2) has を主語である he の前に出して，現在完了

の疑問文の語順にする。

(3)現在完了の疑問文の語順にし，yet「もう」は文末に置けばよい。

(4) ミス注意 let me の後ろに，動詞の原形である use を置く。

(5)〔　〕内にコンマ(,)があるので，When you are ready, から文を始める。

❹ (1) 電話で「もしもし」と言いたいときは，Hello と言えばよい。電話で「〜です。」と名乗るときは This is 〜. を使う。

(2)「いいですよ。」は All right. で表す。

(3)「ところで」は by the way で表す。

(4) Have you の後に order の過去分詞を置き，文末には yet「もう」を置く。「まだです」は not yet。

WRITING Plus 旅行客はパスポートを差し出しているので，let me 〜 を使って，パスポートの提示を求める表現を作る。「私にあなたのパスポートを見せて[確かめさせて]ください。」などと表現することができる。

p.22～23 ステージ2

❶ LISTENING ウ

❷ (1) My uncle has worked in the U.A.E. before.

(2) Have you ever seen the famous musician?

(3) I have[I've] visited the U.K. twice.

(4) My sister and I have just made a cake.

(5) His daughter has already brushed her teeth.

(6) My brother has not [hasn't] finished his homework yet.

❸ (1) Have you heard this story <u>yet</u>?

(2) I have <u>never</u> had a dog.

(3) I have watched the video several <u>times</u>.

(4) How many times have you been <u>to</u> Nara?

❹ (1) haven't　(2) check my photos

(3)(ティナの)写真

❺ (1) catch up with　(2) such a

(3) afraid of　(4) at all

(5) What's up[wrong] with　(6) Wait a

❻ (1) Have you had[eaten] dinner yet?

(2) I have not[haven't] washed the car yet.

(3) I have been to[visited] Canada before.

(4) He has never tried (playing) rugby.

解説

❶ LISTENING 「コウタはまだ自分の部屋の掃除を終えていません。」という意味の文。まだ終えていないので，掃除をしている絵を選ぶ。

♪音声内容
Kota hasn't finished cleaning his room yet.

❷ (1)「私のおじは以前，アラブ首長国連邦で働いたことがあります。」という意味の文を作る。before は文末に置くことが多い。

(2)「あなたはこれまでにその有名な音楽家に会ったことがありますか。」という意味の文を作る。Have you ever seen 〜? という現在完了の疑問文の形にする。

(3)「私は2度イギリスに行ったことがあります。」という意味の文を作る。twice は文末に置く。

(4)「私の妹[姉]と私はちょうどケーキを作ったところです。」という意味の文を作る。主語が My sister and I なので have を使う。

(5)「彼の娘はもう歯を磨きました。」という意味の文を作る。過去形の brushed を，現在完了形の has brushed にかえる。

(6)「私の弟[兄]はまだ宿題を終わらせていません。」という意味の文を作る。didn't finish を現在完了の has not [hasn't] finished にかえる。

❸ (1)「もう〜しましたか」は〈Have[Has] ＋主語＋過去分詞〜yet?〉の語順で表す。「もう」という意味の yet を補う。

(2) have と過去分詞の間に never「一度も〜ない」を補う。

(3)「数回〜したことがあります」は現在完了の文の文末に several times を置く。times を補う。

(4) ミス注意 How many times は回数をたずねる表現で，文頭に置く。

❹ (1)現在完了形の疑問文には，have[has] を使って答える。文の主語は I で，No で答えているので，haven't が適切。

(2)エリの発言を受けて，ティナは答えている。写真はティナのものなので，photos の前には my を入れる。

(3)下線部③の them より前の発言で出てくる複数の名詞は，photos である。

⑤ (1)「〜に追いつく」は catch up with 〜。

(2) such a 〜「そのような〜」を名詞句の前に置く。

(3)「〜をこわがっている」は be afraid of 〜で表す。the sea が〜の部分に置かれた文。

(4)「少しも(〜ない)」は (not 〜) at all で表す。

(5)「〜はどうしたんだろう。」は What's up with 〜? で表す。

(6)「ちょっと待って!」と命令するときは,Wait a minute! で表す。

⑥ (1)現在完了の have を,主語である you の前に出して疑問文を作る。

(2) have not[haven't] washed the car の後に yet を置いて表す。

(3)主語の後に〈have[has] +過去分詞〉を置き,before を文末に置いて表す。

(4)〈have[has] + never + 過去分詞〉で表す。try は規則動詞なので,過去分詞は tried。

p.24〜25　━━ステージ③

❶ 🎧LISTENING　(1)エ　(2)ウ　(3)エ

❷ (1)イ　(2)ア　(3)イ　(4)ア

❸ (1) be afraid of　(2) at all

(3) catch up with　(4) no big deal

(5) I've just been

❹ (1) Have you made a lot of friends in Japan yet?

(2) She has not[hasn't] finished painting the picture yet.

(3) I have[I've] made pudding before.

(4) How many times has Kota played tennis with Tina?

❺ (1) in Miyajima

(2) have, arrived　(3)シカ

(4)シカが人を全然こわがっていないこと。

❻ (1) I have bought a ticket for the game.

(2) Have you received my message?

❼ (1) We have just found the station.

(2) Have you seen pandas many times?

(3) I have[I've] never visited the new mall yet.

❽ 例1 I have[I've] climbed Mt. Fuji[it] twice.

例2 I have[I've] never climbed Mt. Fuji[it].

◆━━━ 解 説 ━━━◆

❶ 🎧LISTENING　(1) Has John done his homework yet? は「ジョンはもう宿題をしましたか。」という意味。3つ目の発言に,I'm still doing my homework.(私はまだ宿題をしているところです。)とある。

(2) How many times has Emma been to Okinawa? は「エマは何回沖縄に行ったことがありますか。」という意味。3つ目の発言に,I have never been there.(私は一度もそこに行ったことがありません。)とある。

(3) What has Masaru lost? は「マサルは何をなくしたのですか。」という意味。2つ目の発言に I have lost my bike.(私は私の自転車をなくしてしまいました。)とある。

🎵音声内容

(1) A: Hello, this is John.

B: Hello, John. This is Aya.

A: I'm still doing my homework. Have you finished it already?

B: Yes, I have.

Q: Has John done his homework yet?

(2) A: Have you ever been to Okinawa, Kenta?

B: Yes. I went there with my family last summer. How about you, Emma?

A: I have never been there. I want to go there with my family.

Q: How many times has Emma been to Okinawa?

(3) A: Masaru, you look tired. Why?

B: I have lost my bike. I went to many places to look for it.

A: That's too bad. I can help you look for it.

Q: What has Masaru lost?

❷ (1)主語の She は3人称単数(にんしょう)なので,現在完了形には has を用いる。

(2) Have you 〜?の形なので,現在完了の文。動詞の過去分詞を使うことに注意する。

(3)現在完了の文で「もう」という意味を表すとき,疑問文では yet を使う。

(4) never は「一度も〜したことがない」という意味を表す。

❸ (1)「〜がこわい」は be afraid of 〜。

(2)「全然,少しも(〜ない)」は(not 〜) at all。

(3)「〜に追いつく」は catch up with 〜。

(4)「たいしたことないよ。」は It's no big deal.

で表す。

(5) **ミス注意!** just は have[has] の直後に置かれることが多い。解答欄の数から，I have は I've の短縮形にする。

❹ (1)「あなたはもう日本でたくさんの友達を作りましたか。」という意味の文を作る。made を have made にかえて，疑問文の語順にする。

(2)「彼女はまだその絵を描き終えていません。」という意味の文を作る。didn't finish を has not[hasn't] finished にかえる。

(3)「私は以前にプリンを作ったことがあります。」という意味の文を作る。〈have ＋過去分詞〉の形にして，before「以前に」は文末に置く。

(4) **ミス注意!** twice は「2度，2回」という回数を表すので，How many times を文頭に置いて，回数をたずねる文にする。

❺ (1) here は「ここに」という意味なので，場所を表す2語を答える。

(2)「～したところです」は〈have[has] ＋過去分詞〉で表す。主語は We なので，have を用いる。

(3) They は複数のものをさす。直前の文に some deer という複数名詞がある。

(4) That は文章中ですでに出てきたことをさすことが多い。直前のティナの発言内容をさすと考えると，意味が通る。

❻ (1)「～してしまった」という意味を表すので，動詞は have bought の形にする。

(2) Have を主語の前に出して，現在完了の疑問文の語順にする。「受け取る」は receive で表す。

❼ (1) have と find の過去分詞 found の間に，just「ちょうど」を置く。

(2) Have you で文を始めて，現在完了の疑問文の形を作る。「何度も」は many times で表す。

(3) 文末に「まだ」という意味の yet を置く。「ショッピングモール」は mall で表す。

❽ 質問文は「あなたは何回富士山に登ったことがありますか。」という意味の文。twice や～ times を使って，回数を答える。「一度も登ったことがありません。」と答える場合は I have[I've] never climbed Mt. Fuji[it]. とするとよい。

Unit 3

p.26〜27 ■ ステージ 1

Words チェック (1) 原子爆弾

(2) (人) に思い出させる

(3) 〜以来，〜から (ずっと)

(4) peace (5) anyone (6) known

❶ (1) イ (2) ア

❷ (1) has been (2) have lived

❸ (1) I have wanted to have a dog.

(2) We have known each other since childhood.

(3) I have been in this town for two years.

(4) How long has she been in the hospital?

❹ (1) My sister has been sick since last Friday.

(2) How long has he been a doctor?

❺ has lived

❻ (1) work for (2) reminds, of

WRITING Plus (1)例1 I have[I've] lived here[in my town] for ten years. 例2 I have[I've] lived here[in my town] since childhood. (2)例1 I have[I've] known him for five years. 例2 I have[I've] known her since last year.

解説

❶ 現在完了〈have[has] ＋過去分詞〉で「(ずっと) 〜です」という状態の継続を表す。

(1) be 動詞の過去分詞は been。直前に have があるので，過去形 was は適さない。

(2) 状態が継続している期間をたずねるときは，how long「どのくらいの間」を使う。

❷ (1) since 〜 は「〜から，〜以来」という意味を表す。状態の継続は現在完了で表す。主語は He なので，現在完了には has を使う。

(2) for 〜 は「〜(の)間」という意味を表す。状態が継続している意味を表すには，〈have[has] ＋過去分詞〉の形を作る。

❸ (1)「〜したい」という意味の want to 〜 を現在完了の形にする。to の後には動詞の原形を置く。

(2)「知っている」という状態の継続を表すので，現在完了の文を作る。childhood は「子供の頃，幼少期」という意味。

(3)「いる」という状態の継続は，〈have[has] ＋

過去分詞〉で表せる。for の後には「期間」を表す語句が続く。

(4)「どのくらいの間〜ですか」と，状態が継続している期間をたずねるときは，how long の後に現在完了の疑問文の語順を続ける。

❹ (1)「私の姉[妹]は先週の金曜日からずっと病気です。」という意味の文を作る。is を has been に書きかえる。

(2) for two years は期間を表すので，how long を使って「どのくらいの間」とたずねる文に書きかえる。

❺ ミス注意! 1つ目の文は「彼は4年前に東京へ行って，まだそこに住んでいます。」という意味。現在完了形を使って「彼は4年間ずっと東京に住んでいます。」という意味の文を作る。

❻ (1)「〜に向かって努力する」は work for 〜。be going to のあとには，動詞の原形を置くことに注意する。

(2)「〜に…を思い出させる」は remind 〜 of …。主語は This song で，現在の文なので，remind に s を付ける。

WRITING Plus (1)質問文は「あなたはどのくらいの間あなたの町に住んでいますか。」という意味の文。for や since を使って，具体的な期間を答える。

(2)質問文は「あなたはどのくらいの間あなたの英語の先生を知っていますか。」という意味の文。I have[I've] known him[her] for[since] 〜. で答える。

ポイント 継続を表す現在完了
〈have[has]＋過去分詞〉
「(ずっと)〜しています」という意味で，for 〜(〜の間)，since 〜(〜以来)がよく使われる。

p.28〜29 ステージ1

Wordsチェック (1)半分の
(2)〜をはっきり理解する，悟る
(3)悲惨な，痛ましい　(4)create　(5)young
(6)better

❶ (1) has been raining
(2) have been playing tennis
(3) has been making a cake
❷ (1)イ　(2)イ　(3)ア　(4)ア
❸ (1) It has been raining for three days.
(2) Have they been working here for a long

time?
(3) I have been watching TV for five hours.
(4) She has been traveling in Africa since last year.
❹ (1) I have[I've] been doing my homework.
(2) My brother has been sleeping for ten hours.
(3) Have you been reading comic books?
(4) How long has Nick been learning calligraphy?
❺ (1)あなたは(ずっと)プールで泳いでいますか。
(2)あなたはどのくらいの間英語を勉強していますか。
❻ (1) were determined　(2) What can

◆ 解説 ◆

❶ 現在完了進行形〈have[has] been ＋動詞の -ing 形〉は「(ずっと)〜しています」という動作の継続を表す。
(1)主語の It が3人称単数なので，has を使う。
(2)主語の They が複数なので，have を使う。
(3)主語の Lisa が3人称単数なので，has を使う。make は e を取って -ing 形にする。

❷ (1) Eri は3人称単数なので，has が適切。
(2) ミス注意! since two p.m. という継続の期間を表す語句があるので，現在完了進行形の has been playing が適切。
(3)直前に has，直後に -ing 形の動詞があるので，過去分詞 been が入れば，現在完了進行形の文が成り立つ。
(4)直後に three hours という時間の長さを表す語句があるので，for「〜の間」を入れるのが適切。

❸ (1)天候は it を主語にして表す。主語の後には has been raining という現在完了進行形を続ける。「3日間」は for three days と表す。
(2) Have を文頭に置いて，現在完了進行形の疑問文の形を作る。「長い間」は for a long time。
(3)「5時間」という時間の長さを表すときは，for を使って，for five hours とする。
(4)「昨年から」というある時点からの期間を表すときは，since を使って，since last year とする。

❹ (1)「私は(ずっと)宿題をしています。」という意味の文を作る。主語が I なので，have を使って現在完了進行形にする。
(2)「私の兄[弟]は10時間ずっと眠っています。」

12

という意味の文を作る。主語が3人称単数の My brother なので，has を使って現在完了進行形にする。

(3)「あなたは（ずっと）漫画本を読んでいるのですか。」という意味の文を作る。〈have[has] been ＋動詞の -ing 形〉を使った現在完了進行形の文は，have[has] を文頭に置いて，疑問文にする。

(4)「ニックはどのくらいの間書道を習っているのですか。」という意味の文を作る。「どのくらいの間～していますか」は how long を文頭に置いて疑問文の語順を続ける。calligraphy は「書道」。

5 (1)〈have been ＋動詞の -ing 形〉の have が文頭に置かれているので，疑問文の意味になる。

(2)How long から文が始まっていて，疑問文の語順が続いているので，「どのくらいの間～していますか」とたずねる疑問文の意味になる。

6 (1)「～することを堅く決心している」は be determined to ～。主語が We で過去の文なので，be動詞は were を使う。

(2)「～するために私たちは何ができますか。」は What can we do to ～? で表す。不定詞の to を使っている。

ポイント 現在完了進行形
〈have[has] been＋動詞の-ing形〉
「(ずっと)～しています」

p.30～31 ステージ1

Wordsチェック (1)価値のある
(2)犠牲者 (3)世代 (4)～(である)けれども
(5)war (6)however (7)meal
(8)impossible

1 (1)ア (2)ア
2 (1)It, to (2)for, to
(3)It is[It's] hard for me to
3 (1)It is necessary for us to do our homework.
(2)It is interesting for me to play tennis.
(3)It is not easy for his sister to get up early.
(4)Is it difficult for Nick to speak French?
4 (1)It is good to be kind to other people.
(2)It was easy for me to answer the question.
(3)Was it exciting for Kenta to watch the game?

5 (1)getting older (2)passed, on
(3)brought up (4)thought of[about]
(5)by year

解説

1 〈It is[It's] ～ for 人＋to＋動詞の原形〉は「人が…するのは～です」の意味を表す。for の後には人の名前や人称代名詞が続く。
(1)for の後に人称代名詞を置くときは，「～を[に]」の意味の目的語になる形を使う。
(2)for の後に人の名前を置くときは，そのままの形で置く。
2 〈It is[It's] ～ for me＋to＋動詞の原形〉という形を作る。「私が」という意味を表すために，for me を使うことに注意する。
3 (1)It is necessary の後に for us to do ～ を続ける。日本文の「私たちが」を for us で表す。
(2)for me は to play tennis の直前に置くことに注意する。
(3)It is ～ という be動詞を使った文なので，is の直後に not を置いて否定文を作る。
(4)主語が it，動詞が is の文なので，is を it の前に置いて疑問文の意味を表す。
4 (1)「ほかの人々に親切にすることはよいことです。」という意味の文。〈It is ～＋to＋動詞の原形〉の文に書きかえる。
(2)「私にとってその質問に答えることは簡単でした。」という文を作る。be動詞の文を過去の意味にするには，is を過去形の was に変える。
(3)「ケンタにとってその試合を見ることはわくわくすることでしたか。」という文を作る。It was ～ という過去の be動詞を使った文なので，was を it の前に出して表す。
5 (1)「より～になる」は get -er。「年老いた」は old。
(2)「～を伝える」は pass ～ on。過去の文なので，過去形 passed にすることに注意する。
(3)「～を育てる」は bring up ～。She を主語にした過去の受け身の文で表す。
(4)「～について考える」は think of ～。現在完了形の文なので，過去分詞 thought を使う。
(5)「年々」は year by year。

ポイント 「(人が)…するのは～です」
〈It is[It's] ～ (for 人)＋to＋動詞の原形〉

p.32〜33 ◀ **文法のまとめ①** ▶

1 (1) have known, for
(2) has been playing, since
(3) Have, ever been
(4) have already had[eaten]

2 (1) How long have you been learning Chinese?
(2) He hasn't arrived at the airport yet.
(3) I have never read this comic book.

3 (1)あなた(たち)はもう教室を掃除（そうじ）しましたか。
(2)私の兄[弟]は昨夜から病気です。

▰▰▰ 《 解説 》 ▰▰▰

1 (1)「知っている」という状態の継続の意味を，現在完了で表す。for「〜の間」を使って，「10年間」は for ten years と表す。
(2)動作の継続の意味は現在完了進行形で表す。「5歳のときから」は since he was five と表す。
(3)経験を表す現在完了を使う。「〜へ行ったことがある」は have[has] been to 〜で表す。主語が you なので，have を使う。「これまでに」は ever で表す。
(4)完了を表す現在完了を使う。「もう」は肯定文では already で表す。already は have[has] の後に置くことが多い。

2 (1)「どのくらいの間〜していますか」は How long を文頭に置き，現在完了進行形の疑問文の語順を続けて表す。
(2) **ミス注意** 完了を表す現在完了の否定文。has not の短縮形 hasn't が語句の中にある。yet「まだ」は文末に置く。
(3)「一度も〜したことがありません」という経験を表す現在完了の否定文は never「一度も〜ない」を使って表せる。

3 (1)完了を表す現在完了の疑問文。yet は疑問文で使われると「もう」という意味を表す。
(2)状態の継続を表す現在完了の文。sick は「病気の，具合が悪い」という意味。

p.34〜35 **Let's Read 1**

Question (1)イ
(2) the 6:50 a.m. steam train
(3) going
(4)初めて爆弾（ばくだん）が広島市に落とされました。
(5) frightening noise it made
(6)(濃い雲状の)煙が上がった場所。

(7)1. He went there by (steam) train.
2. He saw a fire burning intensely.

WordBox BIG 1 (1)音，物音，騒音
(2)飛行機 (3)心配して (4) bridge
(5) dig (6) excellent

2 (1) happened to (2) went on
(3) At last (4) for the first time
(5) right away

▰▰▰ 解説 ▰▰▰

Question (1)「〜にとっては」という意味の for を入れると，文の意味が通る。
(2)直前の文を参照。the 6:50 a.m. steam train を指すと考えると，it was delayed の文意にも合う。
(3)go on は「続く」。be動詞 was があるので過去進行形の文にすると文脈に合う。
(4)was dropped という〈be動詞＋過去分詞〉の形が使われているので，過去の受け身の意味になると考える。drop は「落とす，落下させる」。
(5) **ミス注意** What (a) 〜! は「なんて〜なんだ」という感嘆の意味を表す。frightening は「ぞっとさせる」という意味。
(6)直前の文から there が指す場所を考える。濃い雲状の煙が上がったと述べられているので，その煙が上がった場所に行ったと考えられる。
(7)1. 質問文は「4月4日に聿美（いつし）は広島にどのようにして行きましたか。」という意味。3行目から，蒸気機関車で行ったことが分かる。
2. 質問文は「濃い雲状の煙が上がった後，聿美は何を見ましたか。」という意味。10〜11行目参照。

WordBox BIG 2 (1)「〜に起こる，生じる」は happen to 〜。
(2)「続く」は go on。過去の意味なので，went on とする。
(3)「ついに，ようやく，やっと」は at last。
(4)「初めて」は for the first time。
(5)「すぐに，ただちに」は right away。

p.36 ▰▰ **ステージ1**

Words チェック (1)気候変動
(2)失うこと，減少 (3)(分類上の)種
(4)アフリカ(産)の (5) danger
(6) shark (7) extinct (8) disappear

1 (1) Eri may be busy today.　エリは今日忙しいかもしれません。

14

(2)**Kota may know her name.** コウタは彼女の名前を知っているかもしれません。

❷ (1)**became extinct** (2)**may rain**

(3)**in danger** (4)**may be** (5)**May[Can] I**

━━━━━━━━ 解説 ━━━━━━━━

❶ may は「～かもしれない」という意味を表す。may のあとには動詞の原形を置く。

(1) may を加えて，is は原形の be にする。

(2)**ミス注意!** may の後には動詞の原形を置くので，may know とする。主語が３人称単数であっても，know を原形にすることに注意する。

❷ (1)「～の状態になる」という意味の become を使って，「絶滅する」は become extinct で表せる。過去の文なので，became の形で使う。

(2)「～かもしれない」は助動詞の may で表す。

(3)「危険な状態の」は in danger で表す。danger は「危険，危険状態」という意味。

(4)「～かもしれない」という意味の may のあとには動詞の原形を置くので，may be とする。

(5) may は「～してよい」という意味を表すので，「私は～してもよろしいでしょうか」は May I ～? で表せる。come in は「入る，入ってくる」という意味。

p.37 ━━━ ステージ**1**

Ｗordsチェック (1)(車の)往来，交通(量)

(2)**crossing**

❶ (1)イ (2)イ (3)イ

❷ (1)**We've been** (2)**been running**

(3)**How long**

❸ (1)**I've been cleaning the house since this morning.**

(2)**She has been swimming for two hours.**

(3)**I've been thinking about the next tournament.**

━━━━━━━━ 解説 ━━━━━━━━

❶ (1)for an hour という期間を表す語句があるので，現在完了進行形の文にするのが適切。

(2)since last night「昨夜から」というある時点からの期間を表す語句があるので，現在完了進行形の文にするのが適切。

(3)期間を表す語句を作る。あとに three hours（３時間）という時間の長さを表す語句が続いているので，for（～の間）を選ぶ。

❷ (1)「（ずっと）～しています」は〈have[has]

been ＋動詞の -ing 形〉で表す。解答欄の数から，we have を we've と短縮形にする必要がある。

(2)動作の継続を表す意味なので，〈have[has] been ＋動詞の -ing 形〉の形を作る。running には n を重ねることに注意する。

(3)「どのくらいの間」は How long で表す。

❸ (1)「（ずっと）～しています」という動作の継続は，〈have[has] been ＋動詞の -ing 形〉で表す。「～から」は since で表す。

(2)現在完了進行形の肯定文を作る。「２時間」は for two hours で表せる。

(3)現在完了進行形の肯定文。I have が I've と短縮形になっていることに注意する。

p.38～39 ━━━ ステージ**2**

❶ 🎧**LISTENING** ア

❷ (1)**I have[I've] been busy for a week.**

(2)**It wasn't[was not] easy for me to play the guitar.**

(3)**How long has he lived in Naha?**

(4)**It is interesting for Naomi to study science.**

(5)**They have been practicing basketball for two hours.**

❸ (1)**haven't seen him** <u>for</u> **a week**

(2)**Chris has known me** <u>since</u> **2015.**

(3)**It is important** <u>for</u> **us to read books.**

(4)**How** <u>long</u> **have you been watching the video?**

❹ (1)①イ ⑤エ (2)**The dome**

(3)**reminds, of** (4)**How long**

❺ (1)**working for** (2)**reminds me**

(3)**long time** (4)**brought up[grew up]**

❻ (1)**It has been cold since last Monday.**

(2)**It is[It's] exciting for him to ride (on) a horse.**

━━━━━━━━ 解説 ━━━━━━━━

❶ 🎧**LISTENING** 「ジョンは子供の頃からずっと動物に興味があります。」という意味の文。

🎵**音声内容**
John has been interested in animals since childhood.

❷ (1)「私は１週間ずっと忙しいです。」という意味の文を作る。「（ずっと）～です」は〈have[has] ＋過去分詞〉の現在完了形で表す。for a week

は「1週間」。

(2)〈It is[It's]〜 for 人＋ to ＋動詞の原形〉の形を使って同じ意味を表す。be 動詞が was なので，過去の文であることに注意する。

(3)for a year は期間を表す語句なので，「彼はどのくらいの間那覇に住んでいますか。」とたずねる文を作る。「どのくらいの間」は How long で表す。

(4)〈It is[It's]〜 for 人＋ to ＋動詞の原形〉の形に書きかえる。for Naomi のあとに to study science を続けることに注意する。

(5)「彼らは2時間ずっとバスケットボールを練習しています。」という意味の文を作る。〈have[has] been ＋動詞の -ing 形〉の形を作るとき，practice の末尾の e は取る。for two hours は「2時間」。

❸ (1)「（ずっと）〜していません」は現在完了の否定文で表す。「1週間」は for a week。for を補う。

(2)「（ずっと）〜です」という状態の継続は〈have[has] ＋過去分詞〉の現在完了で表す。「2015年から」は since 2015とする。since を補う。

(3)〈It is[It's]〜 for 人＋ to ＋動詞の原形〉の形を作る。「私たちが」という意味を表すための for を補う。

(4)「どのくらいの間」は how long で表し，その直後に現在完了進行形の疑問文の語順を続ける。long を補う。

❹ (1)for 〜は「〜の間」という意味で，直後には時間の長さを表す語句を伴う。since 〜は「〜以来，〜から」という意味で，直後にはある時点を表す語句を伴う。

(2)**ミス注意！** 直前の文を参照。It は単数の名詞や内容を指す。

(3)名詞の reminder「思い出させるもの[人]」を動詞 remind で書きかえる。remind 〜of ... で「〜に…を思い出させる」という意味。

(4)「どのくらいの間〜ですか」は how long を使って表す。

❺ (1)「〜に向かって努力する」は work for 〜。

(2)「〜に…を思い出させる」は remind 〜of ...。主語が3人称単数で現在の文なので，reminds とする。

(3)「長い間」は for a long time。

(4)「〜を育てる」は bring up。過去の受け身の文。

❻ (1)「（ずっと）〜です」という状態の継続は〈have[has] ＋過去分詞〉の現在完了で表す。寒暖を表すときは it を主語にする。

(2)〈It is[It's]〜 for 人＋ to ＋動詞の原形〉の形を使って表す。「〜に乗る」は ride (on) 〜。

p.40〜41 ステージ3

❶ 🎧LISTENING (1)ア (2)ウ (3)エ

❷ (1)イ (2)ア (3)イ (4)イ

❸ (1)in danger (2)for the first time
(3)happened to (4)thinking of[about]
(5)passed on

❹ (1)My mother has been in the hospital since last Monday.
(2)My sister has been driving for three hours.
(3)How long have you known Nick?
(4)It was impossible for Eri to answer the question.

❺ (1)for us
(2)Thinking
(3)平和な世界を創造すること。
(4)world

❻ (1)It was difficult for him to get up early.
(2)I have been taking pictures since this morning.

❼ (1)We have[We've] lived in Kanazawa for ten years.
(2)It is necessary for them to have[eat] breakfast every morning.

❽ 例1 I have[I've] been studying it[English] for five years.
例2 I have[I've] been studying it[English] since childhood.

解説

❶ 🎧LISTENING (1)How long has Kana been dancing? は「カナはどのくらいの間ダンスをしていますか。」という意味。4つ目の発言に，I started dancing five years ago.(私は5年前にダンスを始めました。)とある。

(2)Is it difficult for Takuya to write a letter in English? は「タクヤが英語で手紙を書くことは難しいですか。」という意味。4つ目の発言に，it's

16

difficult for me to write a letter in English(私が英語で手紙を書くことは難しいです)とある。

(3) Why has Saki been busy? は「なぜサキはずっと忙しいのですか。」という意味。4つ目の発言に Because I have to practice tennis.(私はテニスを練習しなければならないからです。)とある。

> ♪ 音声内容
>
> (1) A: You danced so well at the school festival, Kana.
> B: Oh, thank you, Jim.
> A: When did you start dancing?
> B: I started dancing five years ago.
> Q: How long has Kana been dancing?
>
> (2) A: What are you doing, Takuya?
> B: Oh, Elly. I'm writing a letter to my friend in Australia.
> A: Are you writing it in English?
> B: Yes, but it's difficult for me to write a letter in English.
> Q: Is it difficult for Takuya to write a letter in English?
>
> (3) A: Have you read any books lately, Saki?
> B: No, I haven't. I have been busy, so I have had no time to read.
> A: Why have you been busy?
> B: Because I have to practice tennis. I will have a tournament next week.
> Q: Why has Saki been busy?

❷ (1)〈have[has]＋過去分詞〉で「(ずっと)〜です」という状態の継続を表す。want to 〜「〜したい」を使っている。

(2) since の後には過去のある時点を表す語句が続く。for の後には期間を表す語句が続くため、不適切。

(3)〈It is[It's]〜 for 人＋ to ＋動詞の原形〉の形がくる。人の前には for を置く。

(4) How long have you で文が始まっていることから、現在完了を使った文だと分かる。been running なら、現在完了進行形が成り立つ。

❸ (1)「危険な状態の」は in danger。think that 〜は「〜と(いうこと)を思う」という意味。

(2)「初めて」は for the first time。

(3)「〜に起こる、生じる」は happen to 〜。過去の意味の文なので、過去形 happened にする。

(4)「〜について考える、〜を思い浮かべる」は think of 〜。現在進行形の文なので、thinking of

とする。about「〜について、〜に関して」を用いても同じ意味が表せる。

(5)「〜を伝える、〜を譲る」は pass 〜 on。受け身の意味の文なので、過去分詞 passed を使う。

❹ (1)「私の母はこの前の月曜日から病院にいます。」という意味の文を作る。is を has been に書きかえる。

(2)「私の姉[妹]は3時間ずっと車を運転しています。」という意味の文を作る。現在進行形の is driving を has been driving に書きかえる。

(3)「あなたはどのくらいの間ニックを知っていますか。」という意味の文を作る。How long のあとに疑問文の語順を続ける。

(4)「エリがその質問に答えることは不可能でした。」という意味の文を作る。「不可能な」という意味の impossible を使って、〈It was〜 for 人＋ to ＋動詞の原形〉の文にする。

❺ (1)〈It is[It's]〜 for 人＋ to ＋動詞の原形〉の形を作る。「私たちが」を for us で表す。

(2) ミス注意! 動名詞 Thinking「考えること」を主語にする。不定詞を使った To think でも同じ意味を表せるが、解答欄が1つなので適さない。

(3)直前の文にも think about が使われていることに着目する。it は直前の文の creating a peaceful world を指す。

(4)直前の2文の内容から、world「世界」が適切。平和な世界についての話題が続いている。

❻ (1)〈It is[It's]〜 for 人＋ to ＋動詞の原形〉の形を使う。過去の意味の文なので、be動詞は was を使う。

(2)「(ずっと)〜しています」は現在完了進行形の〈have[has] been ＋動詞の -ing 形〉で表す。

❼ (1)「(ずっと)住んでいる」という状態の継続の意味なので、現在完了形の〈have[has] ＋過去分詞〉を使う。「10年間」は for ten years で表す。

(2)〈It is[It's]〜 for 人＋ to ＋動詞の原形〉を使う。「必要な」は necessary で表す。

❽ 質問文は「あなたはどのくらいの間英語を勉強していますか。」という意味。I have[I've] been studying it[English] 〜. で答える。

Unit 4

p.42~43 ステージ**1**

Words チェック ⑴住所，宛先

⑵機械（装置）　⑶非常に，とても

⑷skin　⑸technology　⑹common

❶ ⑴a song which moves

⑵a book which tells

⑶a machine which speaks

❷ ⑴私は英語で書かれた小説を読みたいです。

⑵サッカーは世界中で人気のあるスポーツです。

❸ ⑴This is a shop which is famous in the area.

⑵I need to take the train which will leave at one.

⑶Nara is an old city which has a lot of temples.

⑷The letter which arrived yesterday is for you.

❹ ⑴I often see movies which were made

⑵Is this the bus which goes to the station?

⑶I'll show you books which are useful for you.

⑷Cars which use a lot of gas are not popular.

❺ ⑴came up　⑵responds to

❻ ⑴search engine　⑵drone　⑶package

⑷translate

■ 解 説 ■

❶ 〈もの・動物＋which＋動詞～〉の語順。which の後に続く文が前の名詞を説明する。

⑴「これはたくさんの人を感動させる歌です」

⑵「これは私たちにネコについてたくさんのことを教えてくれる本です」

⑶「これはたくさんの言語を話す機械です」

❷ 〈which＋動詞～〉が前の名詞を説明することに注意して，日本語にする。

⑵all over the world は「世界中で」という意味。

❸ ⑴It ＝ a shop なので，It を関係代名詞 which に置きかえて，a shop の後に続ける。

⑵It ＝ the train なので，It を関係代名詞 which に置きかえて，the train の後に続ける。

⑶It ＝ an old city なので，It を関係代名詞 which に置きかえて，an old city の後に続ける。a lot of は「たくさんの」という意味。

⑷It ＝ The letter なので，It を関係代名詞 which に置きかえて，The letter の後に続ける。

❹ ⑴関係代名詞 which を使って movies に説明を付け加える。

⑵the bus の後に which goes to the station という説明する文を続ける。

⑶「あなたにとって役に立つ」を which を使った説明の文として，books の後に付ける。

⑷「ガソリンを多く使う車」という主語になる語句を関係代名詞 which を使って表す。

❺ ⑴ **ミス注意！** 「～を思いつく，見つける」は come up with ～。過去の文なので過去形にする。

⑵「～に応答する，反応する」は respond to ～。主語が 3 人称単数で，現在の文。

❻ ⑴「私は検索エンジンでたくさんの情報を得ました。」

⑵「そのドローンは 3 時間飛ぶことができます。」

⑶「その小包はあなたの家に配達されます。」

⑷「その英語の本を翻訳してくれませんか。」

ポイント 関係代名詞 which（主語）

〈名詞＋which＋動詞 ～〉

「～する…」という意味。which は名詞が「もの」や「動物」のときに使われる。

p.44~45 ステージ**1**

Words チェック ⑴表現，言い回し

⑵もはや，これ以上　⑶agree

⑷foreign

❶ ⑴an aunt who speaks

⑵a brother who likes

⑶a sister who works

❷ ⑴Nick is a boy who loves soccer.

⑵I know the girl who lives near the park.

⑶The child who is playing a video game is my cousin.

⑷There are many people who need help in the world.

❸ ⑴is the man who bought that house

⑵Look at the girls who are playing tennis.

⑶He has a sister who is studying music.

⑷A woman who has long hair is waiting outside.

❹ ⑴agree with　⑵good at　⑶thanks to

(4) **interact**　(5) **disagree with**

❺ (1) **I know the student who is reading a book over there.**

(2) **The teacher who can speak English is Ms. Brown.**

<u>WRITING Plus</u>✎　例1 **I have a friend who is from the U.K.**

例2 **I have a brother who plays volleyball.**

━━━━━━━━ 解説 ━━━━━━━

❶ 〈人＋who＋動詞～〉の語順。who の後の文が前の名詞を説明する。

(1)「私には中国語を上手に話すおばがいます。」

(2)「私には野球がとても好きな兄［弟］がいます。」

(3)「私には看護師として働く姉［妹］がいます。」

❷ (1) He＝a boy なので，He を関係代名詞 who に置きかえて，a boy の後に続ける。

(2) She＝the girl なので，She を関係代名詞 who に置きかえて，the girl の後に続ける。near は「～の近くに」という意味。

(3) He＝the child なので，He を関係代名詞 who に置きかえて，the child の後に続ける。The child who is playing a video game が文の主語になる。

(4) They＝many people なので，They を関係代名詞 who に置きかえて，many people の後に続ける。

❸ (1) the man の後に関係代名詞 who を使って説明を付け加える。

(2) the girls の後に関係代名詞 who を使って who are playing tennis という説明を付け加える。

(3)「音楽を勉強している妹」を関係代名詞 who を使って表す。

(4) ミス注意！ 「髪の毛の長い女性」という文の主語を，関係代名詞 who を使って表す。

❹ (1)「～に賛成する」は agree with ～。

(2)「～が上手だ」は be good at ～。

(3)「～のおかげで」は thanks to ～。

(4)「交流する」は interact。

(5)「～と意見が合わない」は disagree with ～。

❺ (1)「あそこで本を読んでいる生徒」を関係代名詞 who を使って，the student who is reading a book over there と表す。

(2)「英語を話すことができる先生」を関係代名詞 who を使って，the teacher who can speak

English と表す。

┏━━ ポイント ━━ 関係代名詞 who（主語）
〈名詞＋who＋動詞 ～〉
「～する…」という意味。who は名詞が「人」のときに使われる。

p.46～47 ━━ ステージ**1**

▼**Words**チェック (1)理解，知識

(2)(質問・要求など)を出す　(3)～を思い出す

(4)～だと思う　(5) **depend**

(6) **broaden**　(7) **exchange**　(8) **rapidly**

❶ (1)ウ　(2)ア　(3)イ　(4)ウ

❷ (1)そこで眠っているネコを知っています

(2)オーストラリアで話されている言語は英語です。

(3)私の兄［弟］はフランスで作られた車を持っています。

(4)彼は丘の上に立っている家に住んでいます。

❸ (1) **This is the bag that was found on the sofa.**

(2) **People that live in this city can use this library.**

(3) **The boy that is running over there is my brother.**

(4) **I know the man that is talking on the smartphone.**

❹ (1) **The man that talked to you is**

(2) **Look at the bus that has just arrived.**

(3) **Is he a singer that is famous in France?**

(4) **The woman that wrote this novel came to Japan.**

(5) **That's the artist that painted this picture.**

❺ (1) **proper**　(2) **hate to**　(3) **depend on**

(4) **directly**

━━━━━━━━ 解説 ━━━━━━━

❶ 〈名詞＋that＋動詞～〉のかたまりを作る。that の後の文が前の名詞を説明する。that は前の名詞が「もの・動物」「人」のいずれの場合にも使うことができる。

(1) dogs <u>that</u> have brown hair「茶色の毛をした犬」。

(2) The woman <u>that</u> is sitting on the chair「いすの上に座っている女性」。

(3) the tablet <u>that</u> was bought for me by my

father「私の父によって私に買われたタブレット」。

(4) a sister that can speak Japanese「日本語を話すことができる姉[妹]」。

❷ 〈that＋動詞～〉が前の名詞を説明する。

(2) **ミス注意❗** A language that is spoken in Australia が文の主語になっている。

(3) was made in France は受け身の形を使った表現。

❸ (1) It = the bag なので，It を関係代名詞 that に置きかえて，the bag の後に続ける。was found は受け身の形。

(2) They = People なので，They を関係代名詞 that に置きかえて，People の後に続ける。

(3) He = The boy なので，He を関係代名詞 that に置きかえて，The boy の後に続ける。

(4) He = the man なので，He を関係代名詞 that に置きかえて，the man の後に続ける。

❹ (1)「あなたに話しかけた男性」という意味の主語を関係代名詞 that を使って表す。

(2) 関係代名詞 that を使って「ちょうど到着したバス」を表す。

(3) 関係代名詞 that を使って「フランスで有名な歌手」を表し，be 動詞の疑問文を作る。

(4)「この小説を書いた女性」という主語を，関係代名詞 that を使って表す。

(5)「この絵を描いた芸術家」を関係代名詞 that を使って表す。

❺ (1)「適切な」は proper。

(2)「～をすることを嫌に思う」は hate to ～。

(3)「～に頼る，依存する」は depend on ～。

(4)「直接に」は directly。

ポイント 関係代名詞 that（主語）
〈名詞＋that＋動詞 ～〉
「～する…」という意味。that は名詞が「もの・動物」「人」いずれのときも使える。

p.48～49 Let's Read 2

Question (1) been

(2)（2018年の秋に開業した）日本のあるカフェ

(3) He is a 25-year-old man who has a serious disease.

(4) thanks　(5) イ

(6) 1. Because he cannot move his body.

2. He controls it with small movements of his fingers.

Word Box BIG ❶ (1)登場人物，キャラクター

(2)人，人間　(3)～に着く，到着する

(4) imagine　(5) improve　(6) dangerous

❷ (1) came true　(2) variety of

(3) and more　(4) again and again

(5) made friends with　(6) connected with

解説

Question (1)直前に has があるので，過去分詞の形 been にして現在完了形を作る。

(2)直後の文を参照。It = OriHime。

(3)「重い病気にかかっている25歳の男性」を，関係代名詞 who を使って表す。

(4)「現在 OriHime は彼をあるカフェで働かせています。」という意味の文。「現在 OriHime のおかげで，彼はあるカフェで働くことができます。」という意味の文に書きかえる。thanks to ～「～のおかげで」。

(5)〈名詞＋（ ⑤ ）＋動詞～〉の語順になっているので，空所に関係代名詞 that を入れると，that 以下が a live video を説明する形になる。

(6) 1. 質問文は「永廣さんはなぜ以前は仕事がなかったのですか。」という意味。本文５～６行目参照。

2. 質問文は「永廣さんはどのようにして OriHime を思うように操りますか。」という意味。本文７行目参照。

Word Box BIG ❷ (1)「実現する」は come true。

(2)「いろいろの～」は a variety of ～。

(3)「ますます」は more and more。

(4)「何度も何度も」は again and again。

(5)「～と友達になる」は make friends with ～。friends と複数形になることに注意。

(6)「～を…と関係させる」は connect ～ with ....～が主語になった受け身の文で表す。

20

p.50~51 ■■**ステージ1**

Ｗords**チェック** (1)海，海洋 (2)解決策
(3)～に影響する，（人・体を）冒す
(4)（必要なもの）を提供する (5)health
(6)north (7)shine (8)save

❶ (1)イ (2)イ (3)ア (4)ア (5)ア

❷ (1)夕食の前に宿題をしなさい。
(2)これはたくさんの人々によって読まれている本です。
(3)図書館では，友達とおしゃべりをしないでください。
(4)京都は長い歴史のある都市です。

❸ (1) introduce your school to me
(2) Do you have a friend that plays baseball?
(3) I must get on the train that goes to Nagoya.
(4) Let me use your bike.
(5) The girl that lost her shoes looks very sad.

❹ (1) welcome (2) be served[provided]
(3) part [members] of
(4) make, difference
(5) Rain, shine (6) Feel free

❺ (1) solution (2) Detailed (3) wildlife
(4) trash

■■■■■■■■■ 解 説 ■■■■■■■■■

❶ (1)「動物」を説明する関係代名詞は that。
(2) be 動詞の命令文は，Be ～. で表す。
(3)〈名詞＋ that ＋動詞～〉が文全体の主語になっている。「歌っている女の子」が主語。
(4)命令文は動詞の原形で文を始める。
(5)否定の命令文は〈Don't ＋動詞の原形〉で文を始める。

❷ (1)一般動詞の原形で始まる命令文。
(2)(4)関係代名詞 that を使った〈that ＋動詞～〉が前の名詞を説明している。
(3)否定の命令文。

❸ (1)「～を…に紹介する」は introduce ～ to …。
(2)「野球をする友達」を，関係代名詞 that を使って表す。
(3)「名古屋行きの列車」を「名古屋に行く列車」と言いかえて，関係代名詞 that を使って表す。
(4)「私に～させてください」は let me～。
(5)「靴をなくした女の子」という主語を関係代名詞 that を使って表す。

❹ (2)助動詞のある受け身の文は〈助動詞＋ be ＋過去分詞〉で表す。「（食べ物）を出す」は serve。
(3)「～の一員でいる」は be part of ～。
(4)「効果を上げる」は make a difference。
(5)「晴雨にかかわらず」は rain or shine。
(6)「遠慮なく～する」は feel free to ～。

❺ (1)「その問題に解決策はありますか。」
(2)「詳細な情報が必要とされています。」
(3)「汚染は森の野生生物に影響します。」
(4)「あそこのごみ袋に缶を入れてください。」

p.52~53 ■■**ステージ2**

❶ **LISTENING** ア

❷ (1) I know a teacher who[that] is from the U.A.E.
(2) I want a car which[that] was made in Italy.
(3) Did you see the student who[that] won the speech contest?
(4) The people who[that] work with me are very kind.
(5) Osaka is one of the big cities which[that] have tall buildings.
(6) The sweater which[that] was found on the chair is my sister's.

❸ (1) This is the letter that was written by my sister.
(2) Can you see the church which is on the hill?
(3) Who is the woman that can speak Spanish?
(4) That is the doghouse that was built by my grandfather.

❹ (1) exchanging (2)ア
(3)外国語を学ぶことは，あなたの世界観を広げてくれる経験です。

❺ (1) came up (2) depends on (3) come true
(4) made friends (5) feel free

❻ (1) Do you know the man who[that] wrote this book?
(2) I want to find a job which[that] helps people.
(3) I have a brother who[that] loves swimming.
(4) The girl who[that] is dancing over

there is Lisa.

━━━━━━━━ ▶ 解説 ◀ ━━━━━━━━

1 🎧**LISTENING** 関係代名詞 which を使った文で，答えになる動物の住んでいる場所が分かる。

🎵**音声内容**
This is a large animal.　It is an animal which lives in the sea.

2 (1) She = a teacher なので，She を関係代名詞 who[that] に置きかえて，a teacher の後に続ける。

(2) It = a car なので，It を関係代名詞 which[that] に置きかえて，a car の後に続ける。

(3) He = the student なので，He を関係代名詞 who[that] に置きかえて，the student の後に続ける。won は win の過去形。

(4) They = The people なので，They を関係代名詞 who[that] に置きかえて，主語である The people の後に続ける。

(5) They = the big cities なので，They を関係代名詞 which[that] に置きかえて，the big cities の後に続ける。one of ～ は「～のうちの1つ」という意味。

(6) It = The sweater なので，It を関係代名詞 which[that] に置きかえて，The sweater の後に続ける。The sweater which[that] ～が文の主語になる。

3 (1)「私の妹によって書かれた手紙」を関係代名詞 that を使って表す。受け身を使った文。

(2)「丘の上にある教会」を関係代名詞 which を使って表す。

(3)関係代名詞 that を使って「スペイン語を話すことができるその女の人」という主語を表す。who は疑問詞で「誰」という意味。

(4)「私の祖父によって建てられた犬小屋」を，関係代名詞 that を使って表す。built は build の過去分詞。

4 (1)**ミス注意** for は前置詞なので，動名詞（動詞の -ing 形）が続く。

(3) It は直前の文の learning foreign languages を指す。

5 (1)「～を思いつく」は come up with ～。過去の文。

(2)「～に頼る」は depend on ～。3人称単数の主語に合わせて depends とする。

(3)「実現する」は come true。

(4)「～と親しくなる」は make friends with ～。過去の文。

(5)「遠慮なく～する」は feel free to ～。

6 (1)「この本を書いた男の人」は the man who[that] wrote this book。

(2)「人々を助ける仕事」は a job which[that] helps people。

(3)「水泳が大好きな兄」は a brother who[that] loves swimming。

(4)「あそこで踊っている女の子」は the girl who[that] is dancing over there。

p.54～55 ━━ ステージ**3** ━━━

1 🎧**LISTENING** (1)駅　(2)パンダ　(3)友達

2 (1)ア　(2)イ　(3)ア　(4)ア

3 (1) **agree with**　(2) **hate to**
(3) **variety of**　(4) **more and more**
(5) **part of**

4 (1) **The video game which[that] is left on the table is mine.**
(2) **There is a student who[that] wants to see you.**
(3) **A young man who[that] is famous around here came into the office.**
(4) **Look at the giraffes which[that] are running over there.**

5 (1) **I have an uncle who runs a Japanese restaurant.**
(2) **speaking**　(3) **Thanks to**　(4)翻訳装置
(5)彼は自分のレストランに来る外国人客と容易に交流することができます。

6 (1) **I read a book which was on the bookcase.**
(2) **Is there anything that has inspired you?**

7 (1) **This is a blog which[that] is read by many[lots[a lot]of] people.**
(2) **The woman who[that] is talking with[to] Bob is his mother.**

8 例 **Yes, I do.[No, I don't.]**

━━━━━━━━ ▶ 解説 ◀ ━━━━━━━━

1 🎧**LISTENING** (1)2つ目の発言を参照。関係代名詞 that を使って，書店の場所が説明されている。

(2)4つ目の発言を参照。関係代名詞 who を使って，人々が何を見たいのかが説明されている。

(3) 2つ目の発言を参照。関係代名詞 which を使って，誰がくれたペンなのかが説明されている。

♪ 音声内容

(1) A: Hi, Eri. Is there a bookstore near here?
B: Yes, Nick. I know a bookstore that is by the station. Shall I take you there now?
A: Oh, really? Thank you.

(2) A: I'm going to visit the zoo this weekend, Kota.
B: Sounds fun. I think there will be a lot of people.
A: Really?
B: The zoo is always crowded. There are a lot of people who want to see the pandas.

(3) A: What are you doing, Emma?
B: Dad, I'm looking for my pen. It is a pen which was given to me by my friend.
A: Did you check your room?
B: Yes. Oh, I found it! It was under the table.

❷ 「もの・動物」を説明するか，「人」を説明するかで関係代名詞を使い分ける。that は「もの・動物・人」のいずれにも使える。

❸ (1) 「～に賛成する」は agree with ～。
(2) 「～することを嫌に思う」は hate to ～。
(3) 「いろいろの～」は a variety of ～。
(4) 「ますます」は more and more。
(5) 「～の一員でいる」は be part of ～。like「～のような」がいっしょに使われている文。

❹ (1) It = The video game なので，It を関係代名詞 which[that] に置きかえて，主語である The video game の後に続ける。
(2) He = a student なので，He を関係代名詞 who[that] に置きかえて，a student の後に続ける。
(3) He = A young man なので，He を関係代名詞 who[that] に置きかえて，A young man の後に続け，文の主語にする。
(4) They = the giraffes なので，They を関係代名詞 which[that] に置きかえて，the giraffes の後に続ける。一般動詞の原形を使った命令文。

❺ (1) 「私には日本食のレストランを経営している叔父がいます。」という意味の文を作る。
(2) be good at ～は「～が上手だ」という意味。～には名詞または動名詞(動詞の -ing 形)が入る。
(3) thanks to ～で「～のおかげで」という意味。
(4) 直前の文を参照。a translation device を指している。

(5) foreign customers who come to his restaurant は「彼のレストランに来る外国人客」という意味。interact は「交流する」。

❻ (1) 「本棚にあった本」を関係代名詞 which を使って表す。bookcase は「本棚，書棚」。
(2) 「何かあなたを鼓舞したもの」を関係代名詞 that を使って表す。inspire は「(人)を鼓舞する」。

❼ (1) 関係代名詞 which[that] を使って，「たくさんの人々によって読まれているブログ」という意味を表す。
(2) 「ボブと話している女の人」という主語を，who[that] を使って表す。

❽ 質問文は「あなたはあなたを助けてくれるロボットが欲しいですか。」という意味。Yes, I do. または No, I don't. と答える。

Unit 5

p.56〜57 ■■■ステージ❶

Wordsチェック (1) たった1つの　(2) ビニール袋
(3) environment　(4) throw

❶ (1) which she had
(2) which Jim bought
(3) which Kate received

❷ (1) ティナが好きな花です
(2) 彼らが訪れたい国はイギリスです。

❸ (1) This is the picture which my mother painted.
(2) The book which I left on the table is my father's.
(3) The baseball game which we saw last night was exciting.
(4) The train which I took this morning was crowded.

❹ (1) This is the bike which my brother uses
(2) The season which I love is spring.
(3) Is that the movie which you have watched before?
(4) Do you like the racket which you bought yesterday?

❺ (1) throw, away　(2) breaks down

❻ (1) cushion　(2) familiar
(3) amount　(4) harm　(5) presentation

━━━━ **解 説** ━━━━

❶ 〈もの・動物＋ which ＋主語＋動詞～〉の語順。which の後の文が前の名詞を説明する。
(1)「これは彼女が飼っていた犬です。」
(2)「これはジムがオーストラリアで買ったカップです。」
(3)「これはケイトがきのう受け取った手紙です。」

❷ 〈which ＋主語＋動詞～〉が前の名詞を説明する。which の後の文を先に日本語にし，名詞につなげるように訳すと考えやすい。

❸ (1) it ＝ the picture なので，it を関係代名詞 which に置きかえて，the picture の後に続ける。「私の母が描いた絵」という意味にする。
(2) it ＝ The book なので，it を関係代名詞 which に置きかえて，The book の後に続ける。「私がテーブルの上に置いた本」という意味にする。
(3) it ＝ The baseball game なので，it を関係代名詞 which に置きかえて，The baseball game の後に続ける。「私たちが昨夜見た野球の試合」という意味にする。
(4) it ＝ The train なので，it を関係代名詞 which に置きかえて，The train の後に続ける。「私が今朝乗った列車」という意味にする。

❹ (1)「私の兄が毎日使う自転車」を関係代名詞 which を使って表す。
(2)「私が大好きな季節」という意味にするため，関係代名詞 which を使って，「季節」に説明を加える。
(3)関係代名詞 which を使って「あなたが以前に見たことがある映画」という意味を表す。
(4)関係代名詞 which を使って，「ラケット」に「(あなたが)きのう買った」という説明を加える。

❺ (1)「～を捨てる」は throw ～ away。
(2)「分解される」は break down。

❻ (1)「ソファーにそのクッションを置いてください。」
(2)「私はこの町についてよく知っていません。」
(3)「私たちは使う水の総計を見ることができます。」
(4)「彼は決してあなたに危害を加えないでしょう。」
(5)「彼のプレゼンテーションはうまくいきました。」

ポイント 関係代名詞 which（目的語）
〈名詞＋which ＋主語＋動詞 ～〉
「…が～する―」という意味。目的語の働きをする関係代名詞は省略することができる。

---

p.58～59 ━━ **ステージ1**

Wordsチェック (1)～を貸す (2)1対，1組
(3)～を再利用する，～をリサイクルする
(4) social (5) umbrella (6) thrown

❶ (1) that Yui made
(2) that I read
(3) that Lisa saw

❷ (1) The bag that I bought yesterday is a present for her.
(2) I don't know the man that we met at the station.

❸ (1) borrow the book that you had yesterday
(2) that I watched on TV was surprising
(3) The woman you talked to is my mother.
(4) There is nothing that I can do for him.

❹ (1) This is the photo[picture] that I showed him.
(2) He is the tennis player that my sister loves[likes very much].

❺ (1) take action (2) gave up
(3) a pair of (4) kind of
(5) before yesterday (6) You see

WRITING Plus 例1 It's science.
例2 It's English.

━━━━ **解 説** ━━━━

❶ 〈もの・人＋ that ＋主語＋動詞～〉の語順。that 以下が前の名詞を説明する。
(1)「ユイが作ったケーキはとてもおいしいです。」
(2)「私が読んだ本はおもしろかったです。」
(3)「リサが見た男の子は幸せそうに見えました。」

❷ (1) it ＝ The bag なので，it を関係代名詞 that に置きかえて，The bag の後に続ける。「私がきのう買ったかばん」という意味にする。
(2) him ＝ the man なので，him を関係代名詞 that に置きかえて，the man の後に続ける。「私たちが駅で会った男性」という意味にする。

❸ (1)「あなたがきのう持っていた本」を関係代名詞 that を使って表す。
(2)関係代名詞 that を使って「私がテレビで見た番組」という意味を表す。
(3)「あなたが話しかけた女性」という意味にする。目的語の働きをする関係代名詞を省略して表す。
(4)「私が彼にできること（は何もない）」を，

nothing に関係代名詞 that で説明を加えて表す。

❹ (1)「私が彼に見せた写真」を，関係代名詞 that を使って，the photo[picture] that I showed him と表す。

(2)「私の妹が大好きなテニス選手」を，関係代名詞 that を使って，the tennis player that my sister loves[likes very much] と表す。

❺ (1)「行動する」は take action。

(2)「〜に見切りをつける」は give up on 〜。

(3)「1 足の靴下」は a pair of socks。

(4)「〜のようなもの」は a kind of 〜。

(5)「おととい」は the day before yesterday。

(6)「知ってのとおり」は you see。

WRITING Plus 質問文は「あなたが好きな教科は何ですか。」という意味の文。It's 〜. の形で，好きな教科を答える。

ポイント 関係代名詞 that（目的語）
〈名詞＋that＋主語＋動詞〉
「…が〜する—」という意味。目的語の働きをする関係代名詞は省略することができる。

p.60〜61 **ステージ1**

Words チェック (1)主要な

(2)環境に優しい　(3)材料，素材，原料

(4)〜を集める

(5) article　(6) reduce　(7) bottle　(8) reuse

❶ (1)エ　(2)エ　(3)ウ　(4)ウ　(5)イ

❷ (1)私の兄[弟]が好きな歌手を見ましたか

(2)私が先月読んだ小説は刺激的でした。

(3)アラブ首長国連邦は，私が訪れたい国の1つです。

❸ (1) I bought　(2) you met　(3) I teach

❹ (1) she speaks are English and French

(2) The sport I often play is tennis.

(3) Which is the movie you have seen?

❺ (1) is made from　(2) turned off

(3) make, effort　(4) Replace[Exchange], with

(5) as well　(6) picked up

WRITING Plus 例1 Can I see the cat you have?　例2 I want to see the cat you have.

━━━ 解説 ━━━

❶ 〈名詞＋主語＋動詞〜〉のかたまりを作る。〈主語＋動詞〜〉が前の名詞を説明する。

(1) the comic book I want 「私が欲しい漫画本」。動詞の前に主語を入れる。

(2) the pizza they bought 「彼らが買ったピザ」。主語のあとに動詞を入れる。

(3) the letter she wrote yesterday 「彼女がきのう書いた手紙」。動詞の前に主語を入れる。

(4) the dictionary my father used 「私の父が使った辞書」。動詞の前に主語を入れる。

(5) the pictures I took in Hawaii 「私がハワイで撮った写真」。動詞の前に主語を入れる。

❷ 〈主語＋動詞〜〉が前の名詞を説明する。

(2) The novel I read last month が文の主語になっている。

(3) one of 〜「〜のうちの1つ」の意味にも注意する。

❸ 〈主語＋動詞〜〉を名詞の後に続けて，2文を1文にする。

(1) the chair ＝ it なので，it を取って，the chair のあとに続ける。「私が2年前に買ったいす」。

(2) The girl ＝ her なので，her を取って，The girl の後に続ける。「あなたがきのう会った女の子」。

(3) the children ＝ them なので，them を取って，the children の後に続ける。「私がサッカーを教える子供たち」。

❹ (1)「彼女が話す言語」を〈名詞＋主語＋動詞〜〉の語順で表す。

(2) the sport の後に I often play を続けて，「私がよくするスポーツ」を表す。

(3) the movie の後に〈主語＋動詞〜〉の語順で説明を加えて，「あなたが見たことのある映画」を表す。

❺ (1)「〜から作られている」は be made from 〜。

(2)「（テレビ・明かりなど）を消す」は turn off 〜。

(3)「努力する」は make an effort。

(4)「〜を…と取り替える」は replace 〜 with …。

(5)「…だけでなく〜も」は〜 as well as …。

(6)「〜を拾い上げる」は pick up 〜。

WRITING Plus 「あなたが飼っているネコ」を〈名詞＋主語＋動詞〜〉のかたまりで表すと，the cat you have となる。

ポイント 〈名詞＋主語＋動詞 〜〉
〈名詞＋主語＋動詞 〜〉
「…が〜する—」という意味を表す。

p.62～63 ■ステージ**1**

Words チェック (1)～を消化する
(2)～を傷つける (3)肺
(4)海抜，海面の高さ (5)audience
(6)breathe (7)product (8)rain forest

❶ (1)ア (2)イ (3)イ (4)イ (5)ア (6)ア

❷ (1)was reduced (2)were thrown
(3)This is (4)not checked

❸ (1)この部屋は今朝生徒たちによって掃除されませんでした。
(2)その絵は私の祖父によって描かれました。
(3)彼の本は机の上に置かれていました。
(4)この寺はいつ建てられたのですか。
(5)その森はひどい雨によって影響を受けました。
(6)コンピュータは私の姉[妹]によって使われました。

❹ (1)The story was written by a famous writer.
(2)The car was washed by my brother.
(3)Where were these cars made?
(4)The school was introduced by Erika.
(5)I was encouraged by Ms. Brown.

❺ (1)audience (2)sea-level (3)lungs
(4)digested

━━━ 解説 ━━━

❶ 過去の受け身の文は〈was[were]＋過去分詞〉で表す。
(1)主語が I なので，was を使う。
(2)主語が複数なので，were を使う。
(3)受け身の形にすれば意味が通る。
(4)過去進行形では意味が通らない。
(5)直後に過去分詞 found があるので，受け身の形にする。
(6)were を文頭に置いた疑問文の語順。

❷ (1)reduce「～を減らす」を受け身にする。
(2)throw ～ away「～を捨てる」を受け身の形にする。
(3)This is ～. の形で，ニュース番組のタイトルを切り出す。
(4)check「～を確かめる」を受け身の形にする。

❸ (1)受け身の否定文。
(2)by「～によって」。
(3)leave の過去分詞は left。
(4)疑問詞 When から始まる，受け身の疑問文。

(5)affect「～に影響する」。
(6)use の過去分詞は used。

❹ (1)「書かれました」は was written で表す。
(2)「洗われました」は was washed で表す。
(3)**ミス注意！** 疑問詞 where を使った過去の受け身の疑問文。「作られました」は were made。
(4)introduce「～を紹介する」を受け身の形にする。
(5)encourage「～を勇気付ける」を受け身の形にする。

❺ (1)「ホールにはたくさんの聴衆がいました。」
(2)「海面の高さが上昇しています。」
(3)「彼の肺は汚れた空気で傷つけられました。」
(4)「食べ物は胃で消化されます。」

p.64～65 ■ステージ**2**

❶ **LISTENING** ウ

❷ (1)These are the songs (which[that]) we love to sing.
(2)The picture (which[that]) Nick took is beautiful.
(3)The movie (which[that]) I watched last Sunday was exciting.
(4)The woman (that) you saw over there is our teacher.
(5)What is the language (which[that]) they use in this country?
(6)Show me the present (which[that]) Tina gave (to) you.

❸ (1)The dog Ken has is pretty.
(2)Is this the book you borrowed from the library?
(3)This is the smartphone which I've been using.
(4)This is the best cake that I've ever bought.

❹ (1)isn't it (2)ウ
(3)ⓐ He found it on a website.
ⓑ It shows the amount of plastic packaging waste per person.

❺ (1)focused on (2)day before
(3)a result (4)made from
(5)break down (6)You see

❻ (1)This is the notebook (which[that]) I bought yesterday.
(2)He visited Nara as well as Kyoto[not

26

only Kyoto but also Nara].

━━━━━━━━ 解説 ━━━━━━━━

❶ 🎧**LISTENING** 関係代名詞を使った文は「これは私のおばが私の誕生日に私にくれたかばんです。」という意味の文。

> 🎵 **音声内容**
> This is the bag which my aunt gave me for my birthday.
> I like it because it is red.

❷ (1)「これらは私たちが歌うのが大好きな歌です。」
(2)「ニックが撮ったその写真はきれいです。」
(3)「私がこの前の日曜日に見た映画はわくわくしました。」
(4)「あなたがあそこで見た女性は私たちの先生です。」
(5)「彼らがこの国で使っている言語は何ですか。」
(6)「ティナがあなたにくれたプレゼントを私に見せてください。」

❸ (1)「ケンが飼っている犬」を〈名詞＋主語＋動詞〉の語順で表す。
(2)the book のあとに〈主語＋動詞 ～〉を続けて「あなたが図書館で借りた本」を表す。
(3)「私がずっと使っているスマートフォン」を関係代名詞 which を使って表す。
(4)the best cake「最高のケーキ」に〈that＋主語＋動詞〉を続けて表す。

❹ (1)**ミス注意！** 付加疑問文を作る。, isn't it? を文末に加える。
(2)〈which＋主語＋動詞〉が前の名詞 a graph を説明する。
(3)ⓐ「コウタはどこでそのグラフを見つけましたか。」本文2行目を参照。
ⓑ「そのグラフは何を見せていますか。」本文2～3行目を参照。

❺ (1)「～を重点的に取り扱う」は focus on ～。過去の文。
(2)「おととい」は the day before yesterday。
(3)「その結果」は as a result。
(4)「～から作られている」は be made from ～。
(5)「分解される」は break down。
(6)「知ってのとおり」は you see。

❻ (1)「私がきのう買ったノート」は the notebook (which[that]) I bought yesterday。
(2)「…だけでなく～も」は ～ as well as … で表す。

p.66～67 ━ステージ❸

❶ 🎧**LISTENING** (1)兄［弟］ (2)祖父 (3)手紙

❷ (1)which[that], sent (2)ever seen

❸ (1)take action (2)make, effort
(3)picked up (4)thrown, away
(5)give up (6)pair of

❹ (1)Have you found the pen which[that] you lost this morning?
(2)Kanazawa is one of the cities which[that] I have wanted to visit.
(3)I have just read the comic book which[that] Bob lent to me.

❺ (1)ア (2)イ
(3)プラスチックごみ
(4)we decided to focus on something we use every day

❻ (1)Have you bought the racket I recommended?
(2)Mr. Kimura is the lawyer that I trust.

❼ (1)Turn off the TV when you leave home.
(2)That is the bookstore which[that] is famous in this town.

❽ (1)例1 It is a nurse.
例2 It is a teacher.
(2)例1 I never use plastic bags.
例2 I don't leave trash on streets.

━━━━━━━━ 解説 ━━━━━━━━

❶ 🎧**LISTENING** (1)関係代名詞を使った文で，誰が作ったケーキかが説明されている。
(2)4つ目の発言で犬小屋を建てた人が分かる。
(3)2つ目の発言で，ジョンの両親が書いたものが分かる。

> 🎵 **音声内容**
> (1) A: Wow, this is delicious. Where did you buy it, Saki?
> B: I didn't buy it, Tom. It is a cake which my brother made.
> A: Your brother is a good cook.
> B: Thank you.
> (2) A: Hello, Daiki.
> B: Hello, Judy. Welcome to my house.
> A: I saw a doghouse near the entrance.
> B: That is the doghouse my grandfather built last week.
> A: Wow!

(3)A: What are you reading, John?
   B: I am reading a letter which my parents
      wrote.
   A: Where do they live?
   B: They live in Australia.

❷ (1)「ティナが私に送ってくれた誕生日カードを
あなたに見せましょう。」という意味の文を作る。
(2)「それは私がこれまでに見た最も大きなカエル
です。」という意味の文を作る。

❸ (1)「行動する」は take action。
(2)「努力する」は make an effort。
(3)「～を拾い上げる」は pick up ～。過去の文な
ので，pick を過去形にする。
(4)「～を捨てる」は throw ～ away。現在完了を
使った文なので，過去分詞 thrown を使う。
(5)「～に見切りをつける」は give up on ～。
(6)「1足の靴」は a pair of shoes。

❹ (1)it = the pen なので，it を関係代名詞
which[that] に置きかえて，the pen の後に続け
る。文全体は，現在完了形の疑問文。
(2)them = the cities なので，them を関係代名詞
which[that] に置きかえて，the cities の後に続
ける。one of ～「～のうちの1つ」。
(3)it = the comic book なので，it を関係代名詞
which[that] に置きかえて，the comic book の後
に続ける。

❺ (1)discuss は「～を話し合う」。
(2)that「～ということ」を入れる。
(3)直前の文を参照。
(4)something の後に〈主語＋動詞〉を続けて説
明を加える文。

❻ (1)「私がすすめたラケット」を〈名詞＋主語＋
動詞～〉の語順で表す。
(2)「私が信頼する弁護士」を，the lawyer のあ
とに関係代名詞 that を続けて表す。

❼ (1)「(テレビ・明かりなど)を消す」は turn off ～。
(2)the bookstore の後に関係代名詞 which[that]
を続けて表す。

❽ (1)質問文は「あなたが将来つきたい仕事は何で
すか。」という意味の文。
(2)質問文は「あなたが環境を守るためにする1つ
のことは何ですか。」という意味の文。

Unit 6

p.68～69 ステージ1

Wordsチェック (1)事柄，問題，事件
(2)コンテスト，競争　(3)～まで(ずっと)
(4)woman　(5)trouble　(6)chorus

❶ (1)teaching English
(2)playing soccer
(3)sleeping on the sofa

❷ (1)ニューヨークで勉強している友達がいます
(2)コウタと話している背の高い男性は誰ですか。
(3)あなたはジュースを飲んでいる男の子を見ま
したか。

❸ (1)working　(2)standing　(3)singing
(4)running

❹ (1)playing the guitar is Hajin
(2)Do you know the man walking with
Ken?
(3)The woman sitting near Ms. Brown is
her friend.

❺ (1)in trouble　(2)piece of　(3)a few

❻ (1)while　(2)beside　(3)matter
(4)until

解説

❶ 〈名詞＋動詞の -ing 形＋語句〉の語順。〈動詞
の -ing 形＋語句〉が前の名詞を説明する。
(1)「英語を教えている男性はホワイト先生です。」
(2)「サッカーをしている男の子たちは私の同級生
です。」
(3)「ソファーの上で眠っているネコはソラです。」

❷ 動詞の -ing 形を「～している」という意味に
して，前の名詞に説明を加える。

❸ (1)「私には看護師として働いている姉[妹]がい
ます。」
(2)「あそこで立っている男の子は私の友達です。」
(3)「台所で歌っている女性は私の姉[妹]です。」
(4)「体育館で走っている女の子は誰ですか。」

❹ (1)「ギターを弾いている男の子」を〈名詞＋動
詞の -ing 形＋語句〉で表す。
(2)「ケンと一緒に歩いている」を〈動詞の -ing
形＋語句〉で表し，the man に付け加える。
(3)「ブラウン先生の近くに座っている」を〈動詞
の -ing 形＋語句〉の形 sitting near Ms. Brown
と表す。

❺ (1)「困ったことになっている」は be in trouble。

(2)「1つ［個・枚］の〜」は a piece of 〜。

(3)「少数の〜，いくつかの〜」は a few 〜。

❻ (1)「私が料理している間，外では雨が降っていました。」

(2)「私の娘は私の隣に立っていました。」

(3)「彼はその事件について全てのことを知っています。」

(4)「彼女は11時まで帰宅しませんでした。」

> **ポイント** 〈名詞＋動詞の-ing形＋語句〉
>
> the teachers teaching here
>
> 「ここで教えている先生たち」

p.70〜71 ステージ①

Ｗords チェック (1)指揮者　(2)話，物語

(3)〜を治す，〜を癒す　(4)design　(5)poem

(6)invite

❶ (1)temple called　(2)doghouse built

(3)fish caught

❷ (1)made in　(2)brought by

(3)dinner made[cooked] by

❸ (1)used　(2)eraser bought　(3)athlete known　(4)frog found

❹ (1)are the students taught by Ms. Brown

(2)know that woman invited to the party

(3)The question asked by Mr. Kato was difficult.

(4)This is a famous novel read all over the world.

❺ (1)たくさんの国で教えられている言語です

(2)京都はたくさんの人々に訪れられる都市です。

(3)私は有名な作家によって書かれた本が欲しいです。

WRITING Plus 例Yes, I have.[No, I haven't.]

━━━ 解 説 ━━━

❶ 〈名詞＋過去分詞＋語句〉の語順。〈過去分詞＋語句〉が前の名詞を説明する。

(1)「これは銀閣寺とよばれる寺です。」

(2)「これはトシによって建てられた犬小屋です。」

(3)「これはきのうコウタによって捕まえられた魚です。」

❷ 〈過去分詞＋語句〉で「〜された」という意味を表し，前の名詞を説明する。日本文の意味を言

いかえて，過去分詞で表す。

❸ (1)「これはきのうハジンによって使われた辞書です。」

(2)「ニックはティナによって彼のために買われた消しゴムをなくしました。」

(3)「ドレイクはみんなに知られている運動選手です。」

(4)「ケイによって見つけられたカエルはとても大きいです。」

❹ (1)「ブラウン先生に教えられている生徒たち」を〈名詞＋過去分詞＋語句〉で表す。

(2)「パーティーに招待された」を invited to the party と表し，that woman の後に続ける。

(3)「加藤先生にたずねられた」を〈過去分詞＋語句〉で表し，the question の後に置く。

(4)**ミス注意!** 「世界中で読まれている有名な小説」を〈名詞＋過去分詞＋語句〉で表す。「世界中で」は all over the world。

❺ (1)taught in many countries を a language に付け加える。

(2)「たくさんの人々によって訪れられている都市」を〈名詞＋過去分詞＋語句〉で表している文。

(3)〈過去分詞＋語句〉である written by the famous writer を the book に付け加える。

WRITING Plus 質問文は「あなたはこれまでに英語で書かれた本を読んだことがありますか。」という意味の文。Yes か No を用いて答える。

> **ポイント** 〈名詞＋過去分詞＋語句〉
>
> people injured by the bombing
>
> 「その爆撃でけがをした人々」

p.72〜73 ステージ①

Ｗords チェック (1)初め，最初

(2)信じがたい，驚くべき　(3)news

(4)strange

❶ (1)I don't know what he found.

私は彼が何を見つけたか知りません。

(2)I know when you will visit Australia.

私はあなたがいつオーストラリアを訪れるのか知っています。

(3)Do you know who made the cake?

あなたは誰がそのケーキを作ったか知っていますか。

(4)Tell me when you went there.

あなたがいつそこへ行ったのか私に教えてください。

❷ ⑴ when he　⑵ what he　⑶ who wrote
⑷ where she

❸ ⑴ know why he is so angry
⑵ Let me know when the train will leave.
⑶ I didn't know where I could buy the ticket.
⑷ She wants to know what you were doing.
⑸ Tell me what we can do for him.

❹ ⑴ beginning of　⑵ moved to

WRITING Plus✏
例1 Please tell me what this word means.
例2 Can you tell me what this word means?

━━━━━━━━━ 解 説 ━━━━━━━━━

❶ ⑴ What did he find? → what he found（彼が何を見つけたか）。
⑵ When will you visit Australia? → when you will visit Australia（あなたがいつオーストラリアを訪れるのか）。
⑶ Who made the cake? → who made the cake（誰がそのケーキを作ったか）。疑問詞が主語の意味になっている。
⑷ When did you go there? → when you went there（あなたがいつそこへ行ったか）。

❷ ⑴「あなたは彼の誕生日を知っていますか。」を「あなたは彼がいつ生まれたか知っていますか。」に言いかえる。
⑵「彼が何を好きか」を英語にして know の後に続ける。
⑶ **ミス注意!**「『源氏物語』の作家を私に教えてください。」を「誰が『源氏物語』を書いたか私に教えてください。」に言いかえる。

❸ 疑問詞の後に〈主語＋動詞〉の語順を続ける。
⑴「なぜ彼がそんなに腹を立てているか」を間接疑問で表す。
⑵「その列車がいつ出発するか」を〈疑問詞＋主語＋動詞〉の語順で表す。
⑶「私はどこでそのチケットが買えるか」を where I could buy the ticket と表す。
⑷「あなたが何をしていたのか」を〈疑問詞＋主語＋動詞〉の語順で表して，know の後に続ける。
⑸「彼のために私たちに何ができるか」を間接疑

問で表す。
❹ ⑴「～の初めに」は at the beginning of ～。
⑵「～に引っ越す」は move to ～。日本文に合わせて，過去形にする。

WRITING Plus✏ Please tell me「私に教えてください」のあとに What does this word mean?「この単語はどういう意味ですか。」を間接疑問の形にして続ける。Can you tell me ～? の疑問文を使ってもよい。

┏━━━━━┓
┃ ポイント ┃　間接疑問の語順
┗━━━━━┛
I know what you want to eat.
　　　　〈疑問詞＋主語＋動詞〉

p.74～75　≪ 文法のまとめ② ≫

1 ⑴ア　⑵イ　⑶イ　⑷ア　⑸イ　⑹イ
⑺イ

2 ⑴ I have a sister who[that] became a teacher.
⑵ Kyoto has old buildings which[that] are visited by many people.
⑶ The bananas which[that] my grandparents bought for me are delicious.

3 ⑴ The woman standing over there is my sister.
⑵ I went to the store which opened recently.
⑶ This is a T-shirt designed by a famous designer.

4 ⑴ which[that] has　⑵ to do
⑶ is traveling　⑷ spoken in

━━━━━━━━ ≪ 解 説 ≫ ━━━━━━━━

1 ⑴ The man writing a letter in Spanish「スペイン語で手紙を書いている男性」。
⑵ a cap made in the U.K.「イギリス製の帽子」。
⑶ nothing to say「言うことが何もない」。
⑷ a friend who is studying history in Hiroshima「広島で歴史を勉強している友達」。
⑸ a pizza that Tina made「ティナが作ったピザ」。
⑹ The pen which he picked up yesterday「彼がきのう拾い上げたペン」。
⑺ some cats that were running in the park「公園で走っていた何匹かのネコ」。

2 ⑴ She = a sister なので，She を関係代名詞 who か that に置きかえて，a sister の後に続ける。「先生になった姉[妹]」。

30

(2) They ＝ old buildings なので，They を関係代名詞 which か that に置きかえて，old buildings の後に続ける。「たくさんの人々に訪れられる古い建物」。

(3) them ＝ The bananas なので，them を関係代名詞 which か that に置きかえ，The bananas の後に続ける。「私の祖父母が私のために買ってくれたバナナ」。

③ (1)「あそこに立っている女性」は the woman standing over there。stand が不要。

(2)「最近開店した店」は the store which opened recently。who が不要。

(3)「有名なデザイナーによってデザインされた T シャツ」は a T-shirt designed by a famous designer。that が不要。

④ (1) the cat which[that] has black hair「黒い毛を持ったネコ」。

(2) a lot of work to do this week「今週すべきたくさんの仕事」。

(3) a friend who is traveling in Egypt「エジプトで旅行している友達」。

(4) the languages spoken in Rwanda「ルワンダで話されている言語」。

p.76〜77 ■■■ステージ1

Wordsチェック (1)台湾
(2)興味をそそる，関心を引く
(3) relaxed (4) against

❶ (1) necessary to learn English
(2) good to get up early
(3) interesting to study history
(4) difficult to read that book

❷ (1)イ (2)ア (3)ア (4)イ

❸ (1) It is not[isn't] easy to answer the question.
(2) It is[It's] difficult for me to make pudding.
(3) It was exciting for him to visit the zoo.
(4) Is it interesting for her to draw pictures?

❹ (1) It is necessary for us to help each other.
(2) It's not easy for her to get up early every morning.
(3) It's impossible for me to finish this homework.
(4) It was boring for my brother to read

the book.

❺ (1) take, nap (2) makes, relaxed
(3) agree with (4) disagrees with

WRITING Plus 例1 study English hard
例2 play the piano

━━━ 解説 ━━━

❶ 仮の主語として It を文頭に置き，to 以下の部分を文末に持ってくる。

❷ for の後には，人の名前や名詞・代名詞が続く。代名詞の場合は「〜を[に]」の意味を表す形を使う。選択肢の形に注意して正解を選ぶ。

❸ (1) is の後に not を置いて否定文を作る。短縮形 isn't を用いてもよい。「その質問に答えるのは簡単ではありません。」

(2)仮の主語 It を文頭に置き，to 以下の部分を文末に持ってくる。「私がプリンを作るのは難しいです。」

(3)仮の主語 It を文頭に置き，動詞の -ing 形（動名詞）を〈to ＋動詞の原形〉に置きかえて，文末に持ってくる。「彼がその動物園を訪れるのはわくわくしました。」

(4)疑問文では is を主語の前に置く。「彼女が絵を描くことはおもしろいですか。」

❹ (1)「お互いに助け合うこと」は to help each other と表し，It is necessary for us の後に続ける。

(2)「毎朝早く起きること」は to get up early every morning と表し，It's not easy for her の後に続ける。

(3)「この宿題を終わらせること」は to finish this homework と表し，文末に置く。

(4)「その本を読むこと」は to read the book と表す。過去の意味を表す文なので，be 動詞には was を使う。

❺ (1)「昼寝をする」は take a nap。
(2)「〜を…（の状態）にする」は make で表す。「落ち着いた，くつろいだ」は relaxed。
(3)「〜に賛成する」は agree with 〜。
(4)「〜と意見が合わない」は disagree with 〜。

WRITING Plus 質問文は「あなたにとって何をすることが重要ですか。」という意味の文。to の後に動詞の原形を置いて，重要なことを答える。

p.78〜79　ステージ2

1 🔊LISTENING　ウ

2 (1) man carrying　(2) seen, are
(3) who wrote　(4) dancing on
(5) spoken　(6) walking, is

3 (1) Look at that boy swimming in the river.
(2) I have just received a letter written in English.
(3) We live in a house built a hundred years ago.
(4) Do you know what sports he likes?

4 (1) イ
(2) バスケットボールをしている間に手首をひねってしまったから。
(3) playing
(4) 2人で1つのピアノを弾くこと。
(5) There are (only) a few days (until the contest).

5 (1) moved to　(2) piece of
(3) at, beginning　(4) a few

6 (1) I don't know where she is.
(2) Do you know the woman (who[that] is) running over there?
(3) This is the bird (which[that] was) found yesterday.

━━━━━━━━ 解説 ━━━━━━━━

1 🔊LISTENING　「黒い帽子をかぶっている女性は私の姉[妹]のジェーンです。」という後置修飾を使った文の意味に注意する。

♪音声内容
Look at the woman.
The woman wearing a black hat is my sister, Jane.

2 (1)動詞の -ing 形を使って名詞を後置修飾する。「大きなかばんを運んでいる男性を知っていますか。」
(2)動詞の過去分詞を使って名詞を後置修飾する。「ここから見える星は美しいです。」
(3)1文目を間接疑問として know の後に続ける。「私はこの本を誰が書いたか知りたいです。」
(4)動詞の -ing 形を使って名詞を後置修飾する。「ステージで踊っている3人の人がいます。」
(5)文の意味を言いかえて，過去分詞の後置修飾で表す。「中国語はその国で話されている言語で

す。」
(6)「犬と一緒に歩いている男性は私の父です。」

3 (1)「川で泳いでいるあの男の子」は that boy swimming in the river。
(2)「英語で書かれた手紙」は a letter written in English。
(3)「100年前に建てられた家」は a house built a hundred years ago。
(4)「彼が何のスポーツが好きなのか」を間接疑問で表す。

4 (1) be in trouble は「困ったことになっている」という意味。
(2)直前の文を参照。エリが手首をひねったことが述べられている。
(3)〈名詞＋動詞の -ing 形＋語句〉で表し，play を「〜している」という意味にすれば，文脈に合う。「1つのピアノを弾いている2人の人」という意味になる。
(4)直前の文を参照。2人の人がピアノを弾くことについて話されている。
(5)質問文は「コンテストまで何日ありますか。」という意味。ティナの発言を参照。

5 (1)「〜に引っ越す」は move to 〜。
(2)「1つ[個・枚]の〜」は a piece of 〜。
(3)「〜の初めに」は at the beginning of 〜。
(4)「少数の〜，いくつかの〜」は a few 〜。

6 (1) ミス注意！ 「彼女がどこにいるのか」を間接疑問で表し，where she is とする。
(2)「あそこで走っている女性」は -ing 形の後置修飾を使って表す。
(3)「きのう見つけられた鳥」は動詞の過去分詞を使った後置修飾で表す。

p.80〜81　ステージ3

1 🔊LISTENING　(1)エ　(2)イ　(3)ア

2 (1) reading　(2) spoken　(3) walking
(4) playing

3 (1) in trouble　(2) piece of　(3) beginning of
(4) a few　(5) moved to

4 (1) when she　(2) loved by　(3) when, opens

5 (1) Tell us why you're leaving.　(2) エ
(3) when

6 (1) Tell me what color you like.
(2) How about a novel written in English?

7 (1) I want to know where you are[come]

from.

(2) **Tell me how long you have[you've] been studying Chinese.**

(3) **What is the[a] language (which[that] is) used in your country?**

8 例1 **It[The teacher teaching math to me] is Mr. Yada.**

例2 **Ms. Mori is.**

◀━━━━▶ **解説** ◀━━━━▶

1 🎧**LISTENING** (1) Who is studying in Mie? は「誰が三重で勉強していますか。」という意味。2つ目の発言で，ケンには三重で勉強している姉［妹］がいることが述べられている。

(2) Who is the man talking with Mr. Kato? は「加藤先生と話している男性は誰ですか。」という意味。2つ目の発言で，その男性が新しい先生であることが述べられている。

(3) What does Aya like to do? は「アヤは何をするのが好きですか。」という意味。2つ目の発言で，「私は図書館で本を読むのが好きです。」と述べられている。

♪**音声内容**

(1) A: What are you doing, Ken?
B: I'm writing a letter. I have a sister studying in Mie. Do you have any sisters, Mika?
A: No, I don't. But I have a brother.
Q: Who is studying in Mie?

(2) A: Mike, do you know the man talking with Mr. Kato?
B: Oh, yes. He is a new teacher.
A: Really? Do you know where he is from?
B: He is from New Zealand.
Q: Who is the man talking with Mr. Kato?

(3) A: Tell me what you like to do, Aya.
B: I like to read books in the library.
A: Do you go there every day?
B: No. I go there twice a week.
Q: What does Aya like to do?

2 (1)「教室で本を読んでいる女の子」は the girl reading a book in the classroom。-ing 形にする。

(2)「世界中で話されている言語」は a language spoken all over the world。過去分詞にする。

(3)「あそこで歩いている男の子」は the boy walking over there。-ing 形にする。

(4)「ギターを弾いている女性」は The woman playing the guitar。-ing 形にする。

3 (1)「困ったことになっている」は be in trouble。

(2)「1つ［個・枚］の～」は a piece of ～。

(3)「～の初めに」は at the beginning of ～。

(4)「少数の～，いくつかの～」は a few ～。

(5)「～に引っ越す」は move to ～。過去形にする。

4 (1)「あなたは彼女(かのじょ)がいつ生まれたか知っていますか。」と言いかえて，間接疑問で表す。

(2)「ブラウン先生はみんなに愛されている先生です。」過去分詞の後置修飾(しゅうしょく)で表す。

(3)「私はその店がいつ開店するか知りたいです。」と言いかえて，間接疑問で表す。

5 (1)間接疑問の形にする。why you're leaving を tell us の後に続ける。

(2) because of ～「～の理由で，～が原因で」。

(3)直後のティナの発言では，時期が述べられている。when が適切。

6 (1)「あなたは何色が好きか」を間接疑問で表す。

(2)「英語で書かれた小説」は a novel written in English。How about ～? は「～はどうですか。」という意味。

7 (1)「あなたがどこの出身なのか」を間接疑問で表す。

(2)「あなたがどのくらいの間中国語を勉強しているのか」を間接疑問で表す。「どのくらいの間」と期間をたずねるときは how long を使う。

(3)「あなたの国で使われている言語」は the[a] language used in your country。過去分詞の後置修飾で表す。

8 質問文は「あなたに数学を教えている先生は誰ですか。」という意味の文。

╭━━━━━━━━━━━━━╮
┃ **Unit 7** ┃
╰━━━━━━━━━━━━━╯

p.82～83 ステージ**1**

Words チェック (1)いっぱいの (2)～を予期する
(3)できるかぎりの (4) graduate (5) anxiety
(6) suddenly

1 (1)イ (2)ウ (3)ウ (4)ア (5)ア

2 (1)スマートフォンの使い方を知っています
(2)アヤはメイにどこにかばんを置いたらよいかたずねました。

3 (1) how to (2) what to (3) how to

4 (1) tell me where to buy the ticket

(2) I don't know what to buy for her birthday.

(3) He told me when to come here.

❺ (1) make[build], fire　(2) made, speech

(3) full of

WRITING Plus 例1 (Please) teach me how to play the guitar.

例2 Can you show me how to play the guitar?

━━━━━ 解説 ━━━━━

❶ 日本文の意味で，使う疑問詞を区別する。

(1)「次に何をしたらよいか」は what to do next。

(2)「チェスのしかた」は how to play chess。

(3)「どこで昼食を食べたらよいか」は where to eat lunch。

(4)「いつ出発すればよいか」は when to leave。

(5)「どちらを買うか」は which to buy。

❷ 〈疑問詞＋ to ＋動詞の原形〉は，名詞として日本語にする。

(1) how to use ～「～の使い方」。

(2) where to put ～「～をどこに置いたらよいか」。

❸ (1) 1 文目の意味を言いかえて，〈疑問詞＋ to ＋動詞の原形〉の形で表す。「あなたはこのタブレットの使い方を知っていますか。」

(2) ミス注意! 間接疑問文の意味を，〈疑問詞＋ to ＋動詞の原形〉を使った表現に書きかえる。「コウタは何と言ったらよいかわかりませんでした。」

(3) the way to ～「～への道」を〈疑問詞＋ to ＋動詞の原形〉を使って how to get to ～と書きかえる。「そのドームへの行き方を教えてください。」

❹ (1)「どこで～したらよいか」を where to ～で表す。

(2)「何を～したらよいか」を what to ～で表す。

(3)「いつ～すればよいか」を when to ～で表す。

❺ (1)「火を起こす」は build a fire。

(2)「スピーチをする」は make a speech。現在完了形を使っている文なので，make を過去分詞 made にする。

(3)「～でいっぱいの」は be full of ～。

WRITING Plus 「ギターの弾き方」は how to play the guitar で表す。Can you ～?「～してくれませんか」を使って，疑問文で頼むこともできる。

ポイント　〈疑問詞＋ to ＋動詞の原形〉
• 〈how to ＋動詞の原形〉「～のしかた」
• 〈what to ＋動詞の原形〉「何を[が]～するか」
• 〈when to ＋動詞の原形〉「いつ～するか」
• 〈where to ＋動詞の原形〉「どこで[へ]～するか」
• 〈which to ＋動詞の原形〉「どちらを～するか」

p.84～85　ステージ1

Words チェック

(1)思い出，記憶に残っていること[人]

(2)総理大臣　(3)どこでも　(4)基本的に

(5) adventure　(6) truth　(7) respect

(8) test

❶ (1)ア　(2)イ　(3)イ

(4)ア　(5)ア　(6)ア

❷ (1)リンゴを 2 個持っていたら，私に 1 個くれるだろうに

(2)もし私が地図を持っていたら，私は 1 人でそこに行けるだろうに。

(3)もしコウタに時間があれば，彼は自分の部屋を掃除するだろうに。

(4)もし雨がやんだら，すばらしいだろうに。

❸ (1) had, could　(2) knew, could

(3) had, would

❹ (1) had enough money, I could buy that camera

(2) If he knew who I am, he would be surprised.

(3) You could get more money if you worked harder.

(4) I would play video games if I didn't have the homework.

❺ (1) different from　(2) The truth

(3) found, out　(4) Fill, with

WRITING Plus 例1 I would visit many places (if I had one million yen).

例2 I would give it to my family (if I had one million yen).

━━━━━ 解説 ━━━━━

❶ 仮定法の文。〈If ＋主語＋（助）動詞の過去形 ～，主語＋ would [could] ＋動詞の原形 ....〉で「もしも（今）～だったら，…だろうに」という意味を表す。

(1) have の過去形 had を選ぶ。

(2)(6) will の過去形 would を選ぶ。

34

(3)過去形の did を使った didn't を選ぶ。

(4)仮定法では could を使う。

(5)help の過去形 helped を選ぶ。

❷ 〈If＋主語＋（助）動詞の過去形～，主語＋would［could］＋動詞の原形 ....〉という仮定法を使った文。動詞や助動詞の過去形が含まれるが，過去の意味ではなく，仮定の意味になるように注意する。

(2) by oneself は「一人で，自力で」という意味。

(4) raining は動名詞。

❸ 文の意味を言いかえて，「もしも（今）～だったら，…だろうに」という意味の文で表す。

(1)「もし私がコンピュータを持っていたら，ティナにEメールを送ることができるのに。」

(2)「もし私が彼女の名前を知っていたら，彼女をよぶことができるのに。」

(3)「もし私に時間があれば，あなたと一緒に外出するのに。」

❹ (1) if で始まる文。「もし～したら」の部分のおわりにコンマを置く。

(2)コンマがあるので，if の文から始める。「もし私が誰であるかを知っていたら」は間接疑問。

(3) You could get more money から文を始める。if で始まる文が後ろに来る。

(4) if の直後に I didn't have the homework を続ける。仮定法の文なので，didn't という過去形を使った形になっている。

❺ (1)「～と違っている」は be different from ～。

(2)「実は～です。」は The truth is (that) ~.。

(3)「～を知る，得る」は find ~ out。過去の文なので，過去形を使う。

(4)「～を…で満たす」は fill ~ with ...。

WRITING Plus✏ 質問文は「もしあなたが100万円を持っていたら，あなたは何をしますか。」という意味の文。助動詞の過去形を使って，I would ~. の形で答える。

ポイント 仮定法の文
〈If＋主語＋（助）動詞の過去形～，主語＋would［could］＋動詞の原形 ....〉
「もしも（今）～だったら，…だろうに」

p.86~87 ステージ1

Wordsチェック (1)瀕死の，死にかけている

(2)(文化的・社会的役割としての)性，ジェンダー　(3)地形，地勢　(4)飢餓　(5)栄養不足の

(6) **Asia**　(7) **college[university]**

(8) **education**　(9) **Europe**　(10) **billion**

❶ (1)イ　(2)イ　(3)ア　(4)ア　(5)イ　(6)イ

❷ (1)暇だったら，あなたと一緒に行けるのですが

(2)もし私がネコだったら，もっと眠るのですが。

(3)もし今，雨が降っていなければ，私は買い物に行くのに。

(4)もしエリがここにいたら，私は彼女に宿題を手伝ってくれるように頼むのに。

❸ (1) were, could　(2) were, could

(3) were, would

❹ (1) I were you, I would take an umbrella

(2) I would be so happy if I were good at English.

(3) What would he say if he were here?

(4) If he were younger, he would climb that mountain.

(5) I could eat more if I were hungrier.

❺ (1) have access　(2) order to

(3) looked like

WRITING Plus✏ 例1 If I were you, I wouldn't buy these shoes.

例2 I would not buy the shoes if I were you.

解説

❶ 仮定法の文。〈If＋主語＋were ～，主語＋would[could]＋動詞の原形 ....〉で「もしも～だったら，…するのに[できるのに]」という意味を表す。if に続く文の中で be 動詞を使う場合は，主語の人称や単数・複数に関係なく，were を使うことが多い。

❷ 仮定法の文。if の後には全て be 動詞 were が使われていることに注意する。

(1) free「手が空いて，暇で」。

(3)仮定法なので，現在進行形の意味を，過去形の were を使って表している。

(4) ask ~ to ... は「～に…するよう頼む」。

❸ 1文目の意味を言いかえて，〈If＋主語＋were ～，主語＋would[could]＋動詞の原形 ....〉の形で表現する。

(1)「もし私が裕福なら，私はこの家が買えるのに。」

(2)「もし私があなたと一緒にいるなら，私たちは

一緒に昼食を食べることができるのに。」

(3)「もし私があなただったら，私はそのパーティーに行くのに。」

❹ (1)コンマがあるので，If から文を始める。

(2)if の後には I were good at English を続ける。

(3)過去形の助動詞 would を使って，What would he say「彼は何と言うだろうか」とする。

(4)If から文を始める。younger は比較級。

(5)仮定法の文なので，be動詞には were を使う。

❺ (1)「～を利用できる」は have access to ～。

(2)「～するために」は in order to ～。

(3)「～のように見える」は look like ～。

WRITING Plus✏️ 「私があなただったら」は if I were you と表す。靴は2足で1組なので，these [the] shoes と複数形で表す。

ポイント 仮定法の文
〈If＋主語＋were～，主語＋would[could]＋動詞の原形 ....〉
「もしも～だったら，…するのに[できるのに]」

p.88～89 **Let's Read 3**

Question (1)dying (2)オゾン層の穴。

(3)**of** (4)**the air** (5)イ

(6)私たちはまるで，欲しい時間や解決策を全て持っているかのように行動しています。

Word Box BIG **1** (1)砂漠 (2)誰か，ある人
(3)争う，戦う
(4)ずっと，いつまでも，永久に
(5)政府 (6)**reporter** (7)**dead**
(8)**toward** (9)**goal** (10)**politician**

2 (1)**willing to** (2)**worked, out**
(3)**taught[told], not to** (4)**did, best**
(5)**bring back** (6)**needy**
(7)**as if**

解説

Question (1)〈動詞の -ing 形＋語句〉が後置修飾として，animals を説明している。

(2)because of「～の理由で，～が原因で」に続く語句が原因となっている。the holes in the ozone layer は「オゾン層の穴」。

(3)be afraid of ～「～がこわい」の後に breathe の動名詞が続く文。

(4)同じ文の前半にある the air を指す。

(5)直後の vanishing と似た意味を表す語を選ぶ。

(6)as if ～の意味に注意する。we want は直前の

all the time を説明している。

Word Box BIG **2** (1)「～するのをいとわない」は be willing to ～。

(2)「～を解決する」は work ～ out。

(3)「～に…しないように教える」は teach[tell] ～ not to ...。

(4)「最善を尽くす」は do the best。

(5)bring ～ back は「～を(元の状態に)戻す[回復させる]」。

(6)「貧しい人々」は the needy。

(7)as if ～は「まるで～であるかのように」。

p.90～91 **ステージ2**

❶ 🎧**LISTENING** ウ

❷ (1)**to tell** (2)**when to** (3)**would, had**
(4)**how to** (5)**weren't, could** (6)**where to**

❸ (1)**Please tell me what program to watch.**
(2)**If I knew his address, I'd visit him now.**
(3)**I have to ask someone which way to go.**
(4)**I would swim every day if I lived in Hawaii.**

❹ (1)ウ
(2)ある日，私[ティナ]の父が突然「私たちは日本へ引っ越す」と言ったこと。
(3)**what to expect when I got there**
(4)**how**
(5)**full of**

❺ (1)**feel down** (2)**make, speech**
(3)**different from** (4)**afraid to**
(5)**built[made], fire**

❻ (1)**(Please) tell me where to[I should] visit in Hokkaido.**
(2)**If I were you, I wouldn't[would not] go there alone[by myself].**

解説

❶ 🎧**LISTENING** 「私は彼にまず最初にどちらを読んだらよいかたずねました。」という意味の文に注意する。音声は本について話している。

🎵**音声内容**
These are the books that my teacher gave to me.
I asked him which to read first.

❷ (1)間接疑問の意味を〈疑問詞＋to＋動詞の原形〉で言いかえる。「私は彼女に何を言ったらよいかわかりませんでした。」
(2)間接疑問の意味を〈疑問詞＋to＋動詞の原形〉

で言いかえる。「いつここを出発すればよいか教えてください。」

(3) because を使った文の意味を言いかえる。「もし十分な時間があれば，私はおばを訪ねるのに。」

(4) Can you 〜 ?「〜できますか」を how to 〜「〜のしかた」を使って書きかえる。「そのロボットを操作する方法を知っていますか。」

(5) **ミス注意！** 現在進行形の意味を，be動詞 were を使って仮定法で表す。「雨が降っていなければ，私たちは外で遊べるのに。」

(6)疑問文の意味を〈疑問詞＋to＋動詞の原形〉で表す。「私はどこで牛乳を買えばよいか知りたいです。」

❸ (1)「どんな番組を見ればよいか」は what program to watch.

(2)仮定法の文。I'd は I would の短縮形。

(3)「どちらの道へ行くべきか」は which way to go.

(4)仮定法の文。live の過去形 lived を使う。

❹ (1) move to 〜「〜に引っ越す」。

(2)直前の文を参照。

(3)〈疑問詞＋to＋動詞の原形〉の形を作る。

(4) how to 〜で「〜のしかた」という意味を表す。

(5) be full of 〜は「〜でいっぱいの」。

❺ (1)「落ち込む」は feel down。

(2)「スピーチをする」は make a speech。

(3)「〜と違っている」は be different from 〜。

(4)「〜するのがこわい」は be afraid to 〜。

(5)「火を起こす」は build a fire。

❻ (1)「北海道でどこを訪れたらよいか」は where to visit in Hokkaido.

(2)仮定法の文。〈If＋主語＋were 〜, 主語＋would[could]＋動詞の原形 ....〉の形で表す。

p.92〜93 ■■ステージ❸

❶ **⊕LISTENING** (1)ウ (2)イ (3)エ

❷ (1) were (2) knew (3) did

❸ (1) access to (2) order to (3) as if

(4) not to (5) full of (6) build[make], fire

❹ (1) could, did (2) what to

(3) when to

❺ (1)お互いを尊重し，お互いを理解しようとするのは大切だということ。

(2) could (3) to worry

(4) Japan

❻ (1) I want to know what sport to practice.

(2) I'd be very happy if I could drive.

❼ (1) If I were not[weren't] busy, I could go shopping with you.

(2) I don't know what to[I should] bring tomorrow.

(3) I want her to teach me how to play the piano.

❽ **例1** I would eat many fish(if I lived in the sea). **例2** I would swim all over the world (if I lived in the sea).

▶■■■ 解 説 ◀■■■

❶ **⊕LISTENING** (1) Who teaches Ellen how to play the guitar? は「誰がエレンにギターの弾き方を教えますか。」という意味。4つ目の発言を参照。

(2) Where would Tina do her homework if she were Shota? は「もしティナがショウタだったら，彼女はどこで宿題をするでしょうか。」という意味。3つ目の発言を参照。

(3) Has John bought a birthday present for Aya yet? は「ジョンはもうアヤへの誕生日プレゼントを買いましたか。」という意味。4つ目の発言を参照。

♪ 音声内容

(1) A: Oh, you have a nice guitar, Ellen.

B: Thank you, Koki. My brother gave it to me.

A: Do you know how to play the guitar?

B: Yes. My father teaches me how to play it.

Q: Who teaches Ellen how to play the guitar?

(2) A: Have you finished your English homework yet, Shota?

B: No, Tina. I'll go to the library to do it.

A: If I were you, I would do my homework at home.

B: I can use dictionaries in the library, so I often go there.

Q: Where would Tina do her homework if she were Shota?

(3) A: What are you doing, John?

B: Oh, Risa. I came here to buy a birthday present for Aya.

A: Really? What did you buy?

B: Nothing. I don't know what to buy.

Q: Has John bought a birthday present for Aya yet?

❷ 仮定法の if の後ろでは，動詞を過去形にする。

(1)「もし私が暇だったら，あなたと一緒に夕食を楽しめるのに。」

(2)「もし私が彼女のEメールの宛先を知っていたら，彼女にメッセージを送るのに。」

(3)「もし彼が足に痛みを抱えていなければ，この試合に勝つことができるのに。」

❸ (1)「～を利用できる」は have access to ～。

(2)「～するために」は in order to ～。

(3)「まるで～であるかのように」は as if ～。

(4)「～に…しないように教える」は teach ～ not to …。

(5)「～でいっぱいの」は be full of ～。

(6)「火を起こす」は build a fire。

❹ (1)文の意味を言いかえて仮定法で表す。動詞の形に注意する。「もし私に仕事がなければ，今日海に行けるのに。」

(2)**ミス注意** 間接疑問を〈疑問詞＋ to ＋動詞の原形〉で言いかえる。「彼女に何を教えたらよいかわかりません。」

(3)「いつそこに到着したらよいか私に教えてください。」

❺ (1)直前の文の内容を this で言いかえている。

(2)if の文の後に would があることから，仮定法を使った文だと考える。can を could にする。

(3)to worry が直前の名詞 need「必要性，理由」を説明している。

(4)英文は，日本での経験について書かれているので，Japan を入れると文脈に合う。

❻ (1)「どんなスポーツを練習したらよいか」は what sport to practice。

(2)仮定法の文。〈主語＋ would［could］＋動詞の原形 … ＋ if ＋主語＋(助)動詞の過去形～.〉の形で表す。

❼ (1)仮定法の文。〈If ＋主語＋ were ～，主語＋ would［could］＋動詞の原形 ….〉の形で表す。

(2)「明日何を持ってきたらよいか」は what to bring tomorrow と表す。

(3)「ピアノの弾き方」は how to play the piano。want ～ to … を使って「～に…して欲しい」という意味を表す。

❽ 質問文は「もしあなたが海の中に住んでいたら，あなたは何をするでしょうか。」という意味の文。I would ～. の形で答える。

Unit 8

p.94～95 **ステージ1**

Words チェック (1)野心のある，大望のある

(2)いつもの　(3)さようなら，じゃあまたね

(4) bored　(5) within

❶ (1) wish I had　(2) wish I were

(3) wish I could speak

❷ (1)私に彼女と話す時間があればいいのに。

(2)彼が私の友達だったらいいのに。

❸ (1)イ　(2)イ　(3)ア　(4)イ　(5)イ

❹ (1) wish I had my own room

(2) I wish I could travel around the world.

(3) I wish I didn't have to work today.

❺ (1) Have, safe　(2) in touch

(3) all, round　(4) get bored

WRITING Plus 例1 I wish I could sing well.

例2 I wish I were a good singer.

解説

❶ I wish の後の動詞や助動詞を過去形にすることに注意。

(1)「私に姉［妹］がいたらいいのに」

(2)「私がもっと若ければいいのに」

(3)「私があなたと同じくらい上手に英語を話せたらいいのに」

❷ 〈I wish ＋主語＋(助)動詞の過去形～〉は「もしも(今)～だったらいいのに」という仮定の意味を表す。I wish の後の動詞や助動詞は過去形になっているが，現在についての仮定の内容を表すことに注意する。

(1)不定詞を使った to talk with her という語句が，time を修飾している。

(2)仮定法の場合，be 動詞の過去形には were を用いることが多い。

❸ I wish は事実とは異なることについての願望を表す。直後に続く文の中で動詞や助動詞の過去形を用いて，現在についての願望を表す。

(2)**ミス注意** 仮定法では，be 動詞に were を用いて現在進行形を作る。

(3)I hope は実現することを期待しているときに

38

使うので，仮定法は使わない。

❹ 「（今）〜だったらいいのに」という意味を表すには，〈I wish ＋主語＋（助）動詞の過去形〜〉の形を作る。

(1) have の過去形 had を用いている。「自分自身の部屋」は my own room。

(2)助動詞 could を用いている。「世界のあちこちを旅行する」は travel around the world。

(3)「〜する必要がない」は don't have to 〜。don't の過去形 didn't を用いている。

❺ (1) Have a safe trip! は遠くへ出発する人への挨拶。

(2)「連絡を取り合う」は keep in touch。

(3)「１年中」は all year round。

(4)「退屈する，飽きる」は get bored。

WRITING Plus 名詞 singer「歌手」を用いて，I wish I were a good singer. と表すこともできる。

> **ポイント　仮定法の文**
> 〈I wish ＋主語＋（助）動詞の過去形〜.〉
> 「もしも（今）〜だったらいいのに」

p.96〜97　ステージ❶

Words チェック

(1)友情，友人関係　(2)夜の12時　(3) accept

(4) helpful

❶ (1)私はあなたに何を言えばよいかわかりません。

(2)私は，コウタが私たちに対して友好的でうれしかったです。

(3)彼女（かのじょ）は私たちを笑わそうと努めました。

(4)彼は私がその部屋（そうじ）を掃除するのを手伝ってくれました。

❷ (1) You helped me with my homework.

(2) He is not only kind but also honest.

(3) The boy often took care of the dog.

❸ (1) because　(2) felt lost　(3) my side

(4) do, best　(5) good at　(6) felt down

❹ (1) Dear my daughter,

(2) I will remember your smile forever.

(3) I do not[don't] want to say goodbye.

WRITING Plus 例1 Thank you for helping me.

例2 Thanks for giving me your advice.

> ▶ **解説** ◀

❶ (1)〈what to ＋動詞の原形〉は「何を〜するか」という意味を表す。

(2)〈感情を表す形容詞＋ that 〜〉は「（〜である）ことについて…」という意味を表す。friendly は「友好的な，人なつこい」。

(3)〈make ＋人＋動詞の原形〉は「人に〜させる」という意味を表す。laugh は「（声を出して）笑う」。

(4)〈help ＋人＋動詞の原形〉は「人が〜するのを手伝う」という意味を表す。

❷ (1)「〜が…するのを手伝う」は help 〜 with …。

(2)「〜ばかりでなく…も」は not only 〜 but also …。「正直な，誠実な」は honest。

(3)「〜の世話をする」は take care of 〜。

❸ (1)「〜が原因で」は because of 〜。

(2)「途方に暮れる」は feel lost。

(3)「〜の味方である」は be on one's side。

(4)「最善を尽くす」は do one's best。

(5)「〜が上手だ」は be good at 〜。

(6)「落ち込む」は feel down。

❹ (1) Dear 〜で「親愛なる〜へ」という意味。

(2)助動詞 will を使って表す。forever「いつまでも」。

(3) want to 〜「〜したい」を否定の形にする。

WRITING Plus Thank you. または Thanks. を使って感謝の気持ちを伝えることができる。for「〜に対して[対する]」を使えば，何に対する感謝の気持ちなのかを表すことができる。

> **ポイント　手紙の書き出しと結びの言葉**
> ・書き出し：Dear 〜「親愛なる〜へ」
> ・結び：Sincerely「敬具」

p.98〜99　ステージ❶

Words チェック

(1)ありがとう。さようなら。　(2)大切な

(3) importance　(4) memory

❶ (1) so[as] important as

(2) Nothing is so[as] delicious as

(3) Nothing is so[as] beautiful as

❷ (1)その映画ほどおもしろいものはありません。

(2)この質問ほど難しいものはありません。

❸ (1) so[as] important　(2) isn't, as

(3) Nothing

❹ (1) is so exciting as traveling

(2) I think that nothing is so terrible as war.

(3) I cannot run so fast as Tina.

(4) Nothing is so interesting as English.

(5) This boy doesn't play basketball so well as Hajin.

❺ (1) What a　(2) reminds, of　(3) How many

WRITING Plus 🖊️　例1 Nothing is so[as] important as friendship for me.

例2 Friendship is the most important for me.

━━━━━━━━━ 解説 ━━━━━━━━━

❶ 〈Nothing is so ＋形容詞＋ as ....〉で「…ほど～なものはない」という意味を表す。

(2) the dish の直後の you make が後置修飾^{しゅうしょく}している。

❷ Nothing を主語にして，「…ほど～なものはない」という意味を表す。

❸ (1)最上級を使った文の意味を言いかえて，〈Nothing is so ＋形容詞＋ as ....〉の形で表す。「健康ほど大切なものはありません。」

(2)比較級を使った文の意味を言いかえて，「…ほど～ではありません」という意味の文で表す。「私のかばんはこのかばんほど高価ではありません。」

(3)「日本では，富士山ほど美しいものはありません。」

❹ (1)(4)「…ほど～なものはない」は〈Nothing is so ＋形容詞＋ as ....〉で表す。

(2) I think that ～. の形で「私は～だと思う」という意味を表せる。

(3)(5) ミス注意 否定文で，副詞を〈so ＋副詞＋ as ....〉の形で用いて，「…ほど～しない」という意味を表す。

❺ (1)「なんて～なんだ」は What (a) ～!。

(2)「～に…を思い出させる」は remind ～ of ...。

(3)数をたずねるときは，How many ～? の疑問文を使う。

WRITING Plus 🖊️ 〈Nothing is so[as]＋形容詞＋as ....〉「…ほど～なものはない」を使って表す。最上級を使って同じ意味を伝えることもできる。

┌─────────────────────────┐
ポイント Nothingを使った比較の文
〈Nothing is so[as]＋形容詞＋as ....〉
「…ほど～なものはない」
└─────────────────────────┘

p.100～101 🎧 ステージ2

❶ 🎧LISTENING　ウ

❷ (1) so[as]　(2) so[as] difficult　(3) so[as]

(4) Reading,　so[as]

❸ (1) I wish I could fly like a bird.

(2) Nothing is so hard as studying English.

(3) I wish he were with me.

(4) I cannot swim so fast as that swimmer.

(5) I wish I had better grades.

❹ (1)いつもの人々が全員ここにいます。

(2) can　(3)③ weren't　④ could　(4)エ

❺ (1) got bored　(2) in touch　(3) there for

(4) year round　(5) safe trip

❻ (1) I wish I could dance so[as] well as you.

(2) Nothing is so[as] interesting as learning [studying] English for him.

(3) Nothing is so[as] important[precious] as this dog for my sister.

(4) I wish I had more time.

━━━━━━━━━ 解説 ━━━━━━━━━

❶ 🎧LISTENING　音声内の2文はともに「車」について述べており，I wish を使った文では「私が車を持っていたらいいのに」と言っている。

┌─────────────────────────┐
🎵 **音声内容**
Cars are convenient. I wish I had a car.
└─────────────────────────┘

❷ (1)最上級を使った文の意味を〈Nothing ～ so ＋形容詞＋ as ....〉の形で表す。「私にとって，この小説ほどわくわくするものはありません」

(2)「私にとって早起きすることほど困難なことはありません」

(3)「私の兄[弟]は私の父ほど速く話しません」

(4)「読むことは書くことほどおもしろくありません」

❸ (1)「もしも(今) ～だったらいいのに」は〈I wish ＋主語＋(助)動詞の過去形～.〉で表す。like は前置詞で「～に似た，～のような」という意味。

(2)「…ほど～なものはない」は〈Nothing is so ＋形容詞＋ as ....〉で表す。

(3) ミス注意 現在についての仮定の文では，be動詞にふつう were を用いる。

(4)副詞 fast を〈so ＋副詞＋ as ～〉の形で用いた否定文。

40

(5) grade は「(生徒の)成績，評定」。

❹ ⑴ face には「(～の)人」という意味もある。

⑵直前の文に対する応答文。〈neither ＋(助)動詞＋主語〉の語順で「～もまた(…し)ない」という意味を表す。

⑶現在についての仮定を表す場合，I wish の後では動詞や助動詞の過去形を用いる。

⑷ miss「(人)がいないのを寂しく思う」。

❺ ⑴「退屈する」は get bored。過去形にする。

⑵「連絡を取り合う」は keep in touch。

⑶「～の助け[支え]となる」は be there for ～。

⑷「1年中」は all year round。

❻ ⑴「もしも(今)～だったらいいのに」は〈I wish ＋主語＋(助)動詞の過去形～.〉で表す。

⑵「…ほど～なものはない」は〈Nothing is so ＋形容詞＋ as ….〉で表す。learn を動名詞にして用いる。

⑷ have の過去形 had を用いる。

p.102~103 ステージ3

❶ 🎧LISTENING ⑴ア ⑵イ ⑶ア

❷ ⑴ could ⑵ were ⑶ lived

❸ ⑴ Here's, for ⑵ because

⑶ Have, trip ⑷ all, round ⑸ get bored

⑹ keep in

❹ ⑴ he had ⑵ exciting as ⑶ the most

❺ ⑴ The three years that we spent

⑵ア ⑶ Thanks

⑷ He learned (so much) about the world and (about) himself.

❻ ⑴ Nothing is so[as] valuable as time.

⑵ I wish it were sunny today.

❼ ⑴ I wish you could come with me.

⑵ Nothing is so[as] interesting as taking photos[pictures] for me.

⑶ I wish I could play the guitar so[as] well as you.

❽ 例1 I wish I were a dog.

例2 I wish I were a bird.

━━━━━ 解説 ━━━━━

❶ 🎧LISTENING ⑴ What is the most precious to Chloe? は「クロエにとって何が最も大切ですか」という意味。4つ目の発言に注意。

⑵ Is Ethan's math homework easy? は「イーサンの数学の宿題は簡単ですか」という意味。3つ目

の発言に注意。

⑶ Where does Hina want to go now? は「ヒナは今どこに行きたいですか」という意味。3～4つ目の発言に注意。

> **🎵 音声内容**
>
> ⑴ A: Good morning, Chloe. You have a cute dog. What's your dog's name?
> B: Hi, Sota. His name is Taka.
> A: Do you walk with him every morning?
> B: Yes. Nothing is so precious as my dog.
> Q: What is the most precious to Chloe?
>
> ⑵ A: Have you finished your math homework yet, Yui?
> B: Yes, I have. How about you, Ethan?
> A: I haven't finished it yet. I wish it were easier. It is too difficult for me.
> B: I can help you.
> Q: Is Ethan's math homework easy?
>
> ⑶ A: What did you do last night, Hina?
> B: Oh, Aiden. I stayed home and watched TV. How about you?
> A: I went to the zoo because it was open last night.
> B: I wish I could go there now. I love animals.
> Q: Where does Hina want to go now?

❷ 〈I wish ＋主語＋(助)動詞の過去形～.〉は「(今)～だったらいいのに」という意味で，現在についての仮定の内容を表す。

⑴「日本に滞在することができたらいいのに」

⑵「彼女が私の妹[姉]だったらいいのに」

⑶「私が東京に住んでいたらいいのに」

❸ ⑴贈り物を差し出すときに使う表現。

⑵「～が原因で」は because of ～。

⑶ Have a safe trip! は，遠くへ出発する人にかける言葉。

⑷「1年中」は all year round。

⑸「退屈する」は get bored。

⑹「連絡を取り合う」は keep in touch。

❹ ⑴「彼に十分な時間があればいいのに。」

⑵「私にとってテレビゲームをすることほどわくわくすることはありません。」

⑶「その写真が最も美しいです。」

❺ ⑴「私たちがいっしょに過ごした3年間」は The three years that we spent (together)。関係代名詞 that を使った表現。

(2) remember は「～を思い出す」という意味で，文脈に合う。

(3)「～のおかげで」は thanks to ～。

(4)質問文は「コウタは何について学びましたか」という意味。最終文を参照。

❻ (1) **ミス注意！** 〈Nothing is so ＋形容詞＋ as ….〉で表す。valuable は「価値のある」。

(2) 〈I wish ＋主語＋（助）動詞の過去形～.〉の形で表す。be 動詞の過去形には were を使う。

❼ (1) 〈I wish ＋主語＋（助）動詞の過去形～.〉の形で表す。

(2) 〈Nothing is so ＋形容詞＋ as ….〉で表す。take は動名詞にする。

(3)副詞 well「上手に」を〈as ＋副詞＋ as …〉の形で用いて，「…と同じくらい～」という意味を表す。

❽ 自分がなりたいと思う動物について，I wish ～.の文で現在の事実とは異なる内容を表す。be 動詞には were を使う。

定期テスト対策 得点アップ！予想問題

p.114〜115　第1回　Unit 1

1 🎧LISTENING　①2　②絵(画)　③芸術家

2 (1) a play　(2) is because
(3) need[have] to　(4) divided into

3 (1) Kota helped me fix my bike.
(2) He is called Nick by his classmates.
(3) When was Inuyama Castle built?
(4) Is this hat made in Japan?

4 (1) to
(2)ルワンダは「千の丘の国」とよばれています。
(3) can be seen
(4)十分な教師も教室もないから。
(5) They are nice, kind, and friendly.

5 (1) Where was this car made?
(2) Let me go there.
(3) Eri helped me bake a cake yesterday.
(4) I am[I'm] going to tell him (that) he should study math harder.

▶解説◀

1 🎧LISTENING　by「〜によって」の後で，本が誰によって書かれたのかが述べられている。

♪**音声内容**
A: Mina, I borrowed two books from the library last week.
B: What are they about, Tom?
A: They are about paintings. They were written by my favorite artist.
B: I see.

2 (1)「劇を上演する」は put on a play。
(2)「なぜなら〜だからです。」は That is because 〜. 。
(3)「〜する必要がある」は need to 〜。have to 〜で表してもよい。
(4)「〜を…に分割する」は divide 〜 into …。

3 (1)〈help ＋人＋動詞の原形〉で「人が〜するのを手伝う」という意味を表す。
(2) him を He の形で主語にして，受け身の文に書きかえる。
(3)受け身の文。疑問詞の後には疑問文の語順を続ける。
(4)受け身の疑問文は，be動詞を主語の前に置く。

4 (1) introduce 〜 to … は「〜を…に紹介する」。close to 〜 は「〜にごく近い」。
(2)直前の文を参照。It は Rwanda を指す。受け身の文。
(3) ミス注意！ 助動詞 can を含む受け身の文は，〈can ＋ be ＋過去分詞〉の形で表す。
(4)直後の文を参照。That is because 〜. 「なぜなら〜だからです。」を使って，理由が説明されている。
(5)質問文は「ルワンダの人々はどのような人々ですか。」という意味の文。本文の4行目を参照。

5 (1)疑問詞の後に受け身の疑問文の語順を続ける。make の過去分詞は made。
(2)「人・ものに〜させる」は〈let ＋人・もの＋動詞の原形〉で表す。go を原形で使うことに注意する。
(3)「人が〜するのを手伝う」は〈help ＋人＋動詞の原形〉で表す。過去の文なので，help を過去形にする。
(4)「人に〜ということを言う」は〈tell ＋人＋(that) ＋文〉で表す。that は省略することもできる。

p.116〜117　第2回　Unit 2 〜 Daily Life Scene 2

1 🎧LISTENING　(1)ウ　(2)ウ　(3)ア

2 (1) afraid of　(2) at all
(3) such a　(4) catch up

3 (1) Have you read all the books on the desk yet?
(2) She has not[hasn't] watched the new movie yet.
(3) Has your father ever visited Rwanda?
(4) How many times has he seen your sister?

4 (1) with
(2)あなたはこれまでにそのような彼を見たことがありますか。
(3) I have [I've] never seen him like that.
(4)イ
(5) I've never seen such a beautiful sunset.

5 (1) I have already received your e-mail.
(2) He has decided to change jobs.

(3) We have just talked with Mr. Mori.

6 How many times have you been abroad?

――― 解説 ―――

1 🎧LISTENING (1)宿題を終えたかどうかを答えているものを選ぶ。

(2)経験を表す現在完了（かんりょう）の疑問文に対する答えを選ぶ。

(3)回数をたずねる疑問文に対する答えを選ぶ。

♪音声内容
(1) A: Have you finished your homework yet?
B: No, I haven't. How about you?
A: (I've already finished it.)
(2) A: I'm so excited. I am going to visit Okinawa next week.
B: Sounds fun! Have you ever been there before?
A: (Never. It's my first time.)
(3) A: What did you do last weekend?
B: I climbed Mt. Fuji with my family. It was fun.
A: Oh. How many times have you climbed it?
B: (Three times.)

2 (1)「～を恐（おそ）れる」は be afraid of ～。

(2)「全然～ない」は not ～ at all。

(3)「そのような～」は such a ～。

(4)「～に追いつく」は catch up with ～。

3 (1)「もう～しましたか」は〈Have[Has]＋主語＋過去分詞～ yet?〉の語順で表す。yet は疑問文で「もう～」という意味。

(2)「まだ～していません」は〈主語＋haven't[hasn't]＋過去分詞～ yet.〉の語順で表す。yet は否定文で「まだ～（ない）」という意味。

(3) Has を文頭に出して，疑問文の語順にする。「これまでに」は ever で表す。

(4)回数をたずねる疑問文にする。

4 (1) What's up with～? は「～はどうしたんだろう」。

(2)現在完了の疑問文。ever は「これまで，かつて」という意味。

(3)直前の文に対して答えている文。誰（だれ）が何をしたことがないのかが分かる文にする。

(4) lately「最近，近頃（ちかごろ）」。

(5) ミス注意！ 現在完了の文で，never は普通，have や has の直後に置く。

5 (1)「もう，すでに」は already。

(3)「ちょうど～したところです」は〈have[has] just ＋過去分詞〉の語順で表す。

6 「何回」は How many times でたずねる。後には現在完了の疑問文の語順を続ける。

p.118～119 ◀ 第3回 Unit 3 ～ You Can Do It! 1 ▶

1 🎧LISTENING ①ロンドン ②テニス
③サッカー

2 (1) reminds, of (2) first time
(3) in danger (4) brought up[grew up]

3 (1) I have [I've] been a fan of the singer for five years.

(2) Eri has been doing her homework.

(3) It was impossible for me to finish the work.

(4) How long have you been learning Spanish?

4 (1) at
(2)自分自身の体験なしで原子爆弾（ばくだん）について話すこと。

(3) learning

(4)イ

(5)平和は言葉だけで創り上げられることはできません。

5 (1) Is it difficult for you to get up early?

(2) I have been playing video games for three hours.

6 (1) We have[We've] lived in Shimane for a long time.

(2) It is[It's] necessary for him to study English every day.

(3) My brother has been sleeping for ten hours.

――― 解説 ―――

1 🎧LISTENING 〈It is ～ for 人＋to＋動詞の原形〉の形を使った文の意味に注意する。

♪音声内容
Hi, I'm Andy. I often visit my uncle in London. I like tennis, but it is difficult for my uncle to play tennis. So we usually play soccer together.

2 (1)「～に…を思い出させる」は remind ～ of …。

(2)「初めて」は for the first time。

(3)「危険な状態の」は in danger。

(4)「～を育てる」は bring up ～。過去の受け身の文。

3 (1)継続を表す現在完了の文にする。for は「〜の間」という意味を表す。

(2) **ミス注意！** 過去に始めた行為を現在も続けているという意味は，現在完了進行形で表現できる。

(3)〈It was 〜 for 人＋ to ＋動詞の原形〉の形で，「〜することは不可能だった」という意味の文を作る。「不可能な」は impossible。

(4)期間は How long でたずねることができる。疑問文の語順にするので，have は you の前に置く。

4 (1)「最初は」は at first。

(2)〈It is 〜 for 人＋ to ＋動詞の原形〉の形の文。文の意味上，to 以下の部分が主語。to 以下の部分を読んで答える。

(3)直前に have been がある。現在完了進行形を作れば，文の意味が通る。

(4)直後の then は過去の一時点を表すので，since「〜以来，〜から」を入れる。

(5)助動詞 can を使った受け身の否定文。

5 (1)be 動詞の疑問文なので，is から文を始める。

(2)現在完了進行形の文。「3時間」という期間は，for を使って表す。

6 (1)継続の現在完了形〈have[has] ＋過去分詞〉で表す。

(2)〈It is[It's] 〜 for 人＋ to ＋動詞の原形〉の形を作る。「必要な」は necessary。

(3)現在完了進行形で表す。「10時間」は for ten hours とする。

p.120～121 第**4**回 Unit 4 ~ Daily Life Scene 3

1 **LISTENING** ①野球 ②公園
③(野球の)試合

2 (1)ウ (2)ア (3)イ

3 (1)**This is a restaurant which[that] is popular in this city.**
(2)**I want to take the bus which[that] goes to Nara.**
(3)**I know an artist who[that] has many houses.**
(4)**The cake which[that] was baked this morning is for you.**

4 (1)**made** (2)ア
(3)近頃では，音声の命令に反応するスマートフォンがよく見られます。
(4)ⓐ **Yes, they do.**
　ⓑ **Yes, they can.**

5 (1)**I know the child who[that] is sitting over there.**
(2)**The man who[that] is riding a bicycle [bike] is Mr. Smith.**
(3)**Look at the train which[that] has just left.**
(4)**The boy who[that] received[got] a present looked very happy.**
(5)**His shop[store] became more and more famous.**

━━━━━━━━ ▶ **解説** ◀ ━━━━━━━━

1 **LISTENING** 関係代名詞 who を使った文で，ケンの友達について述べられている。場所を表す語句や目的語がポイントとなる。

♪ **音声内容**
I am Ken. I have a friend who is good at baseball. He practices baseball in the park on Sundays. He watches baseball games on TV. I like him.

2 (1)(2) **ミス注意！** 主語の働きをする関係代名詞は，動詞の直前に置かれるが，文意が通らない箇所に関係代名詞を置くことはできない。
(3)be located の形で「(〜に)位置している」という意味。

3 (1)It ＝ a restaurant なので，It を関係代名詞 which[that] にかえて，a restaurant とつなぐ。
(2)2 文目の It は the bus を指すので，関係代名詞 which[that] にかえて，the bus とつなぐ。
(3)2 文目の She は an artist を指す。関係代名詞の直前に来る語句が人を表す場合には，関係代名詞として who または that を用いる。
(4)2 文目を関係代名詞 which[that] を使って The cake の後に付け加える。bake「〜を焼く」。

4 (1)直前に has があるので，make を過去分詞にかえて現在完了形を作ると文脈に合う。
(2)For example は「たとえば」という意味。
(3)関係代名詞 which を使って Smartphones に説明を付け加えている。
(4)ⓐ本文 2 行目を参照。
　ⓑ本文 3 〜 4 行目を参照。

5 (1)the child に関係代名詞 who[that] を使って説明を加える。
(2)関係代名詞 who[that] を使って，「自転車に乗っている」という説明を The man の後に続ける。

(3) 「ちょうど出発した」という意味は，完了を表す現在完了形で表せる。「ちょうど」は just。

(4) The boy が文の主語となる。The boy の後に関係代名詞で説明を付け加える。

(5) **ミス注意！** 「ますます」は〈比較級 + and + 比較級〉で表現できる。この場合は，more and more famous の形で用いる。

p.122~123 第 **5** 回 Unit 5 ~ Daily Life Scene 4

1 **LISTENING** (1) イ (2) ウ

2 (1) **Those are the students that my sister teaches.**

(2) **The bridge which[that] we can see from here looks beautiful.**

(3) **The video game which[that] I played last week was exciting.**

(4) **This is the museum which[that] we visited ten years ago.**

3 (1) **The cat my aunt has is scary.**

(2) **Is this the chair I gave you?**

(3) **You can eat the cake he brought.**

4 (1) これは私が見つけた記事です。

(2) イ

(3) ある主要なコーヒーチェーン店が，プラスチックのストローを紙のストローに替えたこと。

(4) ⓐ ○

　 ⓑ ×

5 (1) **gives up** (2) **before yesterday**

6 (1) **That is the map (which[that]) my father found yesterday.**

(2) **Which is the table (which[that]) you made?**

(3) **This is the man (that) I often meet.**

▶ 解 説 ◀

1 **LISTENING** (1) be 動詞の疑問文に対する答え方として適切なものを選ぶ。

(2) 疑問文に対する応答として，Yes. に続いて文脈に合うものを選ぶ。

♪ 音声内容

(1) *A:* Tom, you have many caps in your room. Do you like caps?

　 B: Yes, Kana. These are the caps which I bought in the mall.

　 A: Were they expensive?

　 B: (No, they weren't.)

(2) *A:* Jim, the doghouse looks cool.

　 B: Thank you, Kate. It is the doghouse that my cousin built.

　 A: Is it new?

　 B: Yes. (He built it yesterday.)

2 (1) 人を表す名詞に，目的語の働きをする関係代名詞を付ける場合は，関係代名詞 that を用いる。

(2) The bridge を指す it を関係代名詞 which[that] にかえて，The bridge の後に付ける。

(3) 2 文目の it は The video game を指すので，これを関係代名詞 which[that] にかえて 2 文をつなぐ。

(4) 2 文目の it は the museum を指すので，これを関係代名詞 which[that] にかえて 2 文をつなぐ。

3 (1) The cat が文の主語。The cat に後置修飾で説明を付け加える。

(2) the chair に後置修飾で説明を付け加える。

(3) the cake に後置修飾として he brought を付ける。

4 (1) an article が I found という文で修飾されている文。article「(新聞・雑誌などの)記事」。

(2) **ミス注意！** 空所に関係代名詞 that を補うと，companies が修飾されて文脈に合う。

(3) 直前のティナの発言の，最終文の内容を that は指す。

(4) ⓐ 本文 2 ~ 3 行目を参照。

　 ⓑ 本文 5 行目を参照。ハジンの考えと異なる。

5 (1) give up on ~「~に見切りをつける」。主語が He で現在の文なので，give は gives の形にする。

(2) the day before yesterday「おととい」。

6 いずれも関係代名詞 which か that を使って名詞に説明を付け加える文。目的語の働きをする関係代名詞なので，省略することもできる。

(1) the map の後に関係代名詞 which[that] を使って，「私の父がきのう見つけた」という説明を付け加える。

(2) 疑問詞 which で「~はどれですか」という意味の疑問文を作る。the table を関係代名詞 which[that] で後ろから説明する。

(3) the man の後に関係代名詞 that で「私がしばしば会う」という説明を付け加える。

p.124～125 第**6**回 Unit 6 ~ You Can Do It! 2

1 🎧LISTENING (1)中国語 (2)絵[絵画]

2 (1) working (2) sitting (3) dancing
(4) made

3 (1) The man playing the piano is Mr. Sato.
(2) Do you know the students invited to the ceremony?
(3) The woman acting on the stage is my sister.

4 (1)① designed ③ playing (2)ア
(3)エリは手首を痛めたので，ハジンが彼女を手伝っています。
(4)ⓐ×
ⓑ×

5 (1) beginning of (2) takes, nap

6 (1) This is the letter (which[that] is) written in Japanese.
(2) Do you know where Ms. Kimura is [comes] from?

▶ 解説 ◀

1 🎧LISTENING (1)動詞の -ing 形を使った後置修飾で，ケリーの姉が勉強しているものを説明している。
(2)動詞の過去分詞を使った後置修飾が使われた文で，ミナが何について話しているのかを理解することがポイント。

🎵音声内容
(1) Hello, I am Kelly. I have a sister studying Chinese. She is interested in Chinese culture. She wants to visit China someday.
(2) Hi, I am Mina. I have a painting painted by a famous artist. My grandfather gave it to me last year. It is my treasure!

2 (1) 2 文目の意味を，-ing 形の後置修飾で a friend に付け加える。
(2) The man の後に -ing 形で意味を付け加える。The man sitting on the sofa までが主語の働きをしている文。
(3) 2 文目の意味を，dancing over there の形で The woman の後に付ける。
(4) Whose を使った疑問文の 1 文を作る。2 文目の意味を，made in France の形で the hat の後に付け加える。

3 (1)「ピアノを弾いている」を，playing the piano

という -ing 形の後置修飾で表す。
(2)「式典に招待された」を，invited to the ceremony という過去分詞の後置修飾で表す。
(3)「舞台で演じている」を，acting on the stage という -ing 形の後置修飾で表す。

4 (1)① design を過去分詞になおして，T-shirts を後置修飾すると，文脈に合う。
③ play を -ing 形になおして，The boy を後置修飾すると，文脈に合う。
(2)空所に and を入れると，空所の前後の意味が自然につながる。
(3) ミス注意! hurt は過去形や過去分詞になっても，形は変化しないことに注意する。
(4)ⓐ本文 3 行目を参照。
ⓑ本文 4 ～ 5 行目を参照。エリはハジンに手伝ってもらっているが，ピアノは弾いている。

5 (1)「～の初めに」は at the beginning of ～。
(2)「昼寝をする」は take a nap。主語が My sister で現在の文なので，take を takes とすることに注意。

6 (1)「日本語で書かれた」は，written in Japanese という過去分詞の後置修飾で表す。
(2)「木村先生がどこの出身なのか」という疑問文の意味を，別の文の中に入れるときは，〈疑問詞＋主語＋動詞〉の語順になる。where Ms. Kimura is from と表す。

p.126～128 第**7**回 Unit 7 ~ Unit 8 ~ You Can Do It! 3

1 🎧LISTENING (1)ウ (2)ア

2 (1)イ (2)ウ (3)イ

3 (1) had, could (2) were, would
(3) had, could (4) were, could

4 (1)イ (2) leaving
(3)私がとどまることができたらいいのに。
(4)ⓐ Yes, she does.
ⓑ Yes, he does.

5 (1) had a teacher at home, I could finish my homework quickly
(2) I wish I were famous all over the world.
(3) Tell me what to do tomorrow.
(4) I wish I were a professional tennis player.

6 (1)ウ (2) felt (3)ウ
(4)私はあなたがいないのを寂しく思うでしょう。

7 (1) different from (2) Fill, with

(3) have access　(4) year round

⑧ (1) Nothing is so[as] difficult as dancing for me.

(2) I wish he had more cats.

━━━━━━ ▶ 解説 ◀ ━━━━━━

① 🎧LISTENING　(1)ジェフが仮定法を使った文で，自分ならどうするかを提案している。

(2)エマが〈how + to + 動詞の原形〉を使って提案をしているので，その提案に対する返答として適切なものを選ぶ。

♪音声内容

(1) A: Jeff, do you know Tom's address?

B: Sorry, Emily. I don't.

A: I want to send him a letter and invite him to my birthday party.

B: If I were you, I would send an e-mail to him.

A: (Oh, I will do that.)

(2) A: George, have you played chess?

B: No, Emma, I have never played it.

A: Oh, really? I bought a book about chess yesterday. Let's learn how to play chess together.

B: (That's a good idea.)

② 〈疑問詞 + to + 動詞の原形〉の形を作る疑問詞として適切なものを選ぶ。

(1) what to ~ here で「ここで何を~するか」

(2) where to ~ で「どこで~するか」

(3) when to ~ で「いつ~するか」

③ 各文の意味を言いかえて，仮定法を使った文で表現する。現在についての仮定の内容を表すときは，動詞や助動詞が過去形になることに注意する。

(1)(3)過去形の had と could をそれぞれ入れる。

(2)主語に関わらず，仮定法の文で be 動詞の過去形を用いる場合は，were を用いるのがふつう。

(4) If の後に，I were good at swimming の文が続く。be good at ~ で「~が上手だ，うまい」。

④ (1) ミス注意!「~以内に[で]」という意味の within を補えば，文の意味が通る。

(2) -ing 形の leaving とすれば，進行形の意味が表せる。この文では仮定法が使われているので，be 動詞に were を用いている。

(3)仮定法を使った文。I could stay は過去の意味ではなく，現在についての仮定の内容を表すことに注意する。

(4)ⓐ本文3行目を参照。エリは，ティナが去ることを信じられないと言っているだけで，そのことを知らないわけではない。

ⓑ本文5行目を参照。コウタはティナに何かを差し出している。

⑤ (1)「すぐに，即座に」は quickly。

(2) be 動詞の were で現在についての仮定の内容を表している文。「世界中の[で]」は all over the world。

(3) what to do tomorrow で「明日何をしたらよいか」という意味を表す。

(4) I wish を使った仮定法の文。professional は「専門職の，プロの」という意味。

⑥ (1) for には「~に対して[対する]」という意味がある。

(2)過去のことについて述べている文なので，feel を過去形の felt にするのが適切。

(3) how を入れると文脈に合う。which や what を入れても意味が通らない。

(4) miss には「(人)がいないのを寂しく思う」という意味がある。

⑦ (1) be different from ~ で「~と違っている」。

(2) fill ~ with ... で「~を…で満たす」。

(3) have access to ~ で「~を利用できる」。

(4) all year round で「1年中」。

⑧ (1)〈Nothing is so[as] + 形容詞 + as ....〉で「…ほど~なものはない」という意味。

(2) I wish を使った文を作る。現在についての仮定の内容なので，have の過去形 had を用いる。